普 通 高 等 教 育“ 十 一 五 ”国 家 级 规 划 教 材
教育部高等学校高职高专测绘类专业教学指导委员会组织编写

全站仪测量技术

（第3版）

主编　何保喜
主审　陶本藻　赵文亮

黄河水利出版社
·郑州·

内 容 提 要

本书主要内容共分8章，对全站仪的测量原理、观测方法、功能使用、参数设置、应用技术等方面均作了较详细的介绍。内容上力求新颖、简练、系统，深入浅出，通俗易懂，结合实际，适应科技发展方向，符合国家规范标准。编写顺序上做到使学习者理解全站仪的概念、了解其工作原理、明确测量功能、熟悉操作步骤、合理设置仪器参数、正确选择测量模式、掌握应用技术，体现全站仪的特点及完整性和系统性。

本书可供工程测量、土木工程、道路与交通工程、地下工程等专业作为“全站仪测量技术”课程的教材，也可供相关专业工程技术人员参考。

图书在版编目(CIP)数据

全站仪测量技术/何保喜主编. —3版. —郑州：黄河水利出版社，2016.1

普通高等教育“十一五”国家级规划教材

ISBN 978-7-5509-1363-9

Ⅰ.①全… Ⅱ.①何… Ⅲ.①光电测量仪-测量技术-高等学校-教材 Ⅳ.①TH82

中国版本图书馆CIP数据核字(2016)第017359号

出 版 社：黄河水利出版社

地址：河南省郑州市顺河路黄委会综合楼14层　　邮政编码：450003

发行单位：黄河水利出版社

发行部电话：0371-66026940、66020550、66028024、66022620(传真)

E-mail：hhslcbs@126.com

承印单位：河南省承创印务有限公司

开本：787 mm×1 092 mm　1/16

印张：10.75

字数：250千字　　　　印数：13 201—17 300

版次：2005年8月第1版　　　　印次：2016年1月第4次印刷

2010年8月第2版

2016年1月第3版

定价：25.00元

教育部高等学校高职高专测绘类专业教学指导委员会
规划教材审定委员会

序

我国的高职高专教育经历了十余年的蓬勃发展，获得了长足的进步，如今已成为我国高等教育的重要组成部分，在国家的经济、社会和科技发展中发挥着积极的服务作用，测绘类专业的高职高专教育也是如此。为了加深高职高专教育自身的改革，并使其高质量地向前发展，教育部决定组建高职高专教育的各学科专业指导委员会。国家测绘局受教育部委托，负责组建和管理高职高专教育测绘类专业指导委员会，并将其设置为全国高等学校测绘学科教学指导委员会下的一个分委员会。第一届分委员会成立后的第一件事就是根据教育部的要求，研讨和制定了我国高职高专教育的测绘类专业设置，新设置的专业目录已上报教育部和国家测绘局。随后组织委员和有关专家按照新的专业设置制定了“十五”期间相应的教材规划。在广泛征集有关高职高专院校意见的基础上，确定了规划中各本教材的主编和参编院校及其编写者，并规定了完成日期。为了保证教材的学术水平和编写质量，教学指导分委员会还针对高职高专教材的特点制定了严格的教材编写、审查及出版的流程和规定，并将其纳入高等学校测绘学科教学指导委员会统一管理。

经过各相关院校编写教师们的努力，现在第一批规划教材正式出版发行，其他教材也将会陆续出版。这些规划教材鲜明地突出了高职高专教育中专业设置的职业性和教学内容的应用性，适应高职高专人才的职业需求，必定有别于高等教育的本科教材，希望在高职高专教育的测绘类专业教学中发挥很好的作用。

这里要特别指出，黄河水利出版社在获悉我们将出版一批规划教材后，为了支持和促进测绘类专业高职高专教育的发展，经与教学指导委员会协商，今后高职高专测绘类专业的全部规划教材都将由该社统一出版发行。这里谨向黄河水利出版社表示感谢。

由教学指导委员会按照新的专业目录，组织、规划和编写高职高专测绘类专业教材还是初次尝试，希望有测绘类专业的各高职高专院校能在教学中使用这些规划教材，并从中发现问题，提出建议，以便修改和完善。

高等学校测绘学科教学指导委员会主任

中国工程院院士

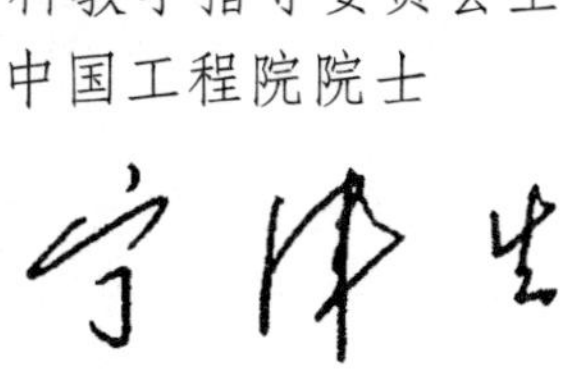

2005年7月10日于武汉

第 3 版前言

本书是普通高等教育“十一五”国家级规划教材，是根据《国务院关于大力发展职业教育的决定》、教育部《关于全面提高高等职业教育教学质量的若干意见》等文件精神，以及教育部对高等教育“十一五”国家级规划教材建设的具体要求组织编写的。

本书的第 2 版自 2010 年出版发行以来，被多所院校的测绘类专业选用，并受到一致好评，也得到了部分一线老师和学者的一些建议。为使本书的内容更加完善，更符合高等职业教育的要求，我们在第 2 版的基础上进行了修订，对书中一些工程中不常使用的方法进行了删减，并增加了较常采用的一些技术手段，并对书中个别有误的地方进行了修改。

本书共分 8 章，第一章绪论，介绍全站仪的概念、发展现状及前景；第二章全站仪的测量原理，介绍测角、测距、补偿及自动化原理；第三章全站仪的使用，介绍全站仪的结构与功能、操作及注意事项；第四章全站仪的基本测量功能，介绍距离测量和角度测量；第五章全站仪的程序测量功能，介绍三维坐标测量、放样测量、悬高测量、对边测量、偏心测量、后方交会测量、面积测量的原理，精度分析及观测方法；第六章全站仪的检定，介绍全站仪的综合检定、光电测距系统、电子测角系统、数据采集系统的检定方法及评定；第七章全站仪的双向数据通信，介绍全站仪的通信方式、参数设置、接口编程、数据格式转换；第八章全站仪在测量工程中的应用，介绍全站仪应用中需要注意的问题及其在工程测量、数字测图、隧道贯通测量、矿山测量、线路测量、变形监测、高程测量中的应用。

本书第一章、第二章由河南城建学院何保喜编写；第三章由淮海工学院李微晓编写；第四章由河南工业职业技术学院牛鹏涛编写；第五章、第六章由河南城建学院王晓静编写；第七章由河南城建学院梁玉保编写；第八章由河南城建学院朱宝训编写；全书由何保喜主编。

书稿完成后，教育部高等学校高职高专测绘类教学指导委员会规划教材审定委员会组织专家审稿，陶本藻教授、赵文亮教授主审，在此对两位专家表示感谢。本书编写过程中李生平教授给予了大力支持和指导，在此表示衷心感谢！在此，我们一并对在教材使用过程中提出意见和建议的专家和同行们表示诚挚的谢意。

由于编者水平有限，对于书中存在的问题和不足之处，恳请读者批评指正。

编　者

2015 年 11 月

再版前言

本书是普通高等教育“十一五”国家级规划教材，是根据《国务院关于大力发展职业教育的决定》、教育部《关于全面提高高等职业教育教学质量的若干意见》等文件精神，以及教育部对高等教育“十一五”国家级规划教材建设的具体要求组织编写的。

从20世纪50年代开始，光电测距技术迅速发展，特别是近十年来，随着电子技术和计算机的发展，全站仪技术作为现代测绘技术之一，在测量工程中的各个领域应用十分广泛，从而改变了传统的测量方式，使测量的外业工作更加方便。在工程实践中，采用其中的数据存储、数据通信和计算机数据处理，成为数字化测图数据采集的主要方法。智能型的全站仪已成为发展方向。本书在2005年版《全站仪测量技术》的基础上，对全站仪的概念、测量原理、观测方法、参数设置、功能使用、检验校正、应用技术等方面均作了较详细的介绍；删除了一些工程实践中不经常用的观测方法，增加了现在较常采用的一些技术手段，如全站仪的双向数据通信，就进行了完全的更新。

本书共分8章，第一章绪论，介绍全站仪的概念、发展现状及前景；第二章全站仪的测量原理，介绍测角、测距、补偿及自动化原理；第三章全站仪的使用，介绍全站仪的结构与功能、操作及注意事项；第四章全站仪的基本测量功能，介绍距离测量和角度测量；第五章全站仪的程序测量功能，介绍三维坐标测量、放样测量、悬高测量、对边测量、偏心测量、后方交会测量、面积测量的原理，精度分析及观测方法；第六章全站仪的检定，介绍全站仪的综合检定、光电测距系统、电子测角系统、数据采集系统的检定方法及评定；第七章全站仪的双向数据通信，介绍全站仪的通信方式、参数设置、接口编程、数据格式转换；第八章全站仪在测量工程中的应用，介绍全站仪应用中需要注意的问题及其在工程测量、数字测图、隧道贯通测量、矿山测量、线路测量、变形监测、高程测量中的应用。

本书第一章、第二章由河南城建学院何保喜编写；第三章由淮海工学院李微晓编写；第四章由河南工业职业技术学院牛鹏涛编写；第五章、第六章由河南城建学院王晓静编写；第七章由河南城建学院梁玉保编写；第八章由河南城建学院朱宝训编写；全书由何保喜主编。

书稿完成后，教育部高等学校高职高专测绘类教学指导委员会规划教材审定委员会组织专家审稿，陶本藻教授、赵文亮教授主审，在此对两位专家表示感谢。本书编写过程中李生平教授给予了大力支持和指导，在此表示衷心感谢！

由于编者水平有限，对于书中存在的问题和不足之处，恳请读者批评指正。

编　者

2010年6月

前　言

本书是在高等学校测绘学科教学指导委员会的统一要求和指导下，根据多年来的教学、实践经验，并收集、参考了大量全站仪方面的文章、资料编写而成。

从20世纪50年代开始，光电测距技术迅速发展，特别是近十年来，随着电子技术和计算机的发展，全站仪测量技术作为现代测绘技术之一，在测量工程中的各个领域应用十分广泛，从而改变了传统的测量方式，使测量的外业工作更加方便。在工程实践中，采用其中的数据存储、数据通讯和计算机数据处理，成为数字化测图数据采集的主要方法。智能型的全站仪已成为发展的方向。本书对全站仪的概念、测量原理、观测方法、参数设置、功能使用、检验校正、应用技术等方面均作了较详细的介绍。

本书共分8章，第一章绪论，介绍全站仪的概念、发展现状及前景；第二章全站仪的测量原理，介绍测角、测距、补偿及自动化原理；第三章全站仪的使用，介绍全站仪的结构与功能、操作及注意事项；第四章全站仪的基本测量功能，介绍距离测量和角度测量；第五章全站仪的程序测量功能，介绍三维坐标测量、放样测量、悬高测量、对边测量、偏心测量、后方交会测量、面积测量的原理、精度分析及观测方法；第六章全站仪的检定，介绍全站仪的综合检定、光电测距系统、电子测角系统、数据采集系统的检定方法及评定；第七章全站仪的双向数据通信，介绍数据通信的准备、仪器向计算机输出、计算机向仪器输出、仪器的错误信息；第八章全站仪在测量工程中的应用，介绍全站仪应用中需注意的问题及在工程测量、数字测图、隧道贯通测量、矿山测量、路线测量、变形监测、高程测量中的应用。

本书第一章、第二章由何保喜编写；第三章由王晓静编写；第四章、第五章由李微晓编写，同时也参与了第八章部分编写工作；第六章、第七章、第八章由梁玉保、王根虎编写；全书由何保喜统稿。

书稿完成后，高等学校测绘学科教学指导委员会“十五”高职高专规划教材审定委员会组织审稿，陶本藻教授、赵文亮教授任主审，在此对两位专家的辛勤劳动表示感谢。本书编写过程中李生平教授给予了大力支持和指导，在此表示衷心感谢！同时对黄河水利出版社所做的辛勤工作和劳动表示感谢！

由于编者水平有限，对于书中存在的问题和不足之处，恳请使用教材的师生和读者批评指正。

编　者

2005年5月

目　录

第一章　绪　论

在传统的测量中，人们已经提到了“速测法”，它是指使用一种仪器在同一个测站点，能够同时测定某一点的平面位置和高程的方法。这种方法也称做“速测术”，速测仪最初就是根据这个原理而设计的测量仪器。速测仪器的距离测量是通过光学方法来实现的，我们称这种速测仪为“光学速测仪”。实际上“光学速测仪”就是指带有视距丝的经纬仪，被测定点的平面位置由经纬仪角度测量及光学视距来确定，而高程则是用三角高程的测量方法来确定的。带有“视距丝”的光学速测仪，由于其快速、简易、方便，在短距离（100 m 以内）、低精度（1/200、1/500）的测量中（如碎部点测量），具有较大优势，得到了广泛的应用。

电子测距技术的出现大大推动了速测仪的发展。用光电测距代替光学视距，用电子经纬仪代替光学经纬仪测角，使仪器的测量距离更大、时间更短、精度更高。随着仪器结构、功能的进一步完善，便出现了全站仪的概念。

第一节　全站仪的概念

一、全站仪的概念及应用

（一）全站仪的概念

由于电子测距仪、电子经纬仪及微处理机的产生与性能不断完善，在 20 世纪 60 年代末出现了把电子测距、电子测角和微处理机结合成一个整体，能自动记录、存储并具备某些固定计算程序的电子速测仪。因该仪器在一个测站点能快速进行三维坐标测量、定位和自动数据采集、处理、存储等工作，较完善地实现了测量和数据处理过程的电子化和一体化，所以称为“全站型电子速测仪”，通常又称为“电子全站仪”或简称“全站仪”。

早期的全站仪由于体积大、质量也大、价格昂贵等因素，其推广应用受到了很大的限制。自 20 世纪 80 年代起，大规模集成电路和微处理机及半导体发光元件性能的不断完善和提高，使全站仪进入了成熟与蓬勃发展阶段。其表现特征是小型、轻巧、精密、耐用，并具有强大的软件功能。特别是 1992 年以来，新颖的电脑智能型全站仪投入世界测绘仪器市场，如索佳（SOKKIA）SETX 系列、拓普康（TOPCON）GPT－7500 系列、尼康（NIKON）的 DTM－800 系列、徕卡（LEICA）的 TPS1200 系列等，使操作更加方便快捷、测量精度更高、内存量更大、结构造型更精美合理。

（二）全站仪的应用

全站仪的应用范围已不只是局限于测绘工程、建筑工程、交通与水利工程、地籍与房地产测量，在大型工业生产设备和构件的安装调试、船体设计施工、大桥水坝的变形观测、地质灾害监测及体育竞技等领域中也得到了广泛应用。

全站仪的应用具有以下特点：

(1)在地形测量过程中，可以将控制测量和地形测量同时进行。

(2)在施工放样测量中，可以将设计好的管线、道路、工程建筑的位置测设到地面上，实现三维坐标快速施工放样。

(3)在变形观测中，可以对建筑(构筑)物的变形、地质灾害等进行实时动态监测。

(4)在控制测量中，导线测量、前方交会、后方交会等程序功能操作简单、速度快、精度高，其他程序测量功能方便、实用且应用广泛。

(5)在同一个测站点，可以完成全部测量的基本内容，包括角度测量、距离测量、高差测量，实现数据的存储和传输。

(6)通过传输设备，可以将全站仪与计算机、绘图机相连，形成内外一体的测绘系统，从而大大提高地形图测绘的质量和效率。

二、全站仪的基本组成及结构

(一)全站仪的基本组成

全站仪由电子测角、电子测距、电子补偿、微机处理装置四部分组成，它本身就是一个带有特殊功能的计算机控制系统，其微机处理装置由微处理器、存储器、输入部分和输出部分组成。由微处理器对获取的倾斜距离、水平角、垂直角、垂直轴倾斜误差、视准轴误差、垂直度盘指标差、棱镜常数、气温、气压等信息加以处理，从而获得各项改正后的观测数据和计算数据。在仪器的只读存储器中固化了测量程序，测量过程由程序完成。仪器的设计框架如图 1-1 所示。

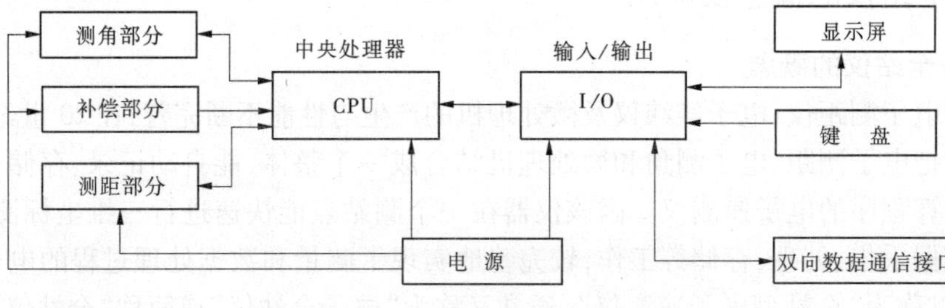

图 1-1　仪器的设计框架

其中：

(1)电源部分是可充电电池，为各部分供电；

(2)测角部分为电子经纬仪，可以测定水平角、垂直角，设置方位角；

(3)补偿部分可以实现仪器垂直轴倾斜误差对水平、垂直角度测量影响的自动补偿改正；

(4)测距部分为光电测距仪，可以测定两点之间的距离；

(5)中央处理器接受输入指令、控制各种观测作业方式、进行数据处理等；

(6)输入、输出包括键盘、显示屏、双向数据通信接口。

从总体上看，全站仪的组成可分为两大部分：

(1)为采集数据而设置的专用设备，主要有电子测角系统、电子测距系统、数据存储系统、自动补偿设备等。

(2)测量过程的控制设备，主要用于有序地实现上述每一专用设备的功能，包括与测量数据相连接的外围设备及进行计算、产生指令的微处理机等。

只有上面两大部分有机结合才能真正地体现“全站”功能，既要自动完成数据采集，又要自动处理数据和控制整个测量过程。

（二）全站仪的基本结构

全站仪按其结构可分为组合式（积木式）与整体式两种。

1. 组合式全站仪

组合式全站仪由测距头、光学经纬仪及电子计算部分拼装组合而成。这种全站仪的出现较早，经不断地改进可将光学角度读数通过键盘输入测距仪并对倾斜距离进行计算处理，最后得出平面距离、高差、方位角和坐标差，这些结果可自动地传输到外部存储器中。后来发展为把测距头、电子经纬仪及电子计算部分拼装组合在一起，其优点是能通过不同的构件进行多样组合，当个别构件损坏时，可以用其他构件代替，具有很强的灵活性。早期的全站仪都采用这种结构。

图 1-2 是日本索佳公司生产的 RED mini 短程测距仪，仪器测程为 0.8 km。测距仪的支座下有插孔及制紧螺旋，可使测距仪牢固地安装在经纬仪的支架上方。旋紧测距仪支架上的竖直制动螺旋后，可调节微动螺旋使测距仪在竖直面内俯仰转动。测距仪发射接收镜的目镜内有十字丝分划板，用以瞄准反射棱镜。

图 1-3 是组合式单块反射棱镜，当测程大于 300 m 时，可换装三块棱镜。

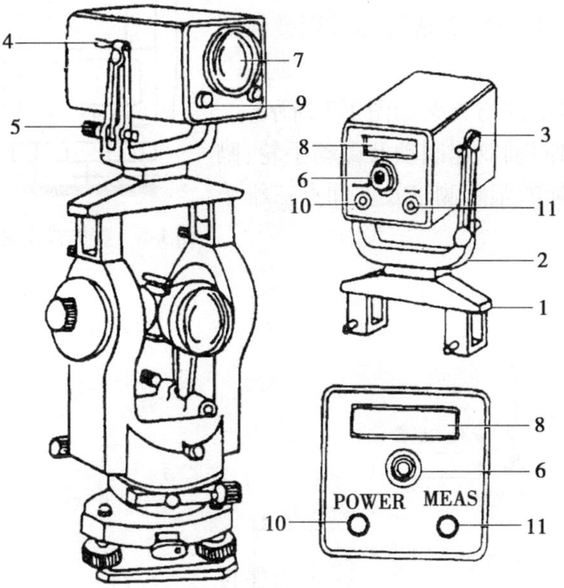

1—支架座；2—支架；3—主机；4—竖直制动螺旋；5—竖直微动螺旋；
6—发射接收镜的目镜；7—发射接收镜的物镜；8—显示窗；
9—电源电缆插座；10—电源开关键（POWER）；11—测量键（MEAS）

图 1-2　组合式全站仪

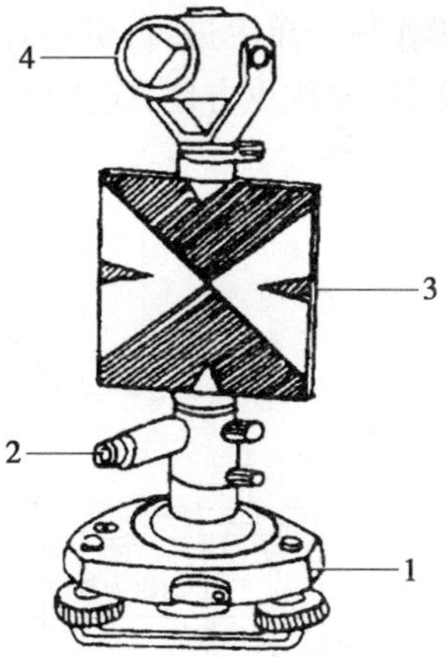

1—基座；2—光学对中器目镜；
3—照准觇牌；4—反射棱镜

图 1-3　组合式单块反射棱镜

此外,测距仪横轴到经纬仪横轴的高度与觇牌中心到反射棱镜中心的高度一致,从而使经纬仪瞄准觇牌中心的视线与测距仪瞄准反射棱镜中心的视线保持平行(见图 1-4)。

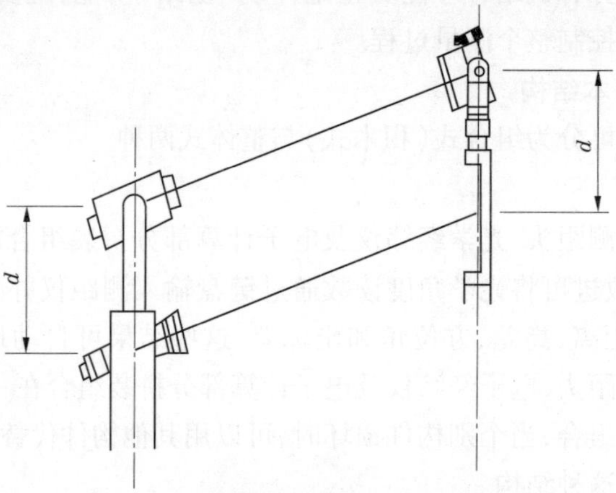

图 1-4　仪器站与棱镜站装配示意图

2. 整体式全站仪

整体式全站仪是在一个机器外壳内含有电子测距、测角、补偿、记录、计算、存储等部分(见图 1-5)。将发射、接收、瞄准光学系统设计成同轴,共用一个望远镜(见图 1-6),角度和距离测量只需一次瞄准,测量结果能自动显示并能与外围设备双向通信。其优点是体积小、结构紧凑、操作方便、精度高,近期的全站仪都采用整体式结构。

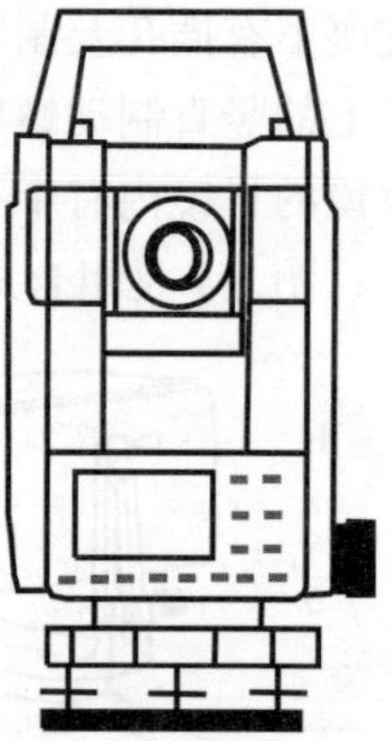

图 1-5　整体式全站仪

整体式全站仪配套使用的棱镜对中杆与支架如图 1-7 所示。

如果仪器有水平方向和竖直方向同轴双速制动及微动手轮,瞄准操作只需单手进行,更适合移动目标的跟踪测量及空间点三维坐标测量,操作更方便,应用更广泛。

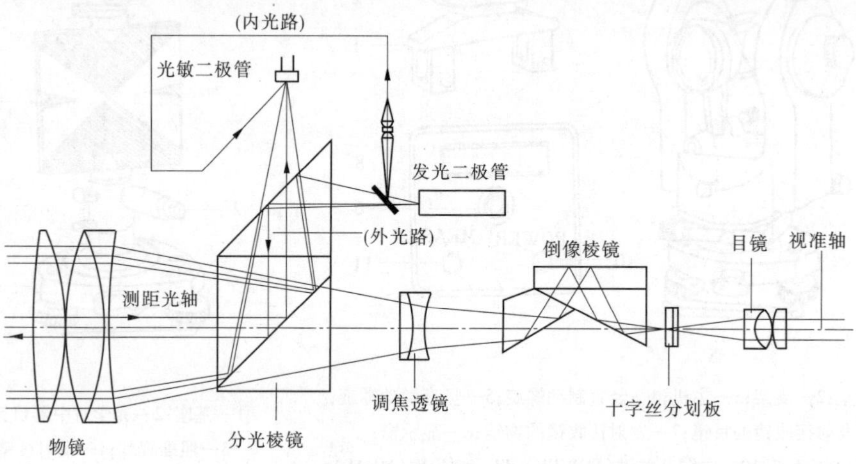

图 1-6　整体式全站仪望远镜的光路

三、全站仪的精度及等级

（一）全站仪的精度

全站仪是集光电测距、电子测角、电子补偿、微机数据处理为一体的综合型测量仪器，其主要精度指标是测距精度 m_D 和测角精度 m_β。如 SET500 全站仪的标称精度为：测角标称精度 $m_\beta = \pm 5''$，测距标称精度 $m_D = \pm(3\ \text{mm} + 2\times10^{-6}D)$。

在全站仪的精度等级设计中，对测距和测角精度的匹配采用“等影响”原则，即

$$\frac{m_\beta}{\rho} = \frac{m_D}{D} \tag{1-1}$$

式中，取 $D = 1 \sim 2$ km，$\rho = 206\ 265''$，则有表 1-1 所示的对应关系。

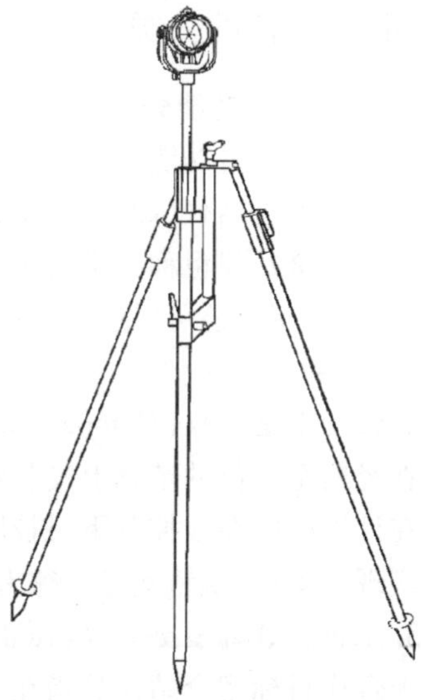

图 1-7　棱镜对中杆与支架

表 1-1　m_β 与 m_D 的关系

$m_\beta('')$	$m_D(D=1\ \text{km})(\text{mm})$	$m_D(D=2\ \text{km})(\text{mm})$
1	4.8	2.4
1.5	7.3	3.6
5	24.2	12.1
10	48.5	24.2

（二）全站仪的等级

国家计量检定规程《全站型电子速测仪检定规程》（JJG 100—2003）将全站仪的准确度等级分划为四个等级，见表 1-2。

表 1-2　全站仪的准确度等级

准确度等级	测角标准差 $m_\beta('')$	测距标准差 m_D(mm)
Ⅰ	$\lvert m_\beta\rvert \leqslant 1$	$\lvert m_D\rvert \leqslant 5$
Ⅱ	$1 < \lvert m_\beta\rvert \leqslant 2$	$\lvert m_D\rvert \leqslant 5$
Ⅲ	$2 < \lvert m_\beta\rvert \leqslant 6$	$5 \leqslant \lvert m_D\rvert \leqslant 10$
Ⅳ	$6 < \lvert m_\beta\rvert \leqslant 10$	$\lvert m_D\rvert \leqslant 10$

注：m_D 为每 km 测距标准差。

Ⅰ、Ⅱ级仪器为精密型全站仪，主要用于高等级控制测量及变形观测等；Ⅲ、Ⅳ级仪器主要用于道路和建筑场地的施工测量、电子平板数据采集、地籍测量和房地产测量等。

四、全站仪的分类

（一）按测量功能分

全站仪按测量功能可分成以下四类：

1. 经典型全站仪（Classical total station）

经典型全站仪也称为常规全站仪，它具备全站仪电子测角、电子测距和数据自动记录等基本功能，有的还可以运行厂家或用户自主开发的机载测量程序。其经典代表为徕卡公司的 TC 系列全站仪。

2. 机动型全站仪（Motorized total station）

在经典全站仪的基础上安装轴系步进电机，可自动驱动全站仪照准部和望远镜的旋转。在计算机的在线控制下，机动型系列全站仪可按计算机给定的方向值自动照准目标，并可实现自动正、倒镜测量。徕卡 TCM 系列全站仪就是典型的机动型全站仪。

3. 无合作目标型全站仪（Reflectorless total station）

无合作目标型全站仪是指在无反射棱镜的条件下，可对一般的目标直接测距的全站仪。因此，对不便安置反射棱镜的目标进行测量，无合作目标型全站仪具有明显优势。如徕卡 TCR 系列全站仪，无合作目标距离测程可达 200 m，可广泛用于地籍测量、房产测量和施工测量等。

4. 智能型全站仪（Robotic total station）

在机动化全站仪的基础上，仪器安装自动目标识别与照准的新功能，因此在自动化的进程中，全站仪进一步克服了需要人工照准目标的重大缺陷，实现了全站仪的智能化。在相关软件的控制下，智能型全站仪在无人干预的条件下可自动完成多个目标的识别、照准与测量。因此，智能型全站仪又称为“测量机器人”。典型的代表有徕卡的 TCA 型全站仪等。

（二）按测距仪测距分

全站仪按测距仪测距可以分为以下三类：

1. 短距离测距全站仪

测程小于 3 km，一般精度为 $\pm(5\ \text{mm}+5\times10^{-6}D)$，主要用于普通测量和城市测量。

2. 中测程全站仪

测程为 3 ~ 15 km，一般精度为 $\pm(5\ \text{mm}+2\times10^{-6}D)$，$\pm(2\ \text{mm}+2\times10^{-6}D)$ 通常用于一般等级的控制测量。

3. 长测程全站仪

测程大于 15 km，一般精度为 $\pm(5\ \text{mm}+1\times10^{-6}D)$，通常用于国家三角网及特级导线的测量。

由于目前国家控制网及工程控制网一般采用全球定位系统 GPS（Global Positioning System）测量，所以目前的全站仪主要以中、短程为主。

五、智能型全站仪的主要特点

智能型全站仪亦称电脑全站仪，具有双轴倾斜补偿器，双边主、附显示器，双向传输通信，大容量的内存或磁卡与电子记录簿两种记录方式以及丰富的机内软件，因而测量速度快、观测精度高、操作简便、适用面宽、性能稳定，深受广大测绘技术人员的欢迎，成为1993年以来的全站仪主流发展方向。

智能型全站仪的主要特点如下：

(1)智能型操作系统。智能型全站仪具有像通常PC机一样的Windows操作系统。

(2)大屏幕显示。可显示数字、文字、图像，也可显示电子气泡居中情况，以提高仪器安置的速度与精度，并采用人机对话式控制面板。

(3)大容量的内存。一般内存在16 M以上，扩展内存为64 M甚至1 G，能存储海量测量数据。

(4)采用国际计算机通用磁卡。所有测量信息都可以文件形式记入磁卡或电子记录簿，磁卡采用无触点感应式，可以长期保留数据。

(5)自动补偿功能。补偿器装有双轴倾斜传感器，能直接检测出仪器的垂直轴在视准轴方向和横轴方向上的倾斜量，经仪器处理计算出改正值并对垂直方向值和水平方向值加以改正，提高测角精度。

(6)测距时间快，耗电量少。

第二节　全站仪的发展现状及前景

全站仪作为最常用的测量仪器之一，它的发展改变着我们的测量作业方式，极大地提高了生产的效率。虽然GPS技术在大地测量领域已广泛应用，但在测绘领域中全站仪依然发挥着极其重要的作用，因为它有着GPS接收机所不具备的一些优点，如不需对天通视，选点和布点灵活，特别适用于带状地形及隐蔽地区，价格相对较低，观测数据直观，数据处理简单，操作方便，精度高等。

全站仪早期的发展主要体现在硬件设备上，如减轻质量、减小体积等；中期的发展主要体现在软件功能上，如水平距离换算、自动补偿改正、加常数乘常数的改正等；现今的发展则是全方位的，如全自动、智能型。

因此，全站仪的发展现状及前景正朝着全自动、多功能、开放性、智能型、标准化方向发展，它将在地形测量、工程测量、工业测量、建筑施工测量和变形观测等领域中发挥越来越重要的作用。

一、全站仪的发展

20世纪80年代末，人们根据电子测角系统和电子测距系统的发展不平衡，将全站仪分成两大类，即积木式和整体式。20世纪90年代以来，基本上都发展为整体式全站仪。随着计算机技术的不断发展与应用，以及用户的特殊要求与其他工业技术的应用，全站仪出现了一个新的发展时期，出现了带内存、防水型、防爆型、电脑型等全站仪。

综观全站仪的发展，有些是仪器加工制造及传统理论的进化，有些是其他技术的进步所带来的变化，而有些则是思想观念的更新。全站仪的发展具有如下几个特点。

(一)仪器的系统性

全站仪从20世纪60年代末开始出现即显示了其系统性。目前，全站仪都配有供数据输出的 RS－232C 标准串行端口，有的还配有 SD 卡、USB 接口、蓝牙等。目前通信设备的开发应用使全站仪不再局限于将数据从仪器传输到记录器、电子记录簿或电子平板中，即实现数据的单向流动，而且能够将数据或程序从计算机输入仪器中，以便对仪器的软件进行更新，甚至通过计算机和仪器的连接，将仪器作为终端由计算机中的程序对仪器进行实时控制操作，实现数据的双向流动。此时全站仪已不再是一台单一的测绘仪器，它和计算机、软件，甚至一些通信设备（如电话、传真机、调制解调器等）一起，组成了一个智能型的测绘系统。新型电脑全站仪带有 Windows CE 操作系统，与其他外接设备的数据交换就更方便了。

（二）双轴自动补偿改正

仪器误差对测角精度的影响，主要是由仪器的三轴之间关系不正确造成的。在光学经纬仪中主要是通过对三轴之间关系的检验校正，减少仪器误差对测角精度的影响；在电子仪器中则主要是通过所谓“自动补偿”实现的。目前的全站仪基本都实现了“三轴”补偿功能（补偿器的有效工作范围一般为 $\pm 3'$），即全站仪中安装的补偿器，自动检测或改正由于仪器垂直轴倾斜而引起的测角误差；通过仪器视准轴误差和横轴误差的检测结果计算出误差值，必要时由仪器内置程序对所观测的角度加以改正。

（三）实时自动跟踪、处理和接收计算机控制

新式结构的全站仪，仪器中都安装有驱动仪器水平方向 360°、望远镜竖直方向 360°旋转的伺服马达，用这种类型的全站仪可以实现无人值守观测、自动放样、自动检测三轴误差、自动寻找和跟踪目标。因此，在变形观测、动态定位及在一些对人体有害的环境中应用，将具有无可比拟的优越性。利用 ATR（自动照准）功能，白天和黑夜（无需照明）都可以工作。

（四）操作方便，功能性强

全站仪的发展使得它操作方便、功能性强。目前对中国市场，国外全站仪已按照国内测量习惯生产出具有全中文菜单的全站仪。普通全站仪具有全数字键盘，操作简单，测量速度快等特点，容易阅读的显示屏能够轻松输入数据和审查结果。

（五）内置程序增多和标准化

近年来，全站仪发展的一个极其重要的特征是内置程序的增多和标准化。内置程序能够实时提供观测过程并计算出最终结果。观测者只要能够按仪器中设定的功能，操作步骤正确就能完成测量工作，而不含程序的全站仪则只能提供观测值和观测值的计算值。也就是说，通过程序将内业计算的工作直接在外业中完成，程序的执行过程实际上也就是仪器操作的执行过程。目前，各厂家仪器都具备有内置程序的功能，比较实用的程序有度盘定向、放样测量、坐标测量等。

（六）开放性环境，用户可二次开发功能

开放性环境最大的特点是它具有足够的包容性和灵活性，在不同的场合中能够适应不同的要求。随着科学技术的进步，开放环境的要求已经遍及整个开发和应用领域。过去用户只能被动地接收全站仪所提供的功能，若遇到一些特殊要求的工作，用户只能采用一些变通的方法，不能主动地去指挥仪器工作。而在开放环境的条件下，用户就可以参与到仪器功能的二次开发中，从而使用户真正地成为仪器的“头脑”，使仪器按照人的意愿去进行工作。

（七）仪器的兼容性和标准化

考虑到用户的利益，兼容性是必须的。兼容的基础是在计算机领域由 IBM 公司首先完成的，从而使计算机得以飞速发展。在全站仪领域，用户已经体会到了不兼容的弊端，如所购的一套仪器，使用了若干年后，如果其中的一个关键部件损坏或技术更新，由于设备之间的不兼容，这套仪器配置中的其他配件也不能为别的仪器所利用，那么用户只能将其整个淘汰。目前，各厂家的数据记录设备一般采用 PCM - CIA，但考虑到全站仪是一种特殊行业使用的特殊仪器及各厂家自身的利益，兼容性还仅仅只能停留在设想上。

（八）实现数据共享能力

由于对仪器实时作业的要求，“内业”的“外业化”便显得十分必要。过去从外业到内业再到外业的工作过程，将被一次性的外业工作所替代，而这种效率的提高，需要以仪器间数据的共享为基础。这种数据共享主要是指全站仪和其他类型的仪器（如 GPS 接收机、数字水准仪）之间的数据交流。通过不同仪器之间的数据交流，从而减少内业和外业之间的衔接，提高测量工作的自动化水平。如将徕卡 GPS、全站仪、数字水准仪之间数据格式统一为 GSI 格式。

（九）高精度

精度是全站仪最重要的参数之一，现行精度最高的全站仪，测角精度为 $\pm 0.5''$，测距精度为 $\pm(1\ \text{mm} + 1 \times 10^{-6} D)$。高精度仪器的出现，解决了一系列精密工程测量方面的问题，但现实测量工程中有时也需要更高精度的仪器，以降低精密测量的难度和工作量，这是用户的要求，也是技术发展的要求。

（十）无棱镜测距

与有棱镜测距相比较，无棱镜测距技术的优点是对于测量人员难以到达、反射介质好的地形地物测量，如悬崖、溪谷、客流大的公路、有剧毒的地物等，只要测点的反射介质符合无棱镜测量的条件，就不需要在测点上放置棱镜，即可测量出该点的三维坐标。目前，无棱镜测距技术一般测程在 300 m 左右，精度约为 $3\ \text{mm} + 2 \times 10^{-6} D$，而拓普康 GTS7500 系列的最大测程可达 2 000 m。

（十一）多种测绘仪器合作

另外，还出现了将 GPS 与全站仪联合用于地形测量的仪器——超站仪（如南方 NTS - 82），以及将数码相机与全站仪联合用于三维建模的仪器——摄影全站仪（如拓普康 GPT - 7000i）。超站仪无需做静态三角控制测量或导线控制测量，利用 GPS 获取单点绝对坐标，得出已知点坐标；然后在最适合的地方设站，可解决定向、未知点坐标，然后利用相应的测图和工程软件，可直接成图和进行各类工程测量。摄影全站仪是一款创新型全站仪，内置数码相机，实现了工程测量与数字近景摄影测量的完美结合，利用相应的三维建模软件，能对地形、文物、建筑物、山坡等对象快速生成高精度可量测的三维数字表面模型。

二、全站仪软件包的发展

20 世纪 90 年代推出的全站仪所配置的测量与定位软件，已由过去少量的特殊功能发展到迄今的功能齐全、实用、操作简便的测量软件包，使得全站仪测量技术更加广泛地应用于控制测量、施工放样测量、地形测量和地籍测量等领域。

（一）全站仪软件包的发展现状

随着市场产销竞争的日趋激烈，全站仪测量软件包的发展也在不断地更新。现代新型全站仪测量配置的软件包普遍向多功能化方向发展，归纳起来具有如下功能：

(1)菜单功能。各公司目前新近推出的全站仪软件包大都采用了菜单功能。利用菜单功能和配置的操作提示，可以在提高仪器操作功能的同时简化键盘操作。

(2)基本测量功能。包括电子测距、电子测角（水平角、垂直角），经微处理器可实现数据存储、成果计算、数据传输及基本参数设置等。主要用于测绘的基本测量工作，包括控制测量、地形测量和工程放样施工测量等。需特别注意的是只要开机，电子测角系统即开始工作并实时显示观测数据。

(3)程序测量功能。包括水平距离和高差的切换显示、三维坐标测量、对边测量、放样测量、偏心测量、后方交会测量、面积计算等。需特别注意的是程序测量功能只是测距及数据处理，它是通过预置程序由观测数据经微处理器数据处理、计算后显示所需要的测量结果，实现数据的存储及双向通信。

(4)用户开发系统。为了便于用户自行开发新的功能，满足某些特殊测量工作的需要，全站仪具有用户开发系统。目前，全站仪一般装有标准的 MS－DOS 操作系统，用户可在 PC 机上开发各种测量应用程序，以扩充全站仪的功能。

国外厂商针对我国测量用户开发的全站仪软件包，提供了较丰富的测量功能，在生产实践中得到了广泛应用，但这些全站仪软件包尚存在以下弊端。

(1)测量规范：国外测绘作业的组织方式和执行的测量规范标准与我国不尽相同，这些软件包不完全适应我国各种不同的测量方法和要求。

(2)界面：少数全站仪软件包的用户界面仍然以英文菜单提示，给我国广大测量用户使用全站仪带来了不便。

(3)程序的二次开发：进口全站仪所配置的应用程序因保密和固化，我国用户无法修改和扩充这些程序，因而限制了用户对程序进行二次开发。

(4)数据格式：各公司推出的软件包均采用内部数据记录格式，给我国用户进行数据后续处理带来了困难。

（二）国内全站仪软件包开发状况

我国电子测量仪器的研制与生产虽然起步较晚，但发展较快。20 世纪 80 年代初，国产光电测距仪投放市场。90 年代研制和生产光电经纬仪，南方公司生产的我国第一台 NTS－200 系列全站仪，打破了国外厂家垄断我国全站仪市场的局面，随后其他仪器厂家也相继推出了自己的全站仪。2009 年国产全站仪的销量为 3.5 万台，而进口的仅为 1 万台，国产全站仪已成为主流。从这些全站仪目前所配备的软件来看，它们具有以下特点：

(1)软件包一般配置有按我国测绘生产组织方式和国家测绘规范要求的应用程序。

(2)软件包功能齐全。如南方测绘仪器公司的 NTS－320 系列全站仪，能够提供平均测量、放样测量、悬高测量、间接测量、坐标测量和数据传输等功能，它们在实现数字化测图中起着重要作用。

(3)用户界面汉字化，便于我国用户操作。

(4)软件包数据采集和计算处理一体化，形成的各种坐标数据文件可通过格式转换与各种绘图软件接口，实现自动绘图。

(5)多种测量方法供用户选择，使全站仪能广泛地应用于控制测量、工程测量和工程放样施工等领域。

(三)全站仪软件包的未来发展趋势

由于近代电子技术的高速发展，测量仪器不断地更新换代，满足了各种各样的用途和精度的需要，新型全站仪正朝着自动化、多功能化、一体化的方向更新和发展。为了充分发挥全站仪的功效，国内外厂家都在进一步地研究与开发全站仪软件包。从目前的情况来看，全站仪软件包将向着以下方面发展：

(1)Windows 操作系统的实现，将促使应用软件功能更强大，界面更丰富多彩。

(2)通过格式转换和各种绘图软件接口，实现自动绘图。

(3)随着液晶显示技术的进一步发展，未来全站仪显示屏不仅能显示字符，而且能显示图形，全站仪软件包能现场实时绘制工作草图，使数据自动采集与辅助测图同时进行，成为未来野外测量作业的先进作业方式。

(4)全站仪作为内、外作业联系的重要部分，建立综合测量系统，已成为开发全站仪软件包的延续。如索佳测绘公司的"综合测绘系统"、徕卡公司的"开放式测量世界"、南方测绘公司的"CASS 南方内外业一体化成图软件"、北京光学仪器厂的"BGSS"综合测绘系统等。

因此，综合测量系统将是今后测量工作的发展趋势。这种系统把全站仪通过相关软件系统和计算机、打印机、绘图机、数字化仪等设备联为一体，将大大有利于实现地形测量、地籍测量、工程测量及变形观测等工作的自动化。

三、新型全站仪简介

某些型号的进口全站仪，除具有普通全站仪的功能外，还具有一些更先进、更实用的功能。

(一)拓普康 GPT－7500 系列全站仪

图 1-8 为日本拓普康公司在中国市场推出的彩屏 Windows CE 智能全站仪——GPT－7500 系列全站仪，它具有如下技术特点：

(1) GPT－7500 系列采用 Hitachi SH4 CPU，处理器的速度高达 200 MHz，采用 Windows CE中文操作系统，与计算机 Windows 操作界面相同，用户使用简单习惯。由于采用了标准的 Windows CE 系统平台，二次开发更容易。可针对不同行业的需求，开发专业的应用软件。

(2)仪器用于储存测量数据的内存为 16 MB，并采用 CF 卡扩展数据存储空间，可扩充海量数据存储。配备方便、高速、通用的 USB 数据传输接口，可直接和 USB 打印机相连，并配有常规的 RS－232C 串口。测量数据传输的方式可以利用 CF 卡在计算机读卡器上直接读取，也可以通过 RS－232C 串行接口或 USB 接口与计算机连接后利用成图软件下载测量数据。

(3)GPT－7500 系列采用绝对编码度盘测角技术，测角精度为 ±1″，具有双轴补偿系

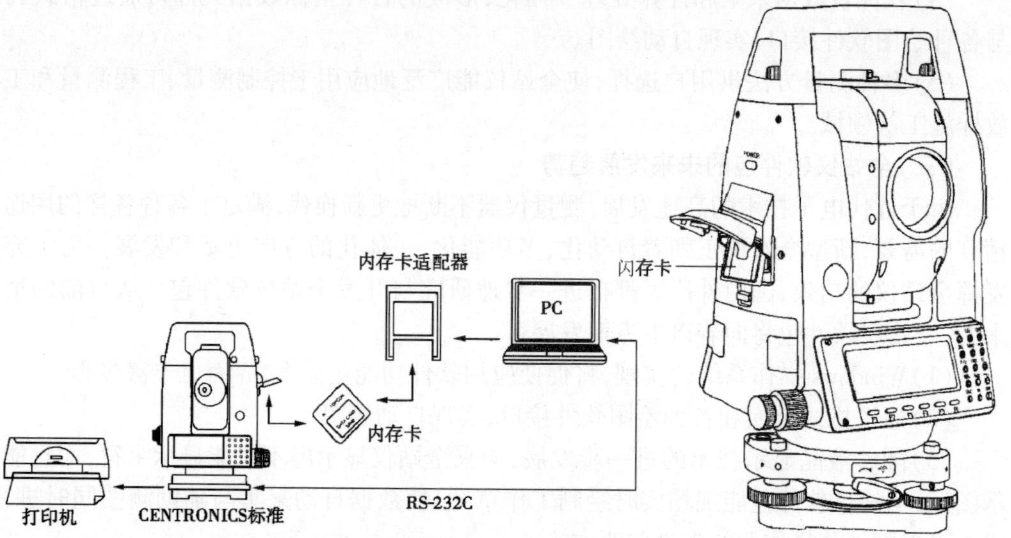

图 1-8　拓普康 GPT－7500 系列全站仪

统，补偿范围达 ±4′。采用脉冲式测距技术，是目前世界上无棱镜测距最长的仪器，测程达 2 000 m。

(4)采用 3.5 in(1 in = 254 cm)64 K 色 TFT 彩色触摸屏(240 × 320 点阵)，方便的人机对话方式使测量作业更快捷、更高效。仪器全部采用简体中文显示界面，便于中国用户操作和使用。

(5)预装功能强大的 TopSURV 测量应用软件包。含有标准测量程序、标准放样程序、偏心测量程序、CO－GO 计算程序、道路定线设计、道路放样程序、横断面设计、边坡放样程序。

(二)徕卡 TPS1100 系列全站仪

图 1-9 为徕卡公司的 TPS1100 系列全站仪，它具有如下特点：

(1)马达驱动与自动目标识别。在自动目标识别模式下，只需要粗略照准棱镜，仪器内置的 CCD 相机立即对返回信号加以分析，并通过伺服马达驱动照准部与望远镜旋转，自动照准棱镜中心进行测量，并自动进行正、倒镜观测。该观测模式对于需要进行多次重复观测的点非常有用，如可以实现对大型水坝变形点进行无人值守的连续观测。

(2)自动跟踪。在自动跟踪模式下，仪器能自动锁定目标棱镜并对移动的 360°棱镜进行自动跟踪测量，仪器内设的智能化软件利用 CCD 相机对返回信号进行分析处理，排除外界其他反射物体成像的干扰，可以保证在锁定目标暂时失锁时，也能立即恢复跟踪。

(3)镜站遥控测量。镜站可以通过操作 RCS1100 控制器遥控测站的全站仪进行量测，放样数据及测得的镜站当前坐标直接显示在 RCS1100 控制器中，这使得一个人进行测量成为可能。

(4)无反射棱镜测量。仪器内置有红外光和可见激光两种测距信号，当使用激光信号测距时，可以不用反射棱镜，直接照准目标测距。无反射棱镜测距的范围为 1.5 ~ 80 m，加长测程的仪器可以达到 200 m，测距精度为 ±(3 mm + 2 × 10^{-6} D)。该功能对测量

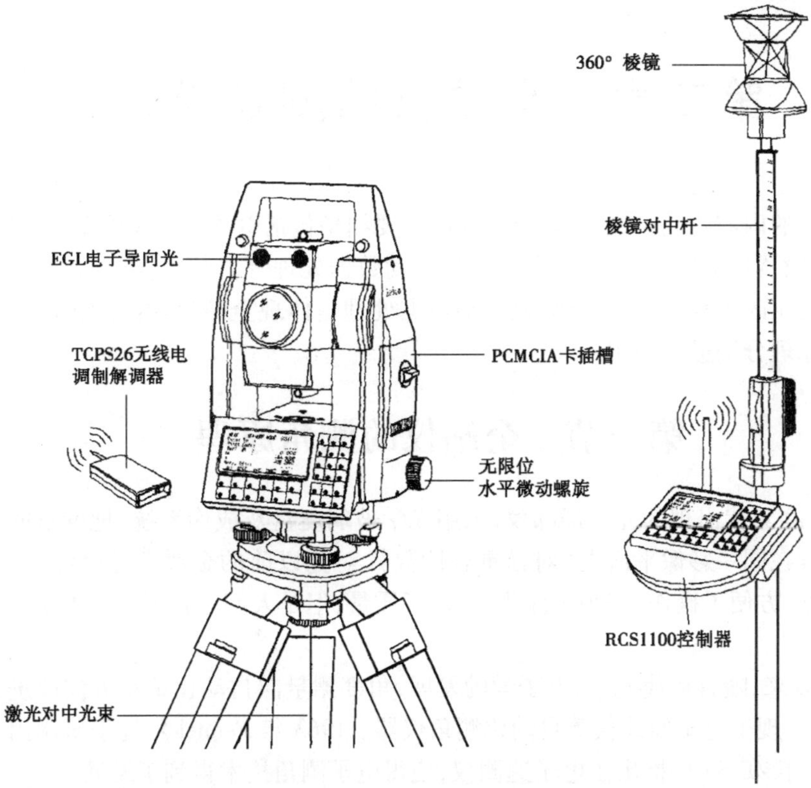

图 1-9 徕卡 TPS1100 系列全站仪

天花板、壁角、塔楼、隧道断面等有用。

(5)支持用户自编应用程序。仪器提供了 Geo BASIC 语言,它与标准 BASIC 语言相似,提供了数学计算、字符串管理和文件操作等功能。在使用 Geo BASIC 语言编程时,通过大量调用仪器提供的子程序,可以很容易编写出满足特定需要的应用程序。将编写出的应用程序装入仪器中后,应用程序将成为仪器菜单中的一部分。

第二章　全站仪的测量原理

由第一章的内容我们已经知道，全站仪的主要结构包括电子经纬仪测角、电子测距仪测距、电子补偿器自动补偿改正、电子计算机自动数据处理等。其中，电子补偿器为电子经纬仪测角提供改正参数、电子计算机自动数据处理是体现全站仪功能的核心。下面对其各部分的原理分别进行介绍。

第一节　全站仪的测角原理

20 世纪 40 年代出现的光学经纬仪，采用光学玻璃度盘及成像系统，把度盘的对径位置分划线重合在同一影像平面上（对径重合读数），对比以前的金属度盘经纬仪，大大提高了测角精度、方便了操作、缩小了体积、减轻了质量，但是人们一直期待着电子测角仪器的出现。

60 年代以来，随着近代光学、电子学的发展，角度测量向自动化记录方向改进有了技术基础，从而出现了电子经纬仪等自动化测角仪器。1963 年 Fennel 厂终于研制出了编码经纬仪，1968 年 ZEISS 厂推出了电子速测仪，使得电子测角技术得到了发展。

电子经纬仪在结构和外观上与光学经纬仪类似，主要在于读数系统不同，它采用光电扫描和电子元件进行自动读数和液晶显示。电子测角虽然仍采用度盘，但它不是按照度盘上的分划线用光学读数法读取角度值，而是从度盘上取得电信号，再将电信号转换为数字并显示角度值。

电子测角的度盘主要有编码度盘、光栅度盘、动态度盘三种形式。因此，电子测角也就有编码测角、光栅测角、动态测角等形式。

如德国 OPTON 厂于 1978 年生产的 Elta－2 型电子速测仪，采用的是编码度盘；瑞士克恩（KERN）厂的 E1 型和 E2 型电子经纬仪采用光栅度盘；现在主流全站仪的测角系统大多用的是动态测角系统，测角精度可达 ±0.5″。从 90 年代起，国内厂家如北京光学仪器厂、南方测绘仪器公司生产的电子经纬仪，测角精度均达 ±5″。

一、编码度盘的测角原理

利用编码度盘进行测角是电子经纬仪中采用最早、较为普遍的电子测角方法。它是以二进制为基础，将光学度盘分成若干区域，每一区域用某一个二进制编码来表示。当照准方向确定以后，方向的投影落在度盘的某一区域上并与某一个二进制编码相对应。通过发光二极管和接收二极管，将编码度盘上的二进制编码信息转换成电信号，再通过模拟数字转换，得到一个角度值。由于每个方向单值对应一个编码输出，不会由于停电或其他原因而改变这种对应关系。另外，利用编码度盘，不需要基准数据即没有基准读数方向值的影响，就可以得出绝对方向值。因此，把这种测角方法称为绝对式测角方法。

(一)纯二进制码盘

将光学度盘刻上分划,造成透光与不透光两种状态,分别看做是二进制代码的逻辑"1"和"0"。纯二进制可以表示任何状态并由计算机来识别,二进制位数越多,所能表达的状态数也越多。纯二进制码是按二进制数的大小依次构成编码度盘的各个不同状态。

如图 2-1 所示,度盘一周为 360°,如果分成两半,即可确定两种状态:0° ~ 180°与 180° ~ 360°,换句话说,角度值的分辨率为 180°(见图 2-1(a))。如果角度值分辨率提高到 90°,首先必须把度盘分成四等份,然后再加上一圈,并以二进制规则刻制(见图 2-1(b))。用纯二进制码来代替这四种状态为 00、01、10、11,对应的角度分别为 0° ~ 90°、90° ~ 180°、180° ~ 270°和 270° ~ 360°。

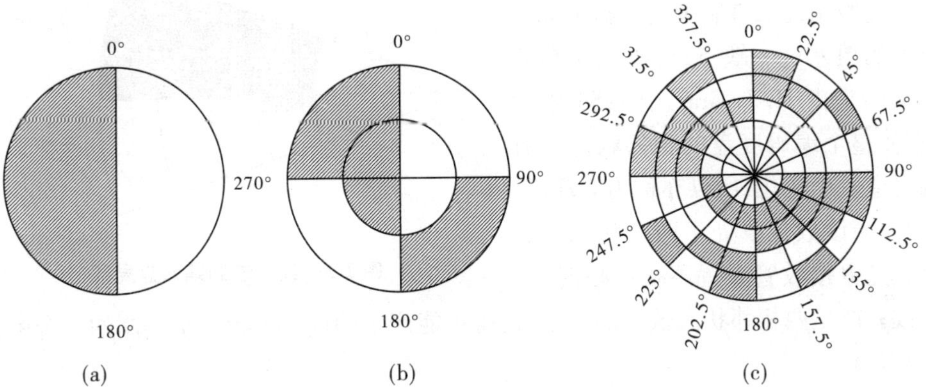

图 2-1　纯二进制编码

这里一圈称为一个编码轨道,图 2-1(b)度盘共有两个编码轨道,并且其二进制构成的数值是依次相邻安排的。为了提高角度值的分辨率,就必须增加度盘的等份数和相应的编码道数。若编码道数为 n,则整个编码度盘表示的状态数为:

$$S = 2^n \tag{2-1}$$

分辨率为:

$$\delta = \frac{360°}{2^n} \tag{2-2}$$

如图 2-1(c)所示,度盘分成 16 等份,即所能表示的状态数 $S = 16$,要求的编码道数 $n = 4$,分辨率 $\delta = 22.5°$。

从理论上说,为了达到足够的分辨率,可以再增加编码道数和相应的刻线,但是从实际技术来看则很困难,主要有下列原因:

(1)将编码度盘的信息经光电转换化成方向值的接收器件不可能无限小,因为增加编码道数,度盘的直径就越大。即在光电接收管尺寸一定的情况下,编码道数增多则要求度盘的半径 R 就越大。

(2)实际度盘的半径不可能很大。作为一个实用的仪器,其体积是有一定限制的,一般度盘的直径小于 100 mm,如 TC1——80 mm、Elta2——98 mm、AGA710——70 mm。由此可见,要提高编码度盘的测角分辨率,就必须采用角度测微技术。

对二进制编码度盘来说，由于度盘刻制工艺上存在公差或光电接收管安置不严格，有时会使测量出现大的粗差。如某一度盘共有16个分划，即需四个编码道，按二进制度盘的编码规则，第0状态可表示为0000，而第15状态可表示为1111，它们是相邻的。由于刻制工艺问题，透光与不透光的交界线就可能不会完全对齐（见图2-2）。当光电接收管位于状态0和状态15的交界处时，可能会把0000读成1000，而该值对应的是状态8，使本来相邻的两个状态读数结果相差180°，这是不允许的。即使相邻状态的分界线完全对齐，若光电接收管安置稍有偏差，不能严格位于一条直线上时，也会出现类似的情况，因此在电子经纬仪的编码度盘上引入了葛莱码盘。

（二）葛莱码盘

为了克服用纯二进制编码度盘可能会出现较大的粗差这一缺点，可以采用葛莱码。葛莱码是由H. T. Gray于1953年发明的，它使整个编码度盘的相邻状态只有一个编码道发生变化，所以亦称为循环码。这样，即使当读数位置处于两个状态的分界线上或光电接收管安置不很严格时，所得的读数只能是两相邻状态数中的一个，使得可能产生的误差不超过十进制的一个单位，如图2-3所示。

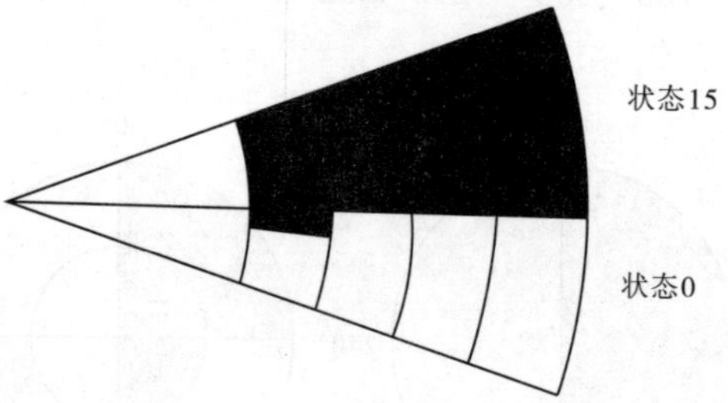

图2-2　纯二进制编码盘局部

为了计算角度值，必须通过转换电路将葛莱码转换成相应的纯二进制数。转换方法如下：

设二进制编码的第i个状态所代表的数值为P_i，而葛莱码的第i个状态所代表的数值G_i，$i=0,1,\cdots,n$（n为总的状态数），它们之间的关系为：

$$P_n = G_n$$

$$P_{n-1} = G_n \mathrm{e} G_{n-1} = P_n \mathrm{e} G_{n-1}$$

$$P_{n-2} = G_n \mathrm{e} G_{n-1} \mathrm{e} G_{n-2} = P_{n-1} \mathrm{e} G_{n-2}$$

$$\vdots$$

$$P_1 = G_n \mathrm{e} G_{n-1} \mathrm{e} \cdots \mathrm{e} G_2 \mathrm{e} G_1 = P_2 \mathrm{e} G_1$$

$$P_0 = G_n \mathrm{e} G_{n-1} \mathrm{e} \cdots \mathrm{e} G_1 \mathrm{e} G_0 = P_1 \mathrm{e} G_0$$

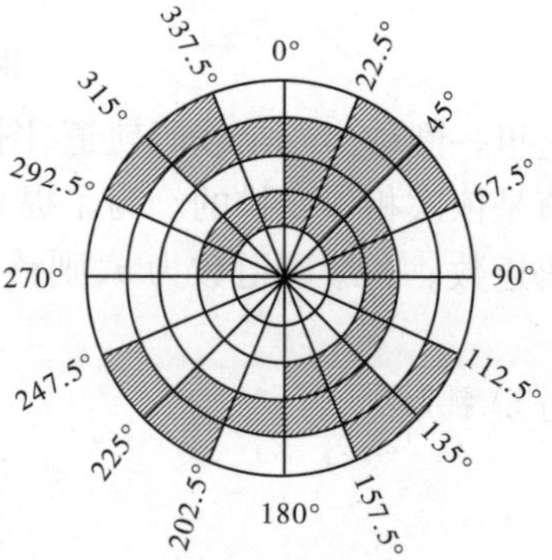

图2-3　葛莱码

上式中e表示不进位逻辑加，故有：

$$P_i = G_n \mathrm{e} G_{n-1} \mathrm{e} \cdots \mathrm{e} G_{i+1} \mathrm{e} G_i = P_{i+1} \mathrm{e} G_i$$

为了易于比较，列出16种状态的纯二进制编码与葛莱码的编码对照，如表2-1所示。

（三）矩阵码盘

由于经纬仪度盘的实际尺寸受到一定的限制，也就是说，编码道数是有限的，即分辨率有限。要提高分辨率，可以采用角度测微技术，也可以缩小光电接收管的尺寸，还可以改进编码度盘的设计方案。这里简要介绍另一种编码度盘——矩阵码盘。

表 2-1　纯二进制码与葛莱码的编码对照

状态	纯二进制码	葛莱码	状态	纯二进制码	葛莱码
0	0000	0000	8	1000	1100
1	0001	0001	9	1001	1101
2	0010	0011	10	1010	1111
3	0011	0010	11	1011	1110
4	0100	0110	12	1100	1010
5	0101	0111	13	1101	1011
6	0110	0101	14	1110	1001
7	0111	0100	15	1111	1000

所谓矩阵码是将编码度盘分成若干个区域，每一个区域上刻有相当于纯二进制编码或葛莱码的不同位数的编码轨道，利用若干个读数头取出按矩阵排列的电信号，经过矩阵编码器处理成纯二进制码。

纯二进制码和葛莱码的一个编码轨道只能输出一位，而矩阵码的一个编码轨道可以输出若干位。如第一码道有 n_1 位、第二码道有 n_2 位……最后一个码轨道有 n_k 位，则其所能表示的总的状态为：

$$2^{n_1} \times 2^{n_2} \times \cdots \times 2^{n_k} = 2^{(n_1+n_2+\cdots+n_k)}$$

因此，k 编码道数的矩阵码，相当于$(n_1 + n_2 + \cdots + n_k)$编码道数的纯二进制码和葛莱码，这样大大地减少了编码道数，从而有利于缩小度盘直径和提高角度分辨率。

矩阵编码度盘的实际工作原理，这里不再赘述。

值得指出的是，在实际仪器中，往往是将各种编码方法组合在一起，随着编码度盘刻制技术和读数系统的改进，在新型的仪器中还出现了一些变异的编码度盘。同时，为了提高测角精度，还必须采用角度测微技术。

二、光栅度盘的测角原理

在电子经纬仪中，另一种广泛使用的测角方法是用光栅度盘。第一台用这种方法的电子经纬仪是由卡塞尔公司设计的 DIGIO N 型电子经纬仪。由于这种方法比较容易实现，所以目前在世界各生产厂家中已被广泛采用。

（一）光栅度盘

光栅是指均匀刻有间隔很小、明暗相间的等宽度分划线。若将分划线刻在光学玻璃度盘上，就构成了光栅度盘，如图 2-4 所示。

光栅度盘的分划线可以是直线，也可以是曲线。在电子经纬仪的光栅度盘上刻的都是辐射状的直线，辐射中心通常与度盘的圆心重合，故也叫做中心辐射光栅度盘。另外，如按光栅的使用特性，可分为相位光栅和振幅光栅；按光栅度盘读数的光学原理，可分为透射光栅和反射光栅。

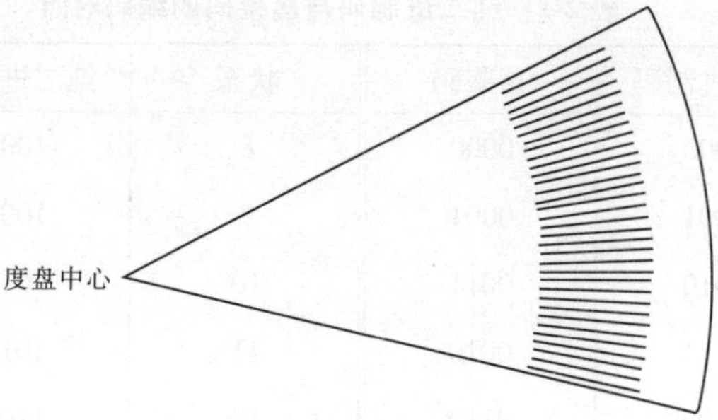

图 2-4　光栅度盘(局部)

在电子经纬仪中要实现测角,通常由两个光栅度盘构成,其中一个为主光栅(全圆光栅度盘),另一个为指标光栅(局部光栅度盘)。利用光栅度盘测量角度,就是要测定从起始方向到实际方向,指标光栅相对光栅度盘移动的光栅数,这种测角方法也称做增量式。

(二)莫尔干涉条纹

如图 2-5 所示,两个间隔相同的光栅叠放在一起并错开很小的夹角,当它们相对移动时,可看到明暗相间的干涉条纹,称为莫尔干涉条纹,简称莫尔条纹。莫尔条纹的产生原理可根据衍射波干涉后的光强分布来说明,这里不再介绍。

在图 2-5 中,设 x 是光栅度盘相对于固定光栅的移动量,y 是莫尔干涉条纹在径向的移动量,两光栅间的夹角为 θ,则有关系式:

$$y = x\cot\theta \tag{2-3}$$

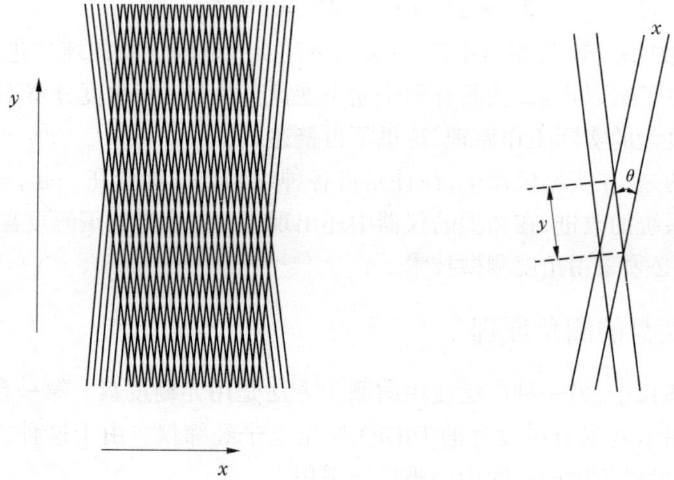

图 2-5　莫尔干涉条纹

由式(2-3)可见,对于任意选定的 x,θ 愈小,干涉条纹的径向移动量就愈大。可见莫尔干涉条纹具有放大作用,且 θ 越小,放大倍数越大。这样,就有利于提高测角的分辨率,便于安置光电传感器,正确传输信息,实现自动控制和数字化测量。

如果两光栅的相对移动是沿 x 方向从一条分划线移到相邻的另一条分划线,为一个格栅距离 x;则干涉条纹在 y 方向上移动一周,即光线由暗到明、再由明到暗的变化是一个周期,为一个条纹宽度 y;于是干涉条纹移动的周期总数就等于所通过的格线数。如果数出和记录光电传感器所接收的光强变化周期总数,便可测得移动量,再经光电信号转换,最后得到角度值。

三、动态测角的基本原理

前面介绍的电子测角原理中,无论是用编码度盘还是光栅度盘,其度盘相对于经纬仪的水平轴和垂直轴固定不变,测角时仅仅用到整个度盘的一部分,测角精度受到度盘上编码或光栅位置分划误差的影响。为了提高测角精度,必须通过适当的角度测微技术来提高测角分辨率。

另一种与之相反的测角技术,是在测角时仪器的度盘分别绕垂直轴和横轴恒速旋转,称为动态式。目前,采用动态测角原理的仪器很多,以 LEICA 的 T2000 为例,如图 2-6 所示。

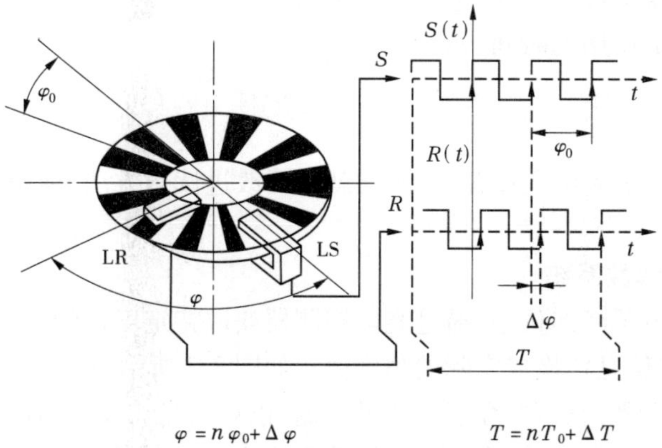

图 2-6　T2000 动态测角系统

T2000 的度盘直径为 52 mm,在该度盘上刻有 1 024 条分划,则每一分划区间(包含一条透光和一条不透光部分)所对应的角度值 φ_0 为:

$$\varphi_0 = \frac{360°}{1\ 024} = 21'05.625'' \tag{2-4}$$

当仪器的度盘绕水平轴和垂直轴分别以恒定的速度旋转时,由安置在度盘上对应直径位置的两组光电传感器(图中只画出一组)分别在度盘转动时获取度盘信息。图 2-6 中 LS 为固定传感器,相当于角度值的起始方向;LR 为可随望远镜转动的可动传感器,相当于提供目标方向。这两个光电传感器之间的夹角 φ 就是我们要测定的角度值。显然,φ 值包括了 $n\varphi_0$ 和不足一个 φ_0 的角度值 $\Delta\varphi$,即

$$\varphi = n\varphi_0 + \Delta\varphi \tag{2-5}$$

这样动态测角就包括了粗测 $n\varphi_0$、精测 $\Delta\varphi$ 两部分,只有在仪器完成角度的粗测 $n\varphi_0$、精测 $\Delta\varphi$ 之后,由微处理器进行衔接,才能得到完整的 φ 值。

(一)粗测

粗测 $n\varphi_0$ 只能够测定角度值中的大数。为此,在 T2000 的度盘上每隔 90°设有一个特殊的标识符。每个标识符通过改变原来分划线的不透光部分宽度由仪器自动识别。变

窄的不透光部分的数目和位置不同就形成了四个不同的标识符 A、B、C 和 D,其对应的角度值分别为 0°、90°、180°和 270°。

设标识符 A 中仅有一个不透光的部分变窄,当动态度盘转动时,第一个光电传感器接收到该标识符时就开始计数,直至另一个光电传感器接收到该标识符信息时停止计数,这样就可获得相位差大数 $n\varphi_0$。其他几个标识符用于检验,以保证大数的正确性。

(二)精测

当动态度盘转动时,两传感器 LS 和 LR 分别输出两信号 S 和 R(参见图 2-6 右侧)。如同测距仪中的数字测量相位原理,使该两信号经双稳态触发器得到相位差信号,并用 1.72 MHz 的脉冲填充,即可得到不足一个 φ_0 的角度值 $\Delta\varphi$。

$$\Delta\varphi = \frac{\Delta T}{T_0}\varphi_0 \tag{2-6}$$

式中 T_0——动态度盘旋转过角度 φ_0 所用的时间;

ΔT——转过 $\Delta\varphi$ 所用的时间。

四、读数系统

从光学数字度盘发展到编码度盘,其本质就是要改进读数方法,即用自动化的读数方法取代用人眼读数。

(一)编码度盘的读数系统

在用编码度盘的电子经纬仪中,通过光电探测器获取特定度盘的编码信息,并由微处理器译码,最后将编码信息转换成实际的角度值。如图 2-7 所示,在编码度盘的每一个编码轨道上方安置一个发光二极管,在度盘的另一侧、正对发光二极管的位置安放有光电接收二极管。当望远镜照准目标时,由发光二极管和光电二极管构成的光电探测器正好位于编码度盘的某一区域,发光二极管照射到由透光和不透光部分构成的编码器上,光电二极管就会产生电压输出或者零信号,即二进制的逻辑"1"和逻辑"0"。这些二进制编码的输出信号通过总线系统输入到存储器中,然后通过译码器并由数字显示单元以十进制数字显示出来。

(二)光栅度盘的读数系统

光栅度盘的读数系统也采用发光二极管和光电接收二极管进行光电探测,如图2-8所示。在光栅度盘的一侧安置一个发光二极管;而在另一侧,正对位置安放光电接收二极管。当两光栅度盘相对移动时,就会出现莫尔条纹的移动,莫尔条纹正弦信号被光电二极管接收,并通过整形电路转换成矩形信号,该信号变化的周期数可由计数器得到。计数器的二进制输出信号通过总线系统输入到存储器,并由数字显示单元以十进制数字显示出来。

另外,在光栅度盘的读数系统中还需要注意以下几个问题:

(1)为了消除光栅刻制误差的影响,通常是采用对径位置安放光电探测器扫描;

(2)为了提高测角精度,必须采用角度测微技术;

(3)为了实现正确计数,必须进行计数方向判别。

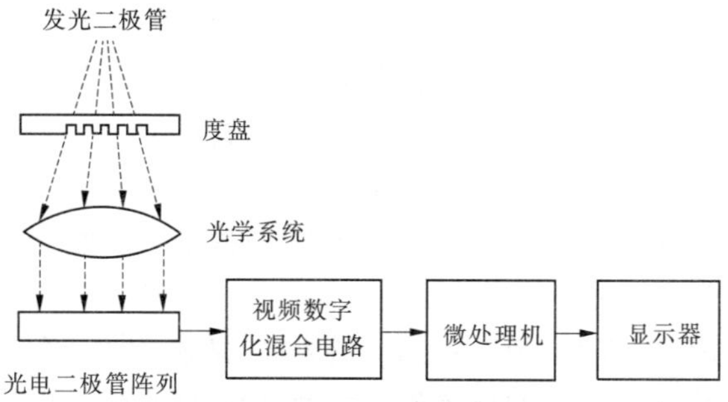

图 2-7 编码度盘读数系统

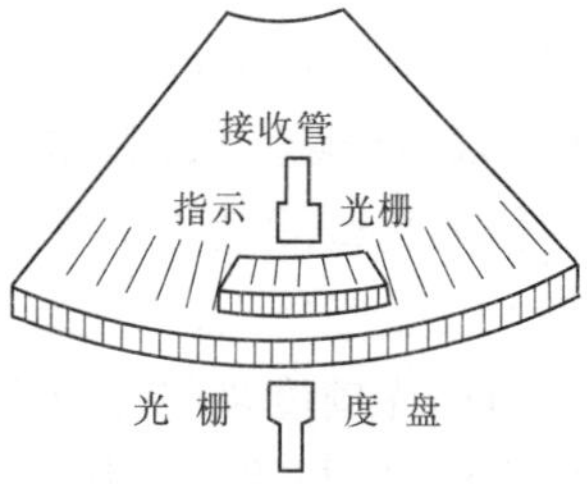

图 2-8 光栅度盘读数系统

如果照准部瞄准一个目标,顺时针方向旋转时计数累加,转过目标后,还必须按逆时针方向旋转回到这一目标,这样计数系统应从总数中减去逆时针旋转的计数。因此,该计数系统必须具备方向判别功能,才能得到正确的角度值。

为了判别仪器的转动方向,最简单的方法是再增设一个光电二极管,它与原来获取计数信息的光电二极管的间隔为一个莫尔条纹宽度的 1/4(y/4),这两个光电二极管所获取信号的相位差为 90°,在电路设计上利用这种变化来控制脉冲计数,使照准部为顺时针转动时用加法器进行加法计数;反之,进行减法计数,从而最后获得正确的角度。

五、角度的电子测微技术

无论是编码度盘还是光栅度盘,直接测定角度值的精度很低。由于受到度盘直径、度盘刻制技术和光电读数系统的尺寸限制,如将一个度盘刻成 8 个编码轨道,已经是很不简单了,而其分辨率仅为 $360°/2^8 = 1.4°$,这样的分辨率远达不到角度测量的要求,光栅度盘也是如此。

各主要厂家的光栅线数及其分辨率见表 2-2。

表 2-2 各主要厂家的光栅线数及其分辨率

仪器	生产厂家	光栅数	分辨率(′)
TC1	瑞士 WILD	12 500	1. 728
E2	瑞士 KERN	20 000	1. 080
Geodimeter700	瑞典 AGA	20 000	1. 080
Elta2	德国 ZEISS	20 000	1. 080
VE ctron	美国 K&H	20 000	1. 080
HP3820A	美国 HP	9 600	2. 250
GTS /CTS/DT	日本 TOPCON	16 200	1. 333
SET/SDM3 FR/DT	日本 SOMA	21 600	1. 000

由表 2-2 可见,仅仅靠电子度盘上刻制的分划无法达到角度测量的精度要求。因此,

在测量角度时，无论采用什么格式的电子度盘，都必须采用适当的角度电子测微器技术，提高角度分辨率，才能满足角度测量的精度要求。

角度的电子测微器技术是运用电子技术对交变的电信号进行内插，从而提高计数脉冲的频率，以达到细分的效果。下面仅简单介绍几种常用的电子测微方法。

（一）四倍频直接测微法

四倍频直接测微法是英国费南梯（Ferranti）公司首创的，是目前各种电子测微器技术的基础。

在前面光栅度盘的计数方向判别中已经提到，为了判别计数方向，必须另加一个光电二极管，其位置与原来读数的光电二极管间隔 1/4 的莫尔条纹宽度，使得两光电二极管所获得的信号的相位差为 90°。每相对移动一个光栅，就会产生一个莫尔条纹的移动，且光电二极管接收的莫尔条纹的亮度变化一周。这样，每通过一个条纹，两光电二极管接收的信号就有四个过零点，经过一定的电路就可将四个过零点转化为四个脉冲，且两相邻脉冲间隔为 90°，相当于 1/4 的莫尔条纹宽度，故称四倍频。在该法中，光电信号经整形后产生计数脉冲并进行编码，中间不必提取角度的测微信息，故又称直接测微。

AGA 厂的 Geodimeter700 的角度测微方法，是将整形后的方波经积分变成对称的锯齿波，然后分成 20 等份，使其每等份相当 2″。ZEISS Elta2 的编码度盘的角度分辨率为 0. 9°，经测微之后将其分划细分成 1 250 个等份，这样就达到了 0. 648″的分辨率。但是，KERN E2 电子经纬仪的角度分辨率经测微之后能达到 0. 3″的读数分辨率。

（二）正弦比内插测微法

这是一种利用类似于测距系统中测量相位来进行角度内插测微的方法。将获得的光强与发光二极管发射的光强信号比较，叠加后获得信号的相位差 φ。由于测定相位 φ 的计数器具有 $2\pi/1\ 000$的分辨率，即相当于把一个周期的正弦值细分成 1 000 等份，这样就大大提高了测角分辨率。

（三）光学测微电子重合读数法

这是利用一般经纬仪的光学原理进行细分的方法，只是采用光电方式读出结果。

如 ZEISS Elta2 是采用度盘的编码来确定“粗读数”，而用光学平行玻璃板测微器来确定“精读数”，采用对径读数，相当于将编码度盘分辨率提高了 1 倍，测微器本身有 1 250 个分划线，故细分的分辨率可达 0. 65″。

（四）分散细分小因子内插法

这是一种在读数系统中设置多个分散的细分因子环节而最终达到细分要求的方法。其细分的倍率较低，一般用于光栅度盘的角度测微中，这是因为光栅度盘的分划较小，需要细分的倍率不大。如 TC1 光栅度盘的分辨率为 1. 728′，现在经过 32 倍细分内插，可达到最小分辨率为 3. 24″。

第二节　全站仪的测距原理

随着各种新颖光源（激光、红外光等）的相继出现，物理测距技术也得到了迅速的发展，并出现了以激光、红外光和其他光源为载波的光波测距仪和以微波为载波的微波测距仪,通称为电磁波测距仪(光电测距仪),简称测距仪。测距仪的出现,是测距方法的革命,从而开创了距离测量的新纪元。光电测距与传统的钢尺或基线丈量距离相比,具有精度高、作业迅速、受气候及地形影响小等优点。

世界上第一台测距仪,于1947年由瑞典AGA公司制成,该厂生产的AGA-8激光测距仪被认为是第一代测距仪的代表。这类仪器的最大测距一般为20~60 km。由南非1954年开始研制,1957年正式生产的微波测距仪,也属于第一代测距仪,在良好的条件下,最大测距可达60~80 km。

第一代测距仪测距精度虽然较高,但体积大、笨重且造价昂贵。20世纪60年代中期,电子产品的小型化和小型发光二极管的研制成功,为第二代测距仪的设计提供了条件。

第二代测距仪是一种小型、轻便的仪器,而且耗电少,操作简便,但最大测距较短,一般为0.5~5 km,测距精度为$\pm[(2\sim10)\ \text{mm}+(0.5\sim5)\times10^{-6}D]$。相干激光引入光波测距仪后,就产生了第三代测距仪,这类仪器十分轻便,耗电少、读数方便,最大测距可达5~60 km,精度高达$\pm(5\ \text{mm}+1\times10^{-6}D)$。

目前,测距仪正向小型、自动、多功能的方向发展。中国在20世纪80年代中期,已研制出了第一台电磁波测距仪,但由于国内的电子材料的质量等问题,始终未能投入生产。80年代后期,北京光学仪器厂与瑞典AGA公司合作,组装生产了AGA-112、AGA-114等型号的测距仪;90年代初,常州第二无线电厂推出了大地系列的测距仪,标称精度在5 $\text{mm}+5\times10^{-6}$。

一、测距仪的测程和测距精度

测距仪是利用电磁波作为载波和调制波进行测量长度的一门技术。其主要技术指标为测程和测距精度。

(一)测距仪的测程

测距仪一次所测得的最远距离称为测距仪的测程。一般认为:

(1)短程测距仪——测程在5 km以内;

(2)中程测距仪——测程在5~30 km;

(3)远程测距仪——测程在30 km以上。

(二)测距仪的测距精度

测距仪的测距精度是仪器的重要技术指标之一。测距仪的测距精度为:

$$m_D = \pm(a + b \times 10^{-6}D) \tag{2-7}$$

式中 m_D——测距中误差,mm;

a——固定误差,mm;

b——比例误差;

D——距离,km。

RED mini 短程红外测距仪的测距精度为

$$m_D = \pm(5\ \text{mm} + 5 \times 10^{-6}D)$$

当距离D为0.6 km时,测距精度是$m_D = \pm8$ mm。

二、测距的基本原理

测距仪是通过测量光波在待测距离 D 上往返传播的时间 t_{2D} 来计算待测距离 D 的，如图 2-9 所示。

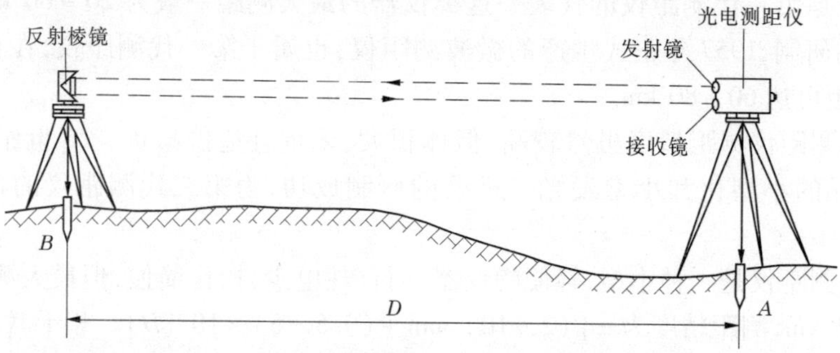

图 2-9　测距的基本原理

在 A 点安置光电测距仪，B 点安置反射棱镜，测距仪发射的光波经反射棱镜反射后，被测距仪所接收，测量出光波在 A、B 之间往、返传播的时间 t。利用光波在空气中的传播速度约 30 万 km/s 这一特性，则：

$$D = \frac{1}{2}Ct_{2D} \tag{2-8}$$

式中　C——光在大气中的传播速度，约 30 万 km/s。

由式(2-8)可知，光电测距仪测距的关键是测定测距信号（光波）在两点之间往返传播的时间 t_{2D}。若时间有 1 μs(10^{-6}s)的误差，距离就会有 150 m 的误差，所以光电测距仪对时间的要求非常高。只要能精确地测出电磁波往返传播的时间 t_{2D}，就可以求出距离 D。

按测定时间 t_{2D} 的方法，电磁波测距仪主要分为以下两种类型：

(1)脉冲式测距仪。它是直接测定仪器发出的脉冲信号往返于被测距离的传播时间 t，进而按式(2-8)求得距离值的一类测距仪。

(2)相位式测距仪。它是测定仪器发射的测距信号往返于被测距离的滞后相位 φ 来间接推算信号的传播时间 t，从而求得所测距离的一类测距仪。

因为

$$t_{2D} = \frac{\varphi}{\omega} = \frac{\varphi}{2\pi f} \tag{2-9}$$

所以

$$D = \frac{1}{2}C \times \frac{\varphi}{2\pi f} = \frac{C\varphi}{4\pi f} \tag{2-10}$$

式中　f——调制信号的频率。

根据式(2-10)，取 $C = 3 \times 10^8$ m/s、$f = 15$ MHz，当要求测距误差小于 1 cm 时，通过计算可知：用脉冲法测距时，计时精度须达到 0.667×10^{-10}s；而用相位法测距时，测定相位角的精度达到 0.36°即可。目前，欲达到 10^{-10}s 的计时精度，困难较大，而达到 0.36°的测量相位精度则易于实现。所以,当前电磁波测距仪中相位式测距仪居多。

三、脉冲法测距的基本原理

脉冲法测距就是直接测定仪器所发射的脉冲信号往返于被测距离的传播时间,从而得到待测距离。图 2-10 为其工作原理框图。

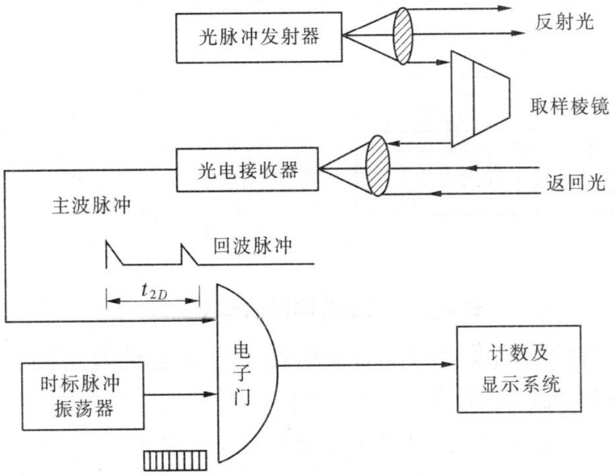

图 2-10　脉冲法测距的基本原理

由光电脉冲发射器发射出一束光脉冲,经发射光学系统投射到被测目标。与此同时,由棱镜取出一小部分光脉冲送入光电接收系统,并由光电接收器转换为电脉冲(称为主脉冲波),作为计时的起点;从被测目标反射回来的光脉冲也通过光电接收系统后,由光电接收器转换为电脉冲(也称回脉冲波),作为计时的终点。可见,主脉冲波和回脉冲波之间的时间间隔是光脉冲在测线上往返传播的时间 t_{2D},而 t_{2D} 是通过计数器并由标准时间脉冲振荡器不断产生的具有时间间隔(t)的电脉冲数 n 来决定的。

因为

$$t_{2D} = nt \tag{2-11}$$

则

$$D = \frac{C}{2}nt = nd \tag{2-12}$$

式(2-12)中,n 为标准时间脉冲的个数;$d = \frac{C}{2}t$,即在时间 t 内,光脉冲往返所走的一个单位距离。所以,我们只要事先选定一个 d 值(例如 10 m、5 m、1 m 等),记下送入计数系统的脉冲数目,就可以直接把所测距离($D = nd$)用数码显示器显示出来。

在测距之前,“电子门”是关闭的,标准时间脉冲不能进入计数系统。测距时,在光脉冲发射的同一瞬间,主脉冲把“电子门”打开,标准时间脉冲就一个一个地经过“电子门”进入计数系统,计数系统就开始记录脉冲数目。当回波脉冲到达把“电子门”关上后,计数器就停止计数,可见计数器记录下来的脉冲数目就代表了被测距离。

目前的脉冲式测距仪,一般用固体激光器作光源,能发射出高频率的光脉冲,因而这类仪器可以不用合作目标(如反射器),直接用被测目标对光脉冲产生的漫反射进行测距，在地形测量中可实现无人跑尺，从而减轻劳动强度，提高作业效率，特别是在悬崖陡壁的地方进行地形测量，此种仪器更具有实用意义。

四、相位法测距的基本原理

所谓相位法测距就是通过测量连续的调制信号在待测距离上往返传播产生的相位变化来间接测定传播时间，从而求得被测距离。图 2-11 表示其工作原理。

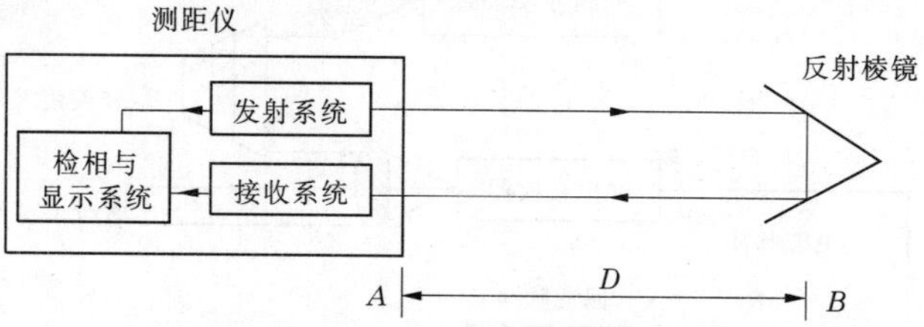

图 2-11　相位式测距的基本原理

如图 2-11 所示，由测距仪发射系统向反射棱镜方向连续发射角频率 ω 的调制光波，并由接收系统接收反射回来的光波，然后由检相器对发射信号相位和接收信号相位进行相位比较，并测出相位移 φ，根据 φ 可间接推算时间 t_{2D}，从而计算距离。由物理学知：

$$\varphi = \omega t_{2D} = 2\pi f t_{2D} \tag{2-13}$$

则

$$t_{2D} = \frac{\varphi}{2\pi f} \tag{2-14}$$

如图 2-12 所示，它是将返程的正弦波以棱镜站为中心对称展开后的图形。

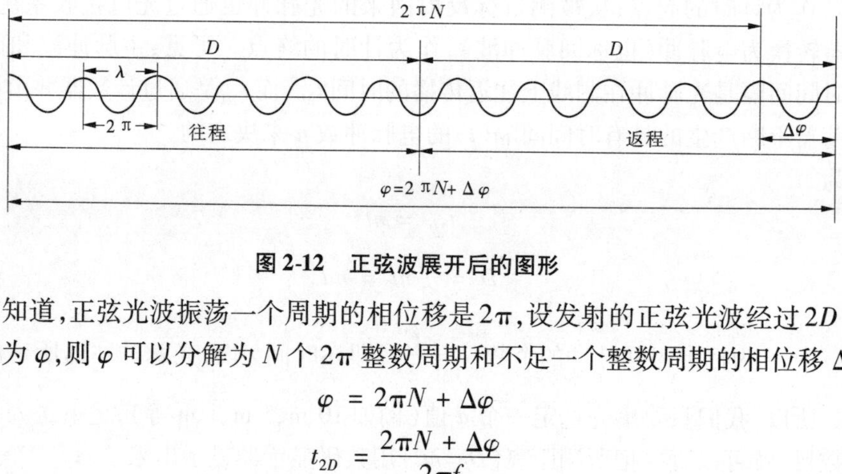

图 2-12　正弦波展开后的图形

我们知道，正弦光波振荡一个周期的相位移是 2π，设发射的正弦光波经过 $2D$ 距离后的相位移为 φ，则 φ 可以分解为 N 个 2π 整数周期和不足一个整数周期的相位移 $\Delta\varphi$。即

$$\varphi = 2\pi N + \Delta\varphi \tag{2-15}$$

所以

$$t_{2D} = \frac{2\pi N + \Delta\varphi}{2\pi f} \tag{2-16}$$

则

$$D = \frac{C}{2f}\left(N + \frac{\Delta\varphi}{2\pi}\right) = \frac{\lambda}{2}(N + \Delta N) \tag{2-17}$$

式(2-17)中，$\Delta N = \dfrac{\Delta\varphi}{2\pi}$，$0 < \Delta N < 1$，$\lambda$ 为调制波波长。

由此可知，相位式测距相当于使用一把长度为 $\lambda/2$ 的光电尺子去丈量距离，由 N 个整尺长度加上不足 1 个整尺的余长就是被测距离。

取 $C=3\times10^8$ m/s，则不同的调制频率 f 对应的测尺长见表 2-3。可见，调制频率越大，测尺长度越短，测距精度越高。

表 2-3　不同的调制频率对应的测尺长

测尺频率	15 MHz	1.5 MHZ	150 kHz	15 kHz	1.5 kHz
测尺长度	10 m	100 m	1 km	10 km	100 km
精度	1 cm	10 cm	1 m	10 m	100 m

由于检相器只能测出不足一个整周期的相位移 $\Delta\varphi$，无法测定整周期数 N（整相位 2π 的个数），这好比一个人记不住已经丈量了多少整尺长度，只记住最后不足 1 个整尺的余长，所以测距仪只能测出不足 1 个整尺长度的距离，因此式(2-17)计算值便产生多值，使距离 D 无法确定。只有待测距离长度小于 $\lambda/2$ 时，才能得到确定的距离值。

为了求得完整距离，在测距仪上采用多把测尺（多个调制频率）的方法来解决，即相当于设置 n 把长度不同、最小分划读数值也不同的尺子，将它们组合使用就能获得单一的精确距离。这就如同钟表上用时、分、秒互相配合来确定 12 小时内的准确时刻相似。每台测距仪可根据仪器的最大测距与精度要求，设置调制频率的个数，即选定测尺个数和测尺精度。对于短程测距仪，一般采用两个测尺频率。

【例 2-1】　测定 386.43 m 的距离，就可选用一个频率测尺长 1 000 m、精度为 1 m（最小分划读数值），另一个频率测尺长 10 m、精度为 1 cm（最小分划读数值）。用1 000 m 测尺频率测得小于1 000 m 的数，如 386.5 m，因 0.5 m 小于其精度 1 m 舍去；用 10 m 测尺频率测得小于 10 m 的数，如 6.432 m。将二者组合即为所求距离值 386.432 m，其中毫米为估计读数。

若待测的距离比较大，还需加第三把测尺。不同测尺频率的组合过程，由测距仪的微处理器自动完成，并输送到显示器直接显示测距结果。

由表 2-3 可以看出，当测距仪的测距较大时，各调制频率值相差很大。如将测距扩大到 100 km，则高低频率相差达 10 000 倍，这就造成电路上的放大器、调制器难以实现对各种测尺频率具有相同的增益及稳定性。因而一般测距较大的相位式测距仪，都不采用上述直接与测尺长度相对应的测尺频率，而采用一组数值上比较接近的间接测尺频率，利用其差频频率作为测尺频率，常用的测尺频率方式见表 2-4。

表 2-4　常用的测尺频率方式

间接测尺频率 f_i	相当测尺频率 f_s	测尺长度	测尺精度
$f_1=15$ MHz	$f_1=15$ MHz	10 m	1 cm
$f_2=0.9f_1$	$f_{s2}=f_1-f_2=1.5$ MHz	100 m	10 cm
$f_3=0.99f_1$	$f_{s3}=f_1-f_3=150$ kHz	1 km	1 m
$f_4=0.999f_1$	$f_{s4}=f_1-f_4=15$ kHz	10 km	10 m
$f_5=0.999\,9f_1$	$f_{s5}=f_1-f_5=1.5$ kHz	100 km	100 m

由表 2-4 频率值可见，采用这种方式，各间接测尺频率值的大小非常接近，最高与最

低频率之差仅 1.5 MHz。因而在中、远程测距仪中使用仍能使放大器对各个测尺频率都能有相同的增益性和稳定性。目前,多种型号的精密测距仪都采用这种间接测尺频率。

五、全站仪无棱镜测距原理

无棱镜测距又称为无接触测距,是指全站仪发射的光束经过自然表面反射后直接测距。在特殊点或危险点的测量中有着广泛的应用,不仅使作业强度和危险性大大降低,而且对被测量目标起到一定的保护作用。常见的无棱镜全站仪参数见表 2-5。

表 2-5　常见无棱镜全站仪

仪器型号	Trimble5600	SETx110R	GPT－8000A	TCRA
测程(m)	600	85	120	80
测距精度	$\pm(3\ \mathrm{mm}+3\times10^{-6}D)$	$\pm(5\ \mathrm{mm}+2\times10^{-6}D)$	$\pm(5\ \mathrm{mm}+2\times10^{-6}D)$	优于 3 mm

TCRA 全站仪无棱镜测距的基本原理是在全站仪测距头中安装有两个同轴的发射管,一种是 IR(Infra Red)测距方式,可以发射利用棱镜和反射片进行测距的红外光束,波长为 780 mm,单棱镜测距为3 000 m;另一种是 RL(Red Laser)测距方式,可以发射可见的红色激光束,波长为 670 mm,无棱镜全站仪的测距可达到 80 m。两种测量模式可以通过键盘操作控制内部光路进行切换,由此引起的不同常数改正会有系统自动修正后对测量结果进行改正,两种方法均为相位法测距原理。精测频率为 100 MHz,精测尺长为 1.5 m。

由于相位法测距采用很细的激光束,就可以完成测量任务,使得相邻非常近的两个点位也能被准确地测定出来,因此有棱镜测距和无棱镜测距具有几乎相等的测距精度。TCRA 采用激光作为发光源,提供了更强大的信号功率来进行无棱镜测距,其准确度采用动态频率校正技术来保证,在100 m 范围内进行无棱镜测距,5 000 m 以上的距离用单棱镜测距,精度仍可达到 $\pm(3\ \mathrm{mm}+3\times10^{-6}D)$。

第三节　全站仪的补偿器原理

全站仪补偿器是测量仪器由光学型(经纬仪)转向光电型(全站仪)后出现的一种全新的误差改正器件,用传统的光学经纬仪的思路来理解全站仪是不对的,只有对补偿器的基本原理有了一定的认识,才能在实践中更好地使用全站仪,以便提高测量精度和减少劳动强度。

在全站仪作业中,如果整平的水准气泡偏离精确设置的气泡中心,此时传感器对仪器的水平度进行检测,并对由此产生的小角度偏差进行自动补偿改正。众所周知,按测量规范要求,整平气泡允许偏离半格,对水准器为每格 20″的仪器,如垂直轴倾斜在视准轴的方向上为 10″,在倾角较大的地区测量时,会造成较大的测角误差。对于光学经纬仪,在半测回中不能对此误差进行自动改正;而装有倾斜传感器的全站仪,可以通过补偿功能,使此误差减小到最低程度。在高差较大的地区,仍可以在补偿软件的修正之下,精确地测量水平角和垂直角。

一、全站仪的三轴误差

全站仪三轴的关系同光学经纬仪一样,包括垂直轴(竖轴)、水平轴(横轴)和视准轴,由于三轴的关系不正确引起的测角误差简称仪器的三轴误差。

(一)视准轴误差

视准轴误差 c 是由视准轴和横轴之间不垂直所引起的误差,又称照准误差。其主要原因是由于安装和调整不当,望远镜的十字丝偏离了正确的位置,它是一个定值。此外,外界温度的变化也会引起视准轴的变化,而且这个变化是一个不定值。若令 Δc 为视准轴误差 c 对水平方向观测读数的影响,则有:

$$\Delta c = \frac{c}{\cos\alpha} \tag{2-18}$$

显然,Δc 与视准轴误差 c 成正比,且随着目标点的垂直角度 α 的增大而增大。

(二)水平轴误差

水平轴误差 i 是由水平轴和垂直轴之间不垂直所引起的倾斜误差,又称为水平轴倾斜误差。其主要原因是安装或调整不完善,支撑水平轴的二支架不等高和水平轴两端的直径不等。由于仪器存在着横轴误差,当仪器整平后垂直轴垂直,水平轴就不水平,这就会对水平方向造成观测误差。若令 Δi 为横轴倾斜误差 i 对水平方向观测读数的影响,则有:

$$\Delta i = i\tan\alpha \tag{2-19}$$

显然,Δi 的大小不仅与 i 角的大小成正比,而且与目标点的垂直角 α 有关。

(三)垂直轴误差

垂直轴误差 v 是由仪器的垂直轴偏离铅垂位置所引起的误差,又称为垂直轴倾斜误差。其主要原因是仪器整平不完善、垂直轴晃动、土质松软引起脚架下沉或因振动、温度和风力等因素的影响而引起脚架移动等。若令 Δv 为垂直轴倾斜误差 v 对水平方向观测读数的影响,则有:

$$\Delta v = v\cos\beta\tan\alpha \tag{2-20}$$

显然,垂直轴倾斜误差对水平方向值的影响不仅与垂直轴倾斜角 v 有关,而且随照准目标的垂直角度和观测目标的方位不同而不同。

在测量工作中,以上三种误差同时存在,前两种误差采用盘左、盘右读数取平均的方法可以消除,而垂直轴的倾斜误差对水平角和垂直角的影响不能消除。

二、垂直轴倾斜误差的影响

垂直轴的倾斜实际上可分解为两种形式,一种是在望远镜的视准轴方向(x 轴)的倾斜,另一种则是在与 x 轴垂直的横轴方向(y 轴)的倾斜。若不是正对 x 轴和 y 轴倾斜,根据几何关系可以将倾斜方向解析到 x 轴和 y 轴上,如图 2-13 所示。纵向(x 轴)倾斜误差影响垂直角的测量,其倾斜量将引起 1∶ 1 的垂直角误差。横向(y 轴)的倾斜误差影响水平角的测量。

假设测量中仪器的垂直轴倾斜在 x 轴的方向为 ϕ_x,y 轴的方向为 ϕ_y,那么存在以下函数关系：

$$\left.\begin{aligned}\text{垂直度盘读数的误差} &= \phi_x \\ \text{水平度盘读数的误差} &= \phi_y \cot V_K \quad (V_K = V_0 + \phi_x)\end{aligned}\right\} \tag{2-21}$$

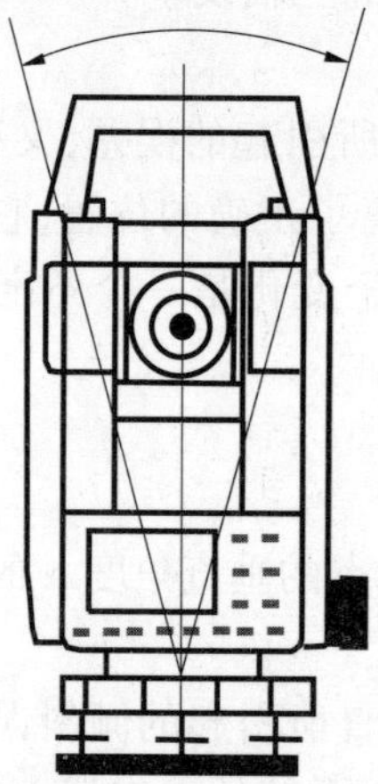

(a)横向倾斜

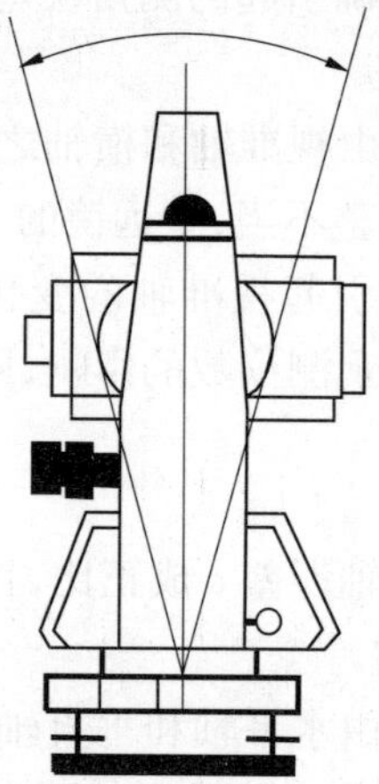

(b)纵向倾斜

图 2-13　倾斜方向示意图

式中　ϕ_x——垂直轴倾斜在视准轴方向（x 轴）的分量；

ϕ_y——垂直轴倾斜在横轴方向（y 轴）的分量；

V_K——仪器显示的天顶距；

V_0——电子垂直度盘显示的天顶距。

从式(2-21)中可看出：

(1)水平角的误差与测得的天顶距的大小有关。

(2)假设 y 轴的倾斜为一个定量，水平角度的观测误差随着望远镜的倾角大小而变化。在天顶距接近90°（水平方向）时，水平角的误差趋近于0，就是说此时没有误差；但在接近天顶(0°)而又未达到天顶时，此时的误差较大。

(3)当倾角一定时，y 轴的倾斜量越大（即 ϕ_y 越大），水平角的误差就越大。比如：若 y 轴倾斜 30″，即 $\phi_y = 30''$，当望远镜转动到天顶距为25°位置时，水平角的误差大约为64″，即大约有 1′的误差。

(4)由于 $\cot V_K$ 是奇函数，当水平方向制动上下转动望远镜时，误差数值仅改变符号，倾角接近天顶和天底就会有较大的误差。

三、补偿器的目的和作用

在测量工作中，有许多方面的因素影响着测量的精度，其中仪器的三轴误差是诸多误差源中最重要的因素。为了减少测量误差，人们经常采用盘左、盘右观测求平均值的方法，但这个过程比较麻烦，需要多花费一些时间，且容易导致操作上的错误。在许多应用工程中，测量精度的要求相对较低，如在一般建筑施工测量中，单镜位观测就能够满足精度要求；另外，由于担任许多定位和测量任务的人员没有经过更多的有关测量技术方面的培训，这就给仪器提出了更高的要求，即应尽可能方便使用，自动减少三轴误差的影响。因此，补偿器的目的就是减少仪器的三轴误差对观测数据的影响。

补偿器的作用就是通过检测仪器垂直轴倾斜在 x 轴（仪器视准轴方向）和 y 轴（仪器水平轴方向）上的分量信息，自动对测量值进行改正，从而提高采集数据的精度。

四、补偿器的工作原理

补偿器又称倾斜传感器，是全站仪里的一个重要部分。按工作原理可划分为摆式补偿器和液体补偿器；按补偿范围可划分为单轴补偿器、双轴倾斜补偿器和三轴补偿器。

（一）单轴补偿器

在光学经纬仪上采用单轴补偿的方法，只能补偿由于垂直轴倾斜而引起的垂直度盘读数误差，一般采用簧片式补偿器、吊丝式补偿器、液体补偿器。

单轴补偿只能自动改正由于垂直轴倾斜误差对垂直度盘读数的影响。当仪器倾斜的时候，将引起吊摆的微小摆动，这个变化通过光路引起垂直度盘影像的相应变化，垂直指标的位移与仪器的倾斜量相等，从而对仪器的倾斜起到了补偿作用。

图 2-14 是国内某厂采用的电容式单轴补偿器，当仪器倾斜的时候，将引起气泡的运动，从而导致电容的变化，只要测量极板间的电容变化，就可以测量仪器的倾斜量。

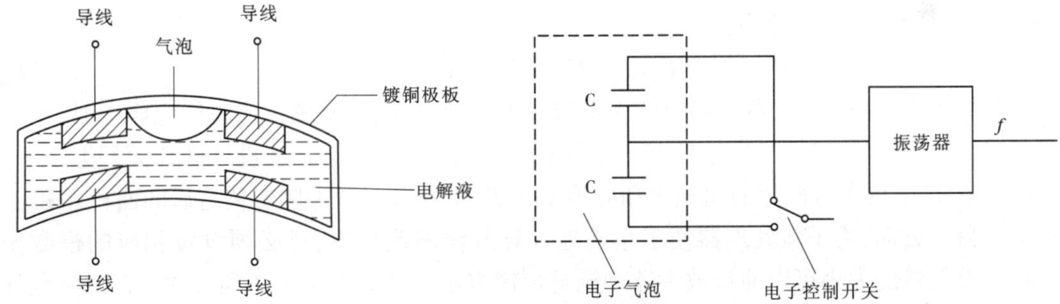

图 2-14　电容式单轴补偿器原理简图

（二）双轴倾斜补偿器

双轴倾斜补偿器是当仪器垂直轴倾斜时，能自动改正由于垂直轴倾斜误差对垂直度盘和水平度盘读数的影响。目前，绝大部分具有双轴补偿的仪器均采用液体补偿器。

如图 2-15 所示，$X-Y$ 倾斜传感器有一个如普通仪器上的圆水准器，它的底部是一个平面玻璃，内盛乙醚乙醇混合液。圆水准器下面有一个透镜，其作用是把透镜下面的发光二极管置于其焦点上，发出的红外光线通过透镜后变成平行光线。当光线透过圆水准器，照射到几个硅光电二极管上时，硅光电二极管上便产生相应的电压。

如图 2-16 所示为其顶视图和 SPD 位置与气泡关系，在一块约 10 mm 的硅片上，通过光刻成 8 块硅光电二极管。其中 A、B、C、D 四块用做气泡位移传感器，外围四块 E、F、G、H 用做参考窗口传感器。

由于圆水准器内的气泡曲率半径很小，根据光折射原理，平行光线射到气泡时，除气泡中心很少光线透射外，大部分的光线在气泡表面被折射，不能到达硅二极管SPD上，从

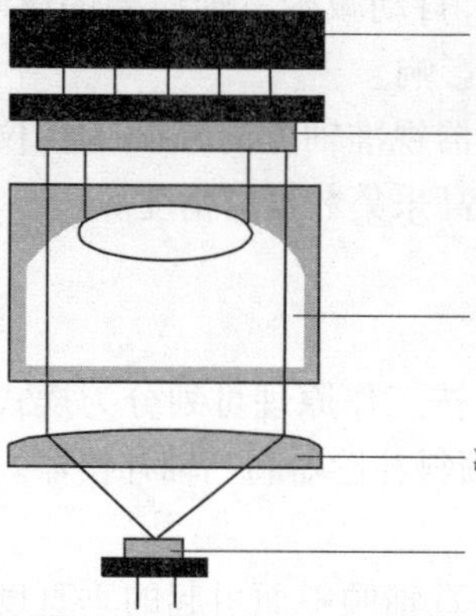

图 2-15　液体补偿器剖面图

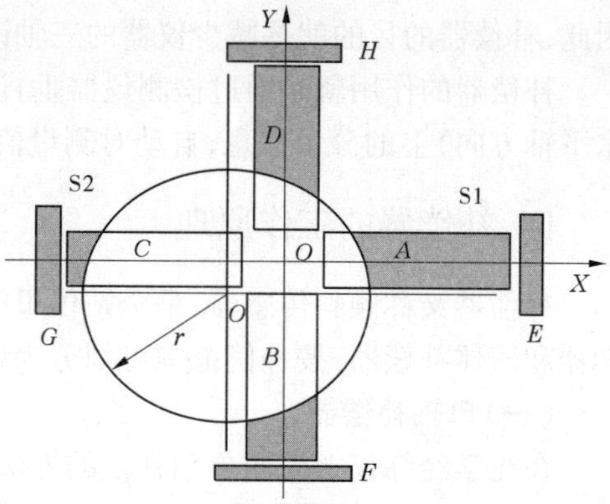

图 2-16　SPD 位置与气泡关系

而形成气泡阴影。而没有气泡地方的光线则几乎全部通过液体，并投射到光敏二极管上。气泡的阴影位置随着仪器倾斜而变动。假如设 CA 为仪器的 X(望远镜水平时的视准轴)方向，DB 为仪器的 Y(横轴)方向，则光敏二极管受光后的电压输出为：

$$U_x = (U_A - U_C) + U_{OS} \tag{2-22}$$

$$U_y = (U_B - U_D) + U_{OS} \tag{2-23}$$

同时设参考电压值为：

$$U_{REF} = U_E + U_F + U_G + U_H \tag{2-24}$$

从图 2-16 可知，仪器倾斜角的大小与 A、C 或 B、D 电压差成正比。气泡居中时，由于受光面积 $S_A = S_C$、$S_B = S_D$，此时 U_x、U_y 分别等于偏置电压 U_{OS}。从设计硅片面积上来看，E、F、G、H 四块参考硅片的面积之和应等于 A、B、C、D 除去气泡阴影覆盖后的面积之和。

另一方面，为了微处理器便于精确地计算其倾斜改正值，还必须设置相应的模数变换。模拟量的大小可以通过放大器中调整反馈电阻改变放大率来达到目的。在实际设计中，偏置电压等于参考电压值，这样有一个好处，即使某种原因如灰尘或者温度改变，使光线强度改变时，参考电压也随之改变，其结果使发光管的电流也随着改变，最终的目的使比较器输出的差值不变。

设 X 方向倾角为 ϕ_x、Y 方向倾角为 ϕ_y，则天顶角 V 补偿为：

$$V = \upsilon + \phi_x \tag{2-25}$$

水平角 H 的补偿公式为：

$$H = h + \phi_y / \tan\upsilon + h \times offset \tag{2-26}$$

式中　υ——垂直角计数输出；

h——水平角计数输出；

$offset$——偏置电压值。

补偿范围：$0° < \upsilon < 179°$，$181° < \upsilon < 359°$，即天顶或天底有 2°的夹角不能正确地补偿。保证精度的补偿范围是垂直轴倾斜在 ±3′之内。

偏置电压值的影响很小，一般不再增加其计量器件。如果不考虑偏置电压值，那么气泡的位置相对于透光面积之差为：

$$S_x = S_A - S_C = 4aR\phi_x \tag{2-27}$$

式中 a——接收二极管宽度；

R——水准器的曲率半径；

ϕ_x——X 方向的倾斜角；

S_A、S_C——光照面积。

X 方向倾斜输出电压：

$$U_x = KS_x \tag{2-28}$$

式中 K——光电灵敏度系数。

参考输出电压：

$$U_{\text{ref}} = KS_{\text{ref}} \tag{2-29}$$

倾斜输出电压的灵敏度：

$$G_x = \frac{\Delta U_x}{\Delta \phi_x} = 4KaR \tag{2-30}$$

式(2-30)是线性表达式，并不顾及气泡直径的影响，表明电子水准器灵敏度取决于水准器玻璃的弧度、硅片的宽度及光电压的斜率。

计算出倾斜角：

$$\phi_x = \frac{S_{\text{ref}}}{4aR} \times \frac{U_x}{U_{\text{ref}}} \tag{2-31}$$

图 2-17 所示为 ZEISS 仪器使用的双轴液体补偿器，属于光电式双轴液体补偿器。其液体表面 4 为补偿器基准面，液体装在一个封闭玻璃器 5 中，一个直径为 100 μm 的光源 1 经物镜 2 和棱镜 3 后，在液体表面 4 形成全反射，经物镜 6 聚焦，在一大幅面光电二极管 7 上成像，从光电二极管上可以获得成像的具体位置，借助于一个多项式实现其数字化，获得垂直轴倾斜在视准轴和横轴方向的分量。也有的厂家采用 2 个单轴补偿器，安装时使它们的位置相互垂直，同样能起到双轴补偿的作用。

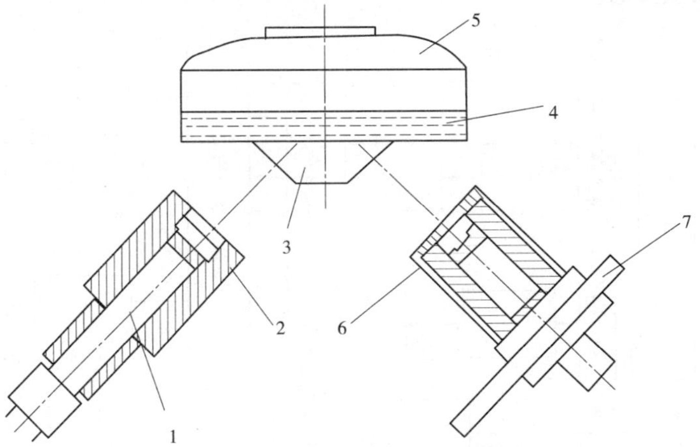

图 2-17 光电式双轴液体补偿器

(三)三轴补偿

三轴补偿不仅能够补偿全站仪垂直轴倾斜引起的垂直度盘和水平度盘的读数误差，

而且能补偿由于水平轴倾斜误差和视准轴误差引起的水平度盘读数的影响。徕卡与宾得等系列仪器都使用了三轴补偿的方法。其采取的手段是用双轴补偿的方法来补偿垂直轴倾斜引起的垂直度盘和水平度盘的读数误差,并用机内计算软件来改正因横轴误差和视准轴误差引起的水平度盘读数误差。

三轴补偿的实质是双轴补偿器加视准轴误差 c 改正数。改正数 c 由仪器校正功能中求出存储在仪器中。仪器使用前需进行校正。

五、补偿器电路、补偿范围及误差

(一)双轴补偿电路的设计

双轴补偿电路的设计有如下要求:

(1)使 X、Y 的模拟量达到设计值的要求,并使放大输出的信号有足够稳定度;

(2)使通道有良好的线性,使变换误差减至最小量,并将模拟量变成数字量,便于在微处理时计算改正值;

(3)通过特定时序的选通信号,使 X 值、Y 值与参考数值通过时序和选通信号送入微处理器中进行数字处理。

倾斜传感器的电路(见图 2-18)是由前端的两对硅片构成十字形传感器,连接到信号调节器。信号调节器应选择低噪声、高输入阻抗的场效应管输入的运算放大器。前级输入的是差动信号,转为单向输出。第二级信号调节器是高阻抗输入的同相位放大器,以避免信号输出的负载对输入信号的影响。所设计的信号放大的动态范围,使它类似于光学测角仪器的机械补偿器补偿范围及相应仪器等级所要求的补偿精度。确定补偿范围后,可以对运算放大器输入信号进行预换算,以对输入信号作预处理,并调节电路中的 REF 电压与反馈值匹配。REF 参考信号的前级输入电路,应采用输出端与输入端的相反连接方法,使其成为高输入阻抗的跟随器,其增益为 1。值得注意的是,为 REF 提供一个高稳定的电压是极其重要的。

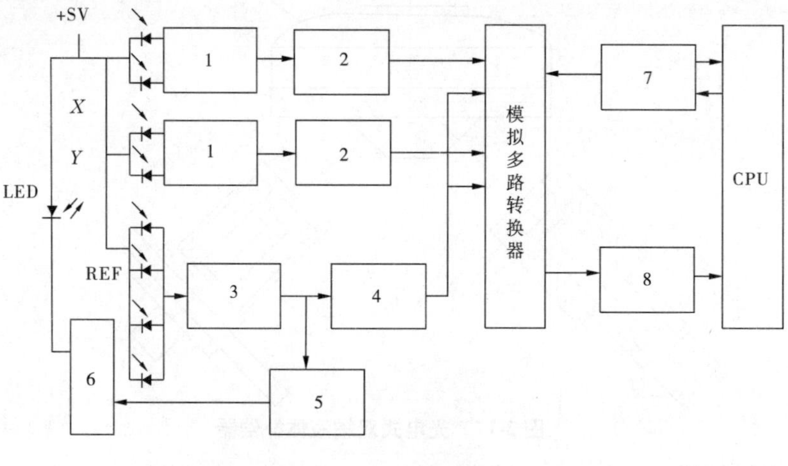

1—差动放大器;2—信号放大器;3—阻抗变换器;4—信号调节器;

5—$X-Y$ 增益同步校正;6—功放;7—逻辑控制;8—S/H 电路

图 2-18 $X-Y$ 倾斜传感器原理图

在标准大气压下，调节放大器反馈电阻，改变第二级同相位输出的模拟量值，使补偿为零。电路中的模拟多路转换器，可以选定一个“双四选一”的模拟开关，它要求导通电阻、漏电流、传输精度、窜扰信号足够小，并具有良好的稳定时间。导通电阻产生的一些电压降会引起传输误差。保持(S/H)电路具有较高的输入阻抗，有利于减小此误差。

窜扰是由输出端关闭通道及输入端的杂散电容耦合引起的。稳定时间在于开关动作所规定的时间正确与否；选取信号的条件是 CPU 逻辑控制信号按时序选取高低不同的电平；送入模拟开关作为选通信号的条件，使 X、Y 信号作相应的输出。通过 S/H 电路及 A/D 转换，形成与倾角成比例的改正数字，参与观测角度的运算，从而得到正确的角度值。倾斜补偿器输出信号的大小随着仪器垂直轴倾斜的大小而改变。

（二）补偿范围的设计

仪器垂直轴倾斜的角度变化转为电压变化，再由电压模拟量值转为数字值，要进行模数(A/D)转换，首先要选择转换器的输入范围，然后由运算器对输入信号进行预换算，可按光学经纬仪的参数扩大一点。如日本 SOKKIA 出产的 SET－B/C 仪器的补偿范围为 ±3′，设定从 +3′至 −3′的模拟电压是 0.3 V，那么设定电压可以从 1.8 V 至 2.1 V。其中间位置即补偿值为零的位置，就不难算出是 1.95 V。如果规定其数值是 400(SET2000 仪器为 1 600)时，也就可以求得两端数字量是 370 至 430。这就定出了应有的斜率，提供实际校正时更为方便。

（三）转换器的误差来源及消除方法

理想的转换器应是仪器垂直轴倾斜在 ±3′以内时，得到的角度补偿值是与设计相吻合的直线，而实际其转换器的传输函数可能偏离它的理想值(见图 2-19(a))，即所谓的“失调”或“零点误差”，这是一方面；而另一方面它产生一个“斜率”或“增益”的误差，这就会造成所谓的“灵敏度”随着仪器在补偿范围内不同的倾斜位置时得到的补偿不一样，斜率过大时(见图 2-19(b)中 A)将产生“过补偿”，而斜率过小时，产生“欠补偿”(见图 2-19(b)中 C)。

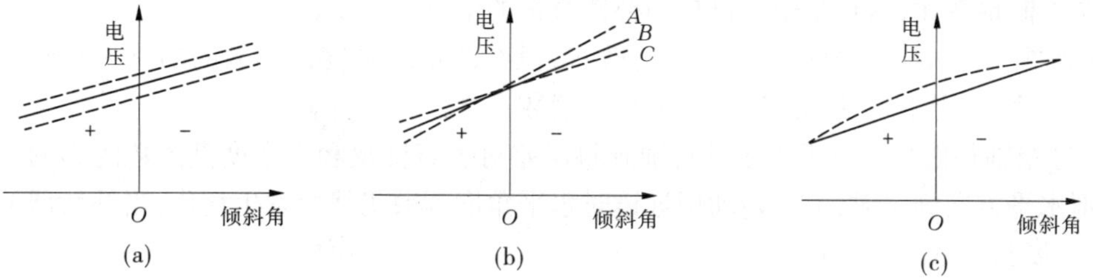

图 2-19　补偿与设计吻合关系

在实际电路中前者可通过改变输入稳定的参考电压值校正，后者可通过改变放大器的增益改正。

还有一种误差是非线性误差，它不能通过调节来改变。当失调误差和斜率误差都为零时，传输函数对理想直线特性的最大偏移如图2-19(c)所示，这主要由所选定的器件来决定。

从以上内容可知，除电压变化会影响补偿精度外，水准气泡的曲率均匀性也会影响补偿精度。此外,温度变化的综合影响,如光电二极管的温度系数变化、安装支架的金属伸缩、放大器本身的温度特性都将产生一定的误差。

必须说明的是,在水平度盘设置为0°时,如 ΔX、ΔY 的显示数值用脚螺旋校正为零,当仪器照准部转动180°后也可能偏移很多。即虽然找到了零点,但是如果不以照准部的长气泡为准进行检验,就不能说明垂直轴垂直。

六、补偿器的零位误差及调整

补偿器的零位误差是补偿器与铅垂方向不一致的误差,也称补偿器指标差。当仪器的垂直轴绝对垂直时,补偿器的零位也处于绝对垂直位;而当垂直轴倾斜时,补偿器的自动改正量才是完全正确的。

若补偿器零位不正确,那么在进行照准误差、横轴误差、度盘指标差预置校正时,度盘指标差、照准误差、横轴误差的余量值就包含了补偿器的零位误差量,也就是说,改正的结果包含了误差。

为了消除补偿器零位误差,厂商在用户程序中均向用户提供了"补偿器零位改正"功能。

虽然圆形气泡因温度的变化会产生对称位移而抵消温度的影响,但对支架的不对称因素仍不可忽视。如果工作温度变化超过7 ℃,需要重新调整零点值,甚至每星期至少要检查一次零点值。零点值的软件设置,是在仪器上的长水准气泡居中时所确定的,这与观测人员对水准器的视觉偏差、调整的精确度起着决定性的作用。

七、补偿器的应用

(一)补偿器的使用

在使用全站仪补偿器的补偿功能时应注意:

(1)在使用全站仪时,当水平方向制动螺旋制动,垂直方向转动望远镜时,水平度盘读数会不断地变化,这正是全站仪自动补偿改正的结果。

单轴补偿只能对垂直度盘读数进行改正,没有改正水平度盘读数的功能。当照准部水平方向固定,上下转动望远镜时水平角度读数不会变化。

(2)双轴补偿只能改正由于垂直轴倾斜误差对垂直度盘和水平度盘读数的影响。当照准部水平方向固定时,上下转动望远镜时水平角度读数仍然会发生变化;当补偿器关闭后,水平度盘读数不会变化。

(3)三轴补偿的全站仪是在双轴补偿器的基础上,用机内计算软件来改正因横轴误差和视准轴误差对水平度盘读数的影响。即使照准部水平方向固定,只要上下转动望远镜,水平度盘的读数仍会有较大的变化,而且与垂直角的大小、正负有关。

(4)全站仪补偿器的补偿功能提供了3种选择模式,即[双轴]、[单轴]、[关]。选择[关]即补偿功能不起作用,选择[单轴]只对垂直度盘读数进行补偿,选择[双轴]是对水平和垂直度盘读数均进行补偿。

(5)当测站点有振动、风大、低精度观测时,应关闭仪器的补偿功能。这样既可以节电又可以避免误补偿。

(6)全站仪的补偿范围一般为 ±3′，整平度超过此范围时起不到补偿作用。在天顶距接近天顶、天底 2°范围内，电子补偿器的补偿功能不起作用。

(7)由于显示的度盘读数中已包含了仪器三轴误差的影响，因此在放样时需要特别注意。例如：放样一条直线时，不能采取与传统光学经纬仪相同的方法（只纵向转动望远镜），而应采取旋转照准部 180°的方法测设；当放样一条竖线时，应使用水平微动螺旋，使其水平角度显示的读数完全一致，而不能只简单地纵向转动望远镜。

(8)有些全站仪提供了电子整平的功能，当 X、Y 方向的倾斜值为零时，从理论上讲，此时转动望远镜水平角读数就不会发生变化，但有些仪器在进行上述操作后，水平角还会发生变化，这是因为这些全站仪的补偿值与垂直角大小有关。

(9)在水平角 0°时，用脚螺旋校正电子气泡居中，仪器水平转动 180°后，仍可能会偏移很多。即使 X、Y 分量值为零，如果不以照准部的长气泡检验为准，就不能说明仪器垂直轴垂直，所以电子气泡的居中必须以长气泡的检验校正为准。

(二)补偿功能的检验

补偿功能的检验步骤如下。

(1)精确整平仪器。

(2)设置仪器的补偿功能为“开”状态。

(3)使望远镜水平并设置水平角显示为零，然后按一定的间隔上、下转动望远镜，读取水平方向值。水平方向值与零的差值即为自动补偿器的改正值。

第四节 全站仪的数据处理原理

全站仪的数据处理由仪器内部的微处理器接受控制命令后按观测数据及内置程序自动完成。要解决数据的自动传输与处理，首先要解决数据的存储方法。所以存储器是关键，它是信息交流的中枢，各种控制指令、数据的存储都离不开它。存储的介质有电子存储介质和磁存储介质，目前使用的大多是磁存储介质，因为它所构成的存储器在断电后存储的信息仍能保留。

一、数据存储器的基本结构

数据存储器由控制器、缓冲器、运算器、存储器、输入设备、输出设备、字符库、显示器等部分组成，如图 2-20 所示。

(1)控制器：用于产生各种指令及时序信号。

(2)缓冲器：连接并驱动内外数据及地址。

(3)运算器：用于对数据进行计算及逻辑运算。

(4)存储器：用于存储观测数据、观测信息及固定的控制程序。可分为随机存储器（RAM）和只读存储器（ROM）。

(5)输入设备、输出设备：数据输入、输出的关口，可以是自动传输的接口和手工输入的键盘。

(6)字符库：用于提供字母及数字等。

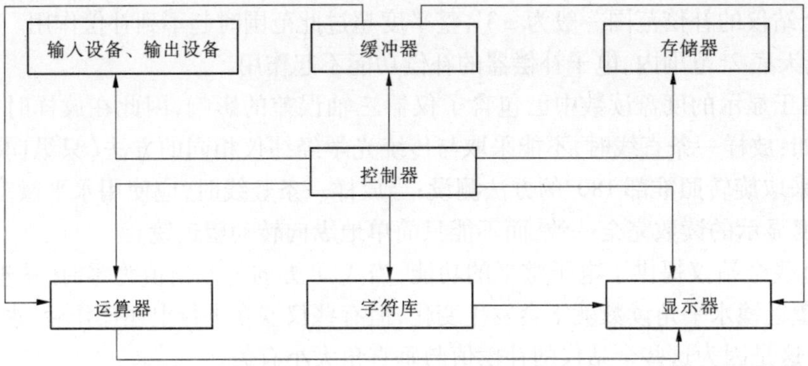

图 2-20　数据存储器的基本结构

(7)显示器:用于输出信息。

二、全站仪的观测数据

全站仪尽管生产厂家、型号繁多,其功能大同小异,但原始观测数据只有电子测距仪测量的仪器到棱镜之间的倾斜距离(斜距);电子经纬仪测得的目标点的水平方向值、天顶距。电子补偿器检测的是仪器垂直轴倾斜在 X 轴(视准轴方向)和 Y 轴(水平轴方向)上的分量,并通过程序计算自动改正由于垂直轴倾斜对水平角度和垂直角度的影响。所以,全站仪的观测数据是水平角度、垂直角度、倾斜距离。仪器只要开机并瞄准目标,角度测量实时显示观测数据,其他测量方式实际上都只是测距并由这三个观测数据通过内置程序间接计算并显示出来的,称为计算数据。需要注意的是,所有观测数据和计算数据都只是半个测回的数据,因此在等级测量中,不能用内存功能,记录水平角、天顶距、倾斜距离这三个原始数据是十分必要的。

三、全站仪的数据处理

全站仪测距、自动补偿的数据处理在前面已部分介绍过,其他程序测量功能的数据处理将在第四章、第五章中介绍,这里仅介绍测角部分的数据处理计算。

(1)具有三轴补偿的全站仪,用下述公式计算并显示度盘读数

$$H_{ZT} = H_{Z0} + \frac{c}{\sin V_K} + (\phi_y + i) \times \cot V_K \tag{2-32}$$

$$V_K = V_0 + \phi_x \tag{2-33}$$

(2)在双轴补偿的情况下,式(2-32)、式(2-33)变为:

$$H_{ZT} = H_{Z0} + \phi_y \times \cot V_K \tag{2-34}$$

$$V_K = V_0 + \phi_x \tag{2-35}$$

(3)在单轴补偿的情况下,式(2-32)、式(2-33)变为:

$$H_{ZT} = H_{Z0} \tag{2-36}$$

$$V_K = V_0 + \phi_x \tag{2-37}$$

式中　H_{ZT}——仪器显示的水平方向值;

H_{Z0}——电子水平度盘的水平方向值;

ϕ_x——垂直轴倾斜在 X 轴的分量；
ϕ_y——垂直轴倾斜在 Y 轴的分量；
V_K——仪器显示的天顶距；
V_0——电子垂直度盘的天顶距；
i——水平轴误差；
c——视准轴误差。

第五节　全站仪的自动化原理

为了解决人工照准的问题，20 世纪 80 年代中期，用马达来驱动全站仪的轴系，由影像处理系统来精确获得角度值，使角度测量完全从手工劳动中解放出来，同时也解决了测量中照准误差的主要误差来源。这一手段的产生使工业测量系统的自动化成为可能，为用户提供了极大的方便。应特别注意的是，在很危险的工作环境中，不再需要人来进行操作。同时，获取数据的可靠性也大大提高。目前，在很多工业测量系统的自动化所使用的仪器都是这种自动化的全站仪。全站仪在高精度要求的工业测量、大型设备的安装测量、安全监测等测量工程中得到了广泛的应用。其自动化主要表现在以下几个方面。

一、目标自动识别与影像自动处理

要能自动照准目标，首先必须有一个目标自动识别系统。一般是采用带有光学耦合器的摄影机（简称 CCD 摄影机）来自动识别目标。光学耦合器的广角光学系统能自动地产生被测物体空间的影像，目标可以显示在监视器上。影像处理系统包括一块影像处理板（需要加到计算机的扩展槽中）和能确定目标相对于望远镜轴线偏移量的软件包。

如图 2-21 所示，在 CCD 阵列平面上投影有望远镜十字丝和被测目标。以望远镜的十字丝为参考点，被测目标的重心可由影像的灰度来确定。影像处理的目的就是要确定望远镜十字丝和目标重心之间的线性偏移量（dx、dy），将该偏移量的大小经过一定的变换，可以得到目标与望远镜十字丝的角度偏差（相对全站仪轴系）。由于望远镜位置（视准线的角度值）由测角系统确定，这样也就可以由内置程序改正后得到目标点的角度值，其中全站仪的三轴之间关系与 CCD 阵列的变换关系可以通过仪器检验获得。

二、轴系的自动驱动

全站仪的轴系驱动分为精驱动和粗驱动，这是考虑到定位精度和快速驱动的两个因素（最大驱动速度可达 50″/s）。由一对独立伺服马达来驱动仪器的轴系，每个驱动系有一个螺纹杆和一个环型齿轮，由带数字扫描系统的增量编码器来确定角度传动量。然后，由这些齿轮来逐级控制达到小于 1″的照准精度，而残余量可由影像处理系统来测定。

在自动化全站仪中，以自动驱动调焦取代了传统的手工调焦。伺服马达能以约 10 μm的精度确定透镜的位置，它是通过一个线性编码器（见图 2-22）调节透镜到目标的距离来确定透镜位置的。透镜位置的调节与影像处理相一致，即由到目标的已知距离自动地转换为调焦透镜的相应位置。

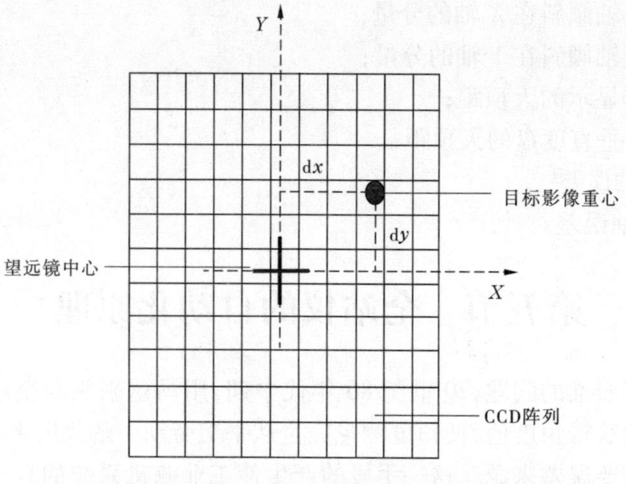

图 2-21　望远镜中心与目标影像重心的线性偏移

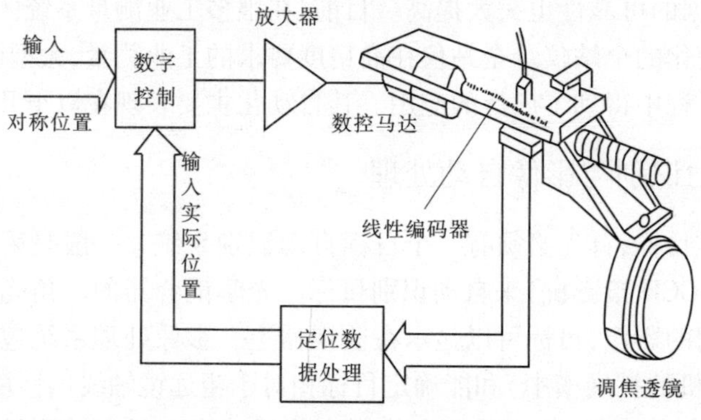

图 2-22　自动调焦控制环路

三、数据的无线自动传输

全站仪观测数据可以通过无线传输由棱镜站的显示器显示，观测者可以遥控仪器按要求的观测程序进行自动工作；同时也可以通过无线传输到室内工作站进行数据处理，实现无人看守观测，真正实现数据观测和处理的自动化。

第三章　全站仪的使用

全站仪的种类很多,各种型号的仪器结构与功能大致相同。在此以日本索佳公司生产的 SET500 系列全站仪为例进行介绍。

第一节　全站仪的结构与功能

一、仪器各部件名称

SET500 系列全站仪的结构如图 3-1 所示。

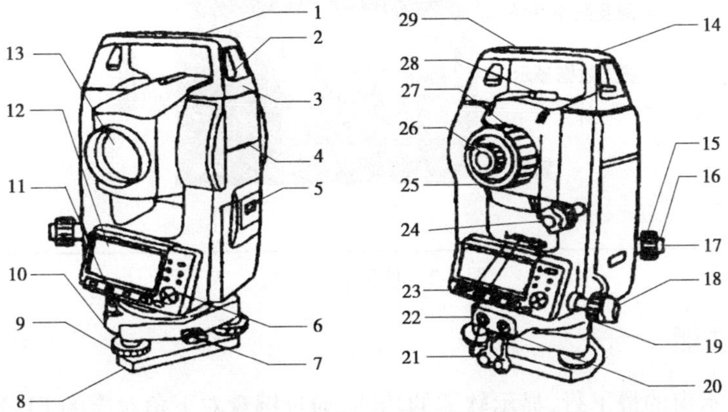

1—提柄；2—提柄固定螺丝;3—数据输入、输出接口;4—仪器高标志;5—电池护盖;6—操作面板;7—三角基座控制杆;8—底板;9—脚螺旋;10—圆水准器校正螺丝;11—圆水准器;12—显示窗;13—物镜;14—管式罗盘插口;15—光学对点器调焦环;16—光学对点器分划板护罩;17—光学对点器目镜;18—水平制动钮;19—水平微动手轮;20—数据输入、输出插口;21—外接电源插口;22—照准部水准器;23—照准部水准器校正螺丝;24—垂直制动钮;25—垂直微动手轮;26—望远镜目镜;27—望远镜调焦环;28—粗瞄准器;29—仪器中心标志

图 3-1　仪器结构

二、主要技术指标

SET500 系列全站仪的主要技术指标如下:

(1)测角精度为 $\pm 5''$。

(2)测距精度为 $\pm(3\ \text{mm} + 2\times10^{-6}D)$。

(3)最大测程为 1 ~2 400 m。

(4)液体式双轴自动补偿,补偿范围 $\pm 3'$。

(5)视准轴误差改正。

(6)测距时间:精测 2.0 s/次、粗测 0.7 s/次、跟踪 0.2 s/次。

(7)气象改正:$(-499 \sim +499) \times 10^{-6}$(每挡 1×10^{-6})。

(8)棱镜常数改正:$-99 \sim +99$ mm(每挡 1 mm)。

(9)地球曲率与大气折射改正:$k=0.14$ 或 $k=0.20$ 或不改正(可选)。

(10)电源:可充锂电池 BDC46　7.2 V　1 300 mAh。

(11)内藏测量程序,数据内存约 4 000 个点。

三、键盘功能

键盘功能如图 3-2 所示。

键盘功能:

SET 的键盘有 28 个按键,即电源键 1 个、照明键 1 个、软键 4 个、操作键 10 个、字母数字键 12 个

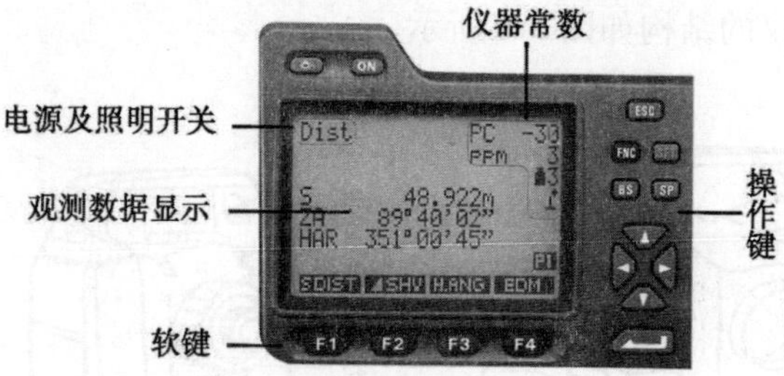

图 3-2　仪器键盘功能

四、软键功能

SET500 显示窗的最下行,显示软键的功能,通过键盘左下角对应的 F1 至 F4 来选取,若欲查看另一页的功能按[FNC]。

五、其他键的功能

其他键的功能如图 3-3 所示。

操作键:

[FUNC]:改变测量模式或换页键

[BS]:删除光标左边的一个字符

[ESC]:取消输入数据或返回前页

[SFT]:字母大小写转换

[]:回车键

[]:上下、左右移动光标

图 3-3　仪器其他键功能

第二节　全站仪的模式

全站仪的模式由测量模式、状态屏幕、存储模式、设置模式、记录模式、菜单模式六部分组成。模式的转换:[CNFG]状态模式转至设置模式,[MEAS]状态模式转至测量模式,[MEM]状态模式转至存储模式,[ESC]由各模式转至状态模式。

一、测量模式

按电源开关[ON]键,对水平和垂直度盘进行零设置,即进入测量模式(如图3-4、图3-5所示)。

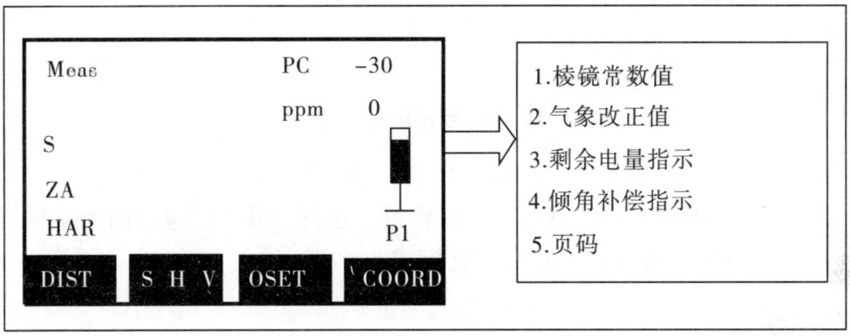

图3-4　测量模式

测量模式由P1、P2、P3页菜单组成,每个页面菜单有四个功能,按[FNC]键,可循环翻页P1、P2、P3;每页显示的测量功能,通过键盘左下角对应的F1至F4软键来选取。

测量模式:

P1 [DIST]　距离测量　　[SHV]　SHV与角度切换

[OSET]　置零　　[COORD]　坐标测量

P2 [MENU]　菜单模式　　[TILT]　电子整平

[HANG]　设置已知角度　　[EDM]　参数设置

P3 [MLM]　对边测量　　[OFFSET]　偏心测量

[REC]　存储数据　　[S-O]　放样测量

在　P2　〈MENU〉菜单模式中还有如下功能:

{MLM}:对边测量

{REM}:悬高测量

{Resection}:后方交会测量

{Repetition}:重复测量

{Area Galation}:面积测量

图3-5　测量模式各页菜单

二、状态屏幕

在测量模式下按[ESC]键,进入状态屏幕(见图3-6)。

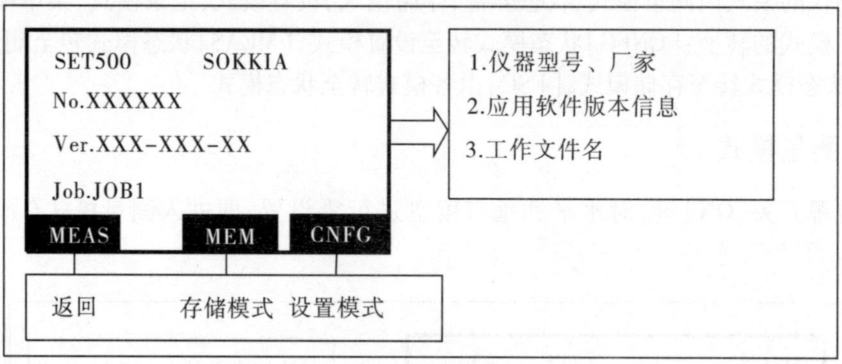

图3-6 状态屏幕示图

状态屏幕中显示了仪器名称、仪器编号、软件版本与当前工作文件面的内容,屏幕下方列出了[MEAS]、[MEM]、[CNFG]三个操作键。选择[MEAS]键返回测量模式。选择[MEM]、[CNFG]分别进入存储模式和设置模式。

三、存储模式

选择状态屏幕下方的[MEM]键,进入存储模式(见图3-7)。

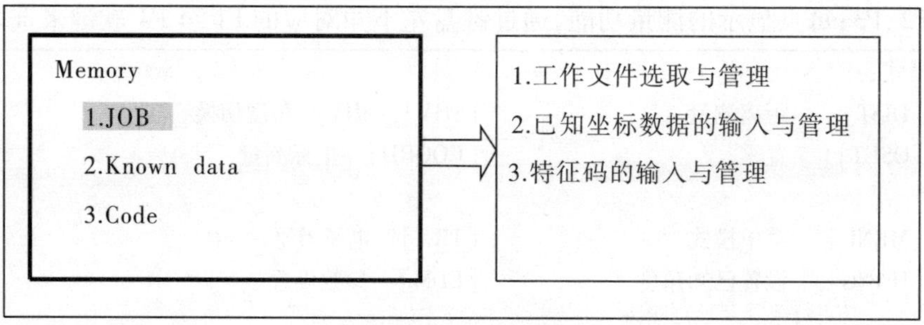

图3-7 存储模式示图

存储模式内容包括:工作文件选取与删除,已知坐标数据的输入与删除,属性码的输入与删除。在存储数据前应选取当前工作文件,存储的数据被存入当前工作文件中。测量数据、测站数据和注记数据可储存在当前工作文件;共有10个工作文件名可供选取,默认工作名为“JOB1”,10个工作名分别为JOB1~JOB10,工作文件名可以根据需要进行更改。例如,移动光标至1. JOB后按回车键,进入工作文件选取与管理。

(一)工作文件的选取与删除

工作文件的选取步骤见图3-8。

更改工作文件名步骤见图3-9。

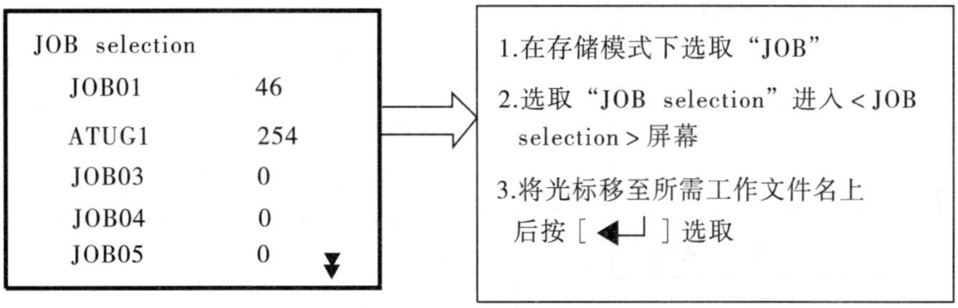

图 3-8　工作文件选取步骤

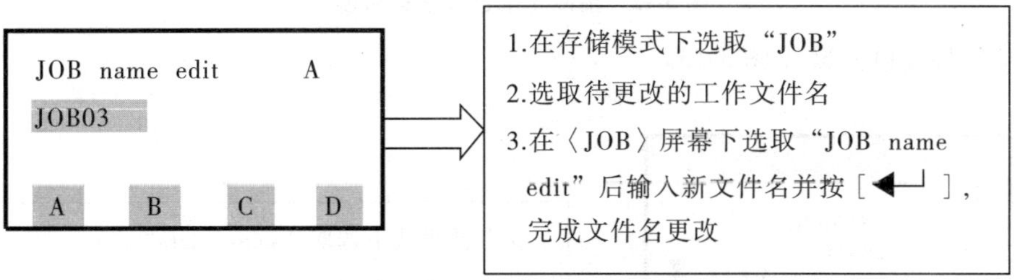

图 3-9　更改工作文件名步骤

删除工作文件步骤见图 3-10。

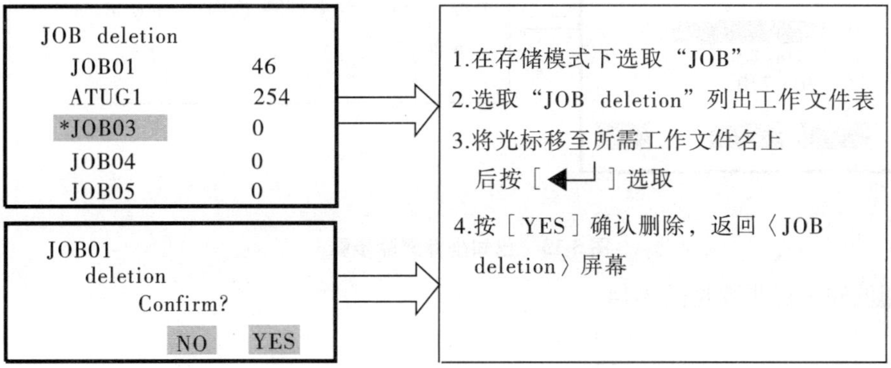

图 3-10　删除工作文件步骤

（二）已知数据的输入与删除

已知坐标计算机等外部设备输入步骤见图 3-11。

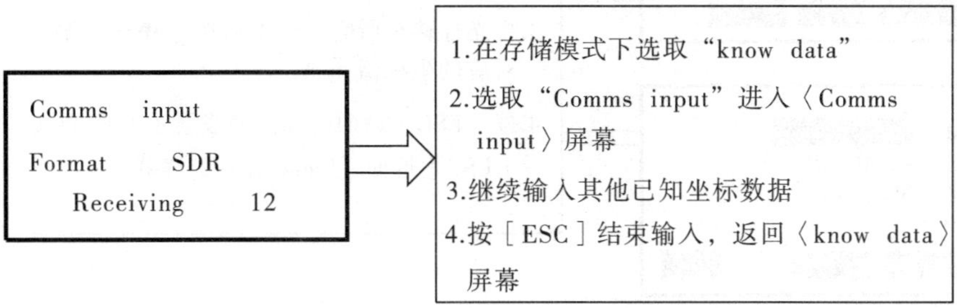

图 3-11　已知数据输入步骤

清除全部已知坐标步骤见图 3-12。

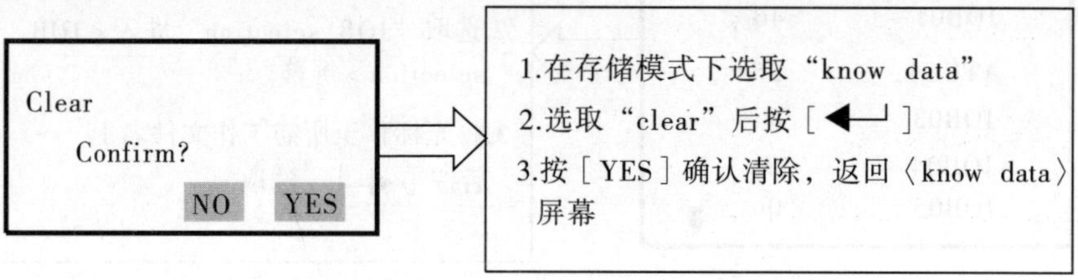

图 3-12　清除全部已知坐标步骤

已知坐标删除步骤见图 3-13。

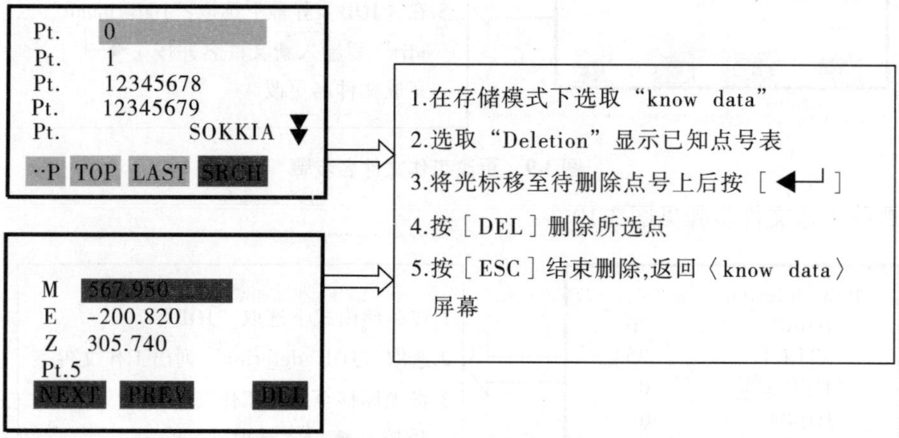

图 3-13　已知坐标删除步骤

调阅已知坐标步骤见图 3-14。

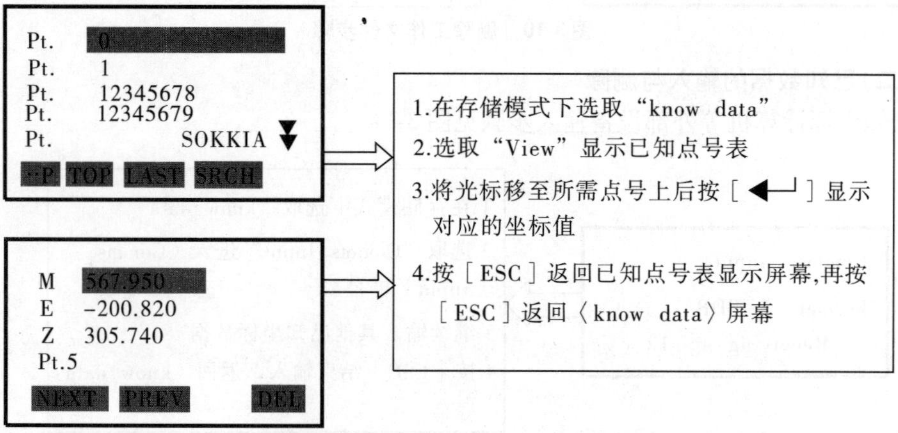

图 3-14　调阅已知坐标步骤

（三）属性码的输入与删除

属性代码可预先输入并存储在仪器内存中，存储的属性代码可在测量过程中调用与测站数据或测量数据一起存储。属性码的最大长度为 16 个字符。可预先输入属性码的最大个数为 40 个。

属性码的输入步骤见图 3-15。

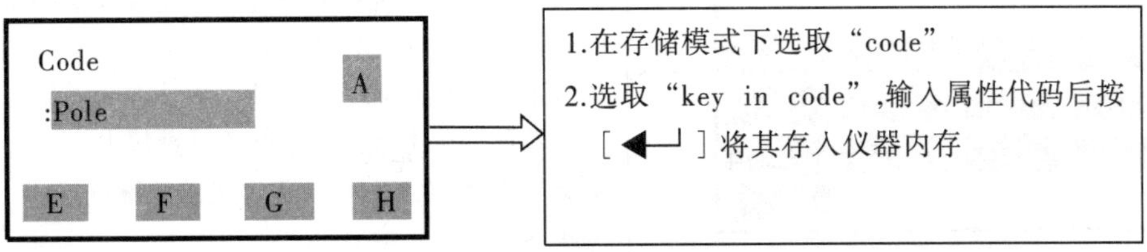

图 3-15　属性码的输入步骤

属性码的删除步骤见图 3-16。

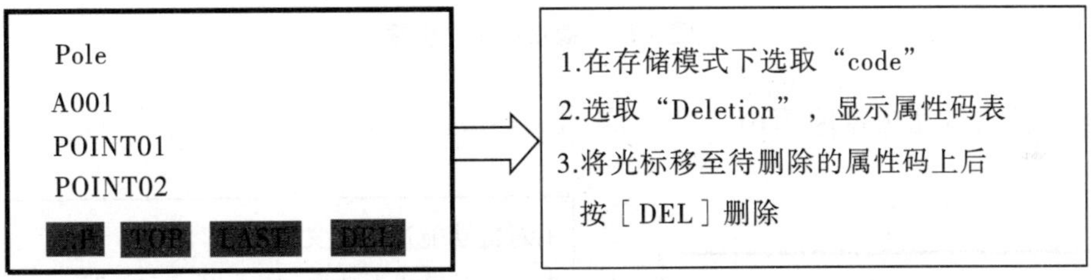

图 3-16　属性码的删除步骤

若在步骤 2 中按“Clear list”后按[YES]，所有预先输入的属性码将全部被删除。

属性码的调阅见图 3-17。

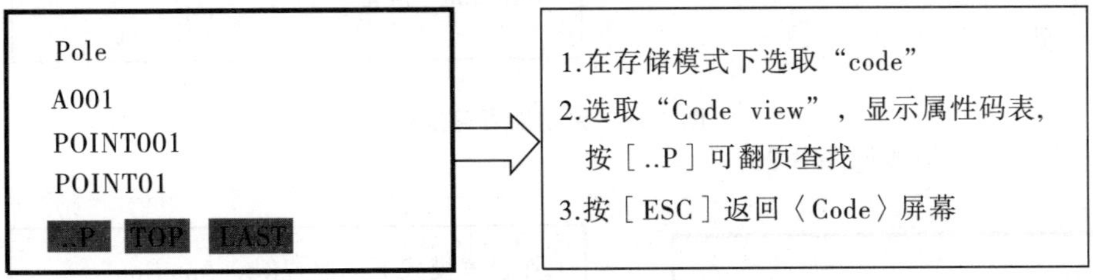

图 3-17　属性码的调阅

四、设置模式

选择状态屏幕下方的[CNFG]键，进入设置模式。

设置模式内容包括：①观测条件设置；②仪器常数设置；③通信条件设置；④单位设置；⑤功能键定义分配。前四项见第四章相应内容。

功能键定义分配是将常用的程序测量功能，寄存在仪器的 P1、P2、P3 页面上相应的软键位置。

键功能定义步骤见图3-18。

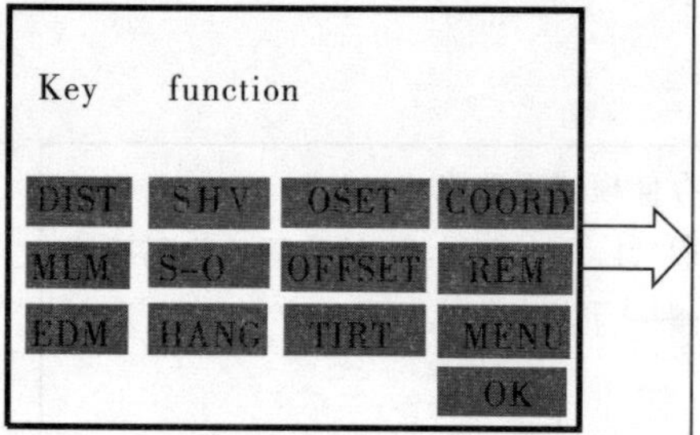

1.在设置模式下选取“Key function”。再选取“Defin”进入显示有当前功能键位的“Key function”屏幕

2.按左、右键将光标移至需重新定义功能的软键键位上（光标所在键位闪动显示）

3.按上、下键选取所需功能，再按左、右键将光标移至下一需定义的软键键位上

4.重复步骤2至3,对全部需定义的软键进行定义

5.按［OK］结束键功能定义返回〈Key function〉屏幕

图3-18 键功能定义步骤

键功能寄存步骤见图3-19。

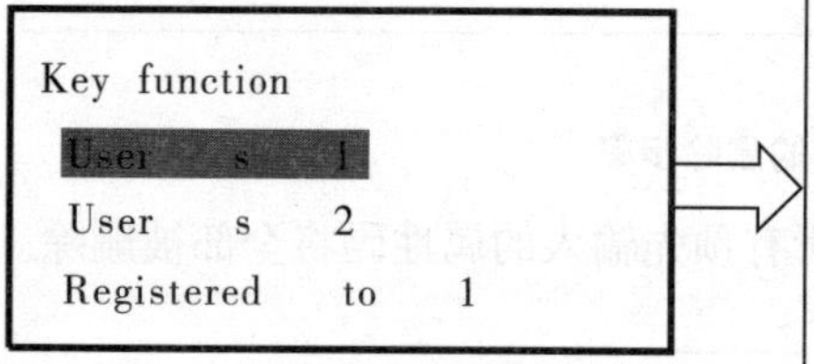

1.对键功能进行定义

2.在设置模式下选取“Key function”

3.选取“Registration”后选取用户定义键位“User 1”或“User 2”

4.按［←┘］将已定义的键功能寄存到所选的“User1”或“User2”上后返回“key function”屏幕

图3-19 键功能寄存步骤

键功能恢复步骤见图3-20。

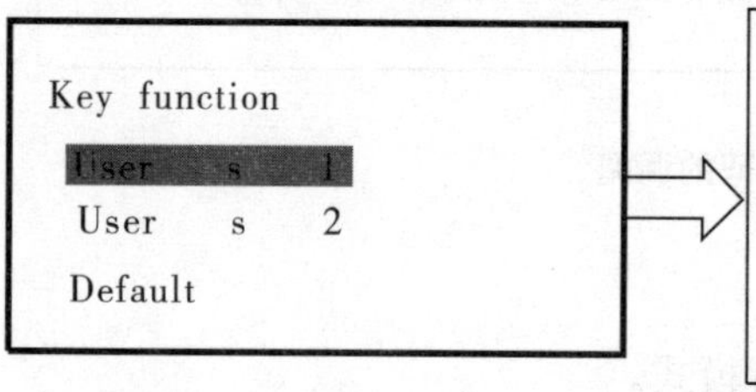

1.在设置模式下选取“Key function”

2.选取“Recall”或“User2”或“Default”(出厂时的定义)中功能键位后按［←┘］结束键功能恢复并返回〈Key function〉屏幕

图3-20 键功能恢复步骤

五、存储数据模式

在存储数据菜单下可以将测量数据、测站数据和注记数据存储到当前文件中，仪器的内存可多达4 000个测点的数据。

按[REC]键,进入记录模式。

存储数据模式内容包括:①存储距离测量数据;②存储角度测量数据;③存储坐标测量数据;④存储测站数据;⑤存储注记数据;⑥调阅工作文件数据。

按[ESC]键,返回测量模式。

(一)存储距离测量数据

测量的距离数据可存储到当前工作文件中。

用[AUTO]功能可以使测量和存储自动完成。

仪器自动产生的点号是在上一个点号上整加1。

为防止重复存储,数据一旦存储后[REC]不再显示。

点号的最大长度为14位(可用数字或字母表示)。

目标高输入范围为±9 999.999 m。

属性码输入范围为16位字符。

存储距离测量数据的步骤见图3-21。

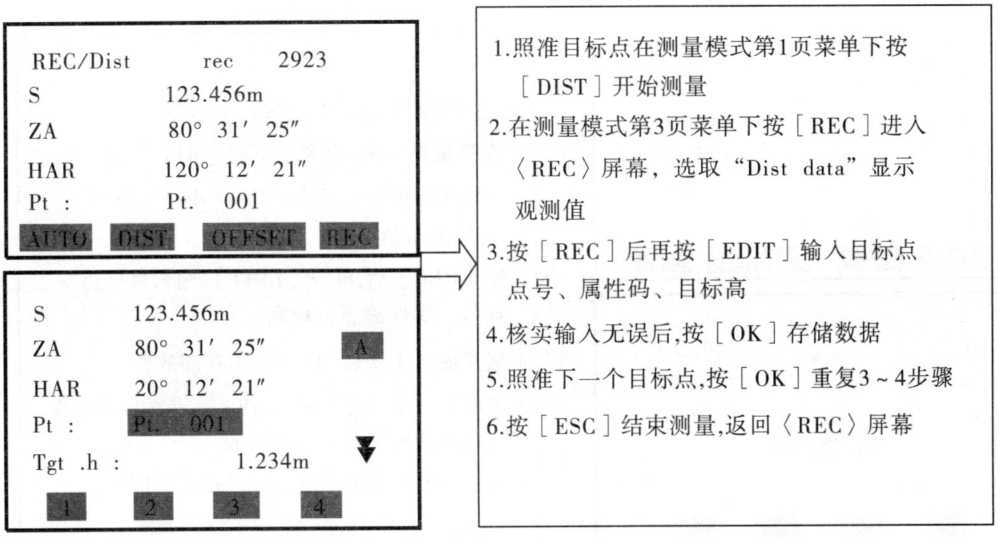

图3-21 存储距离测量数据步骤

按[AUTO]可在进行测量的同时自动存储测量结果,对自动产生点号、属性、目标高的测量十分方便。

按[OFFSET]可在存储模式下进行偏心测量。

(二)存储角度测量数据

测量的角度数据可存储到当前工作文件中。

存储角度测量数据的步骤见图3-22。

(三)存储坐标测量数据

测量的坐标数据可存储到当前工作文件中。

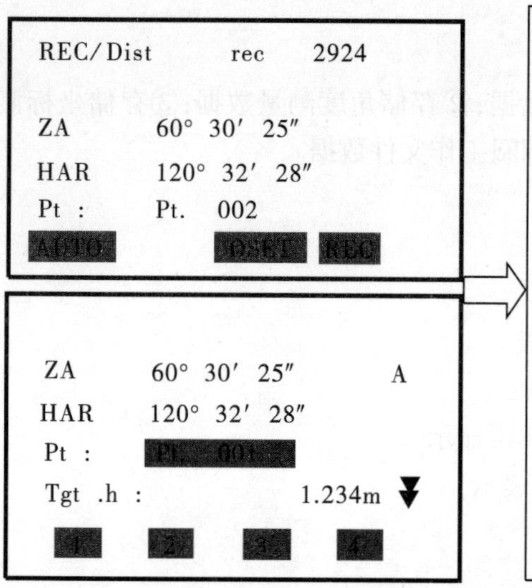

1.打开电源，开始测量

2.在测量模式第3页菜单下按［REC］,进入〈REC〉屏幕

3.照准目标点后选取“Angle data”显示角度观测值

4.按［REC］后,再按［EDIT］,输入目标点点号、属性码、目标高

5.核实输入无误后,按［OK］存储数据

6.按［ESC］结束测量,返回〈REC〉屏幕

图 3-22　存储角度测量数据步骤

存储坐标测量数据的步骤见图 3-23。

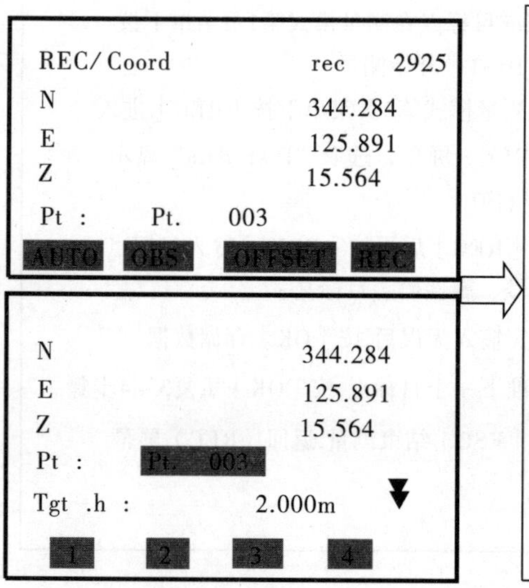

1.在测量模式对目标点进行坐标测量

2.在测量模式第3页菜单下按［REC］,进入〈REC〉屏幕，选取“Coor data”显示坐标测量值

3.按［REC］后,再按［EDIT］,输入目标点点号、属性码、目标高

4.核实输入无误后,按［OK］存储数据

5.照准下一个目标点按［OBS］,重复3～4步骤,完成该点的测量和数据存储

6.按［ESC］结束测量返回〈REC〉屏幕

图 3-23　存储坐标测量数据步骤

（四）存储测站数据

测量中输入的测站数据可存储到当前工作文件中。可存储的测站数据包括:测站坐标、点号、仪器高、属性码、观测者、观测日期、时间、天气情况、风力、温度、气压和气象改正。

存储测站数据的步骤见图 3-24。

天气情况选项:clear(晴),cloudy(阴),light rain(小雨),heavy rain(大雨),snow(雪)。

风力选项:calm(无风),gentle(微风),light(小风)。

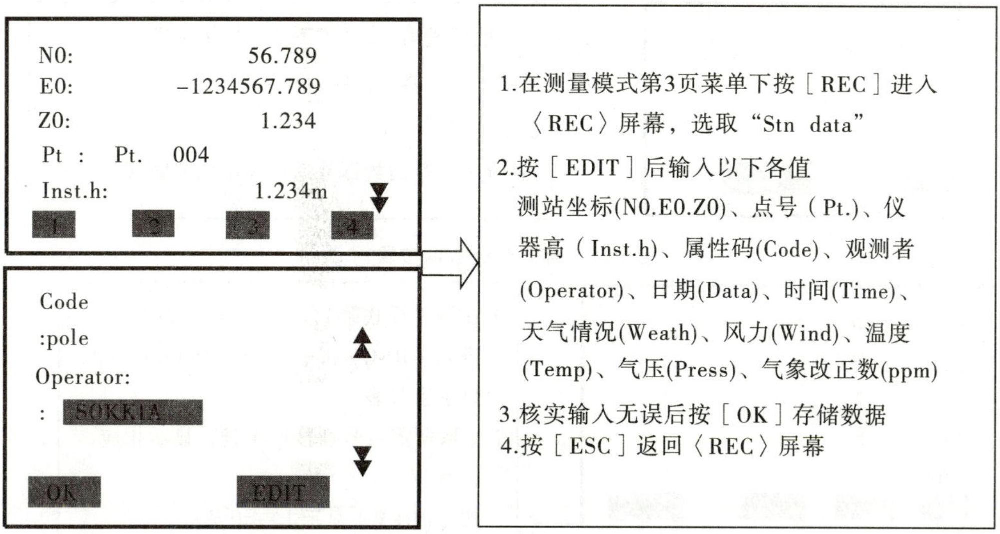

图 3-24　存储测站数据步骤

温度输入范围：-30 ~ +60 ℃。

气压输入范围:500 ~ 1 400 hPa 或 375 ~ 1 050 mmHg。

气压改正数输入范围：-499 ~ +499。

存储测站信息的步骤见图 3-25。

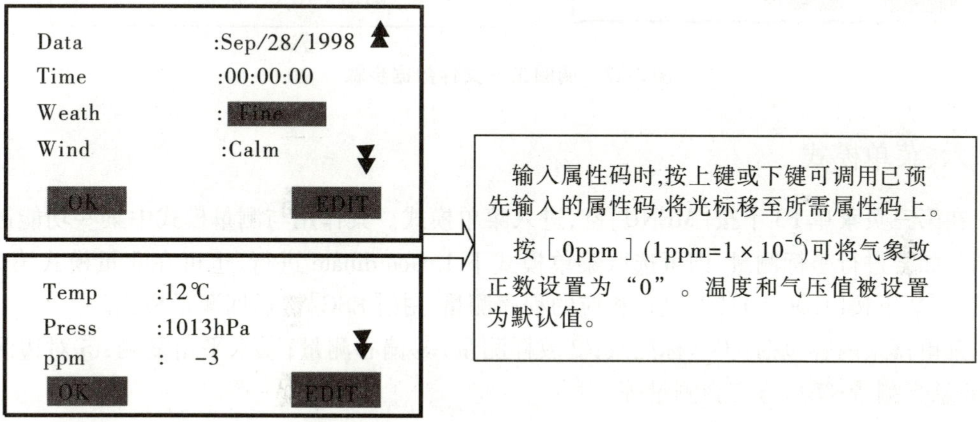

图 3-25　存储测站信息步骤

（五）存储注记数据

测量中输入的注记数据可存储到当前工作文件中。注记的最大长度为 60 个字符（见图 3-26）。

（六）调阅工作文件数据

对当前文件中的数据可以调阅。

调阅工作文件数据的步骤见图 3-27。

图 3-26　存储注记数据步骤

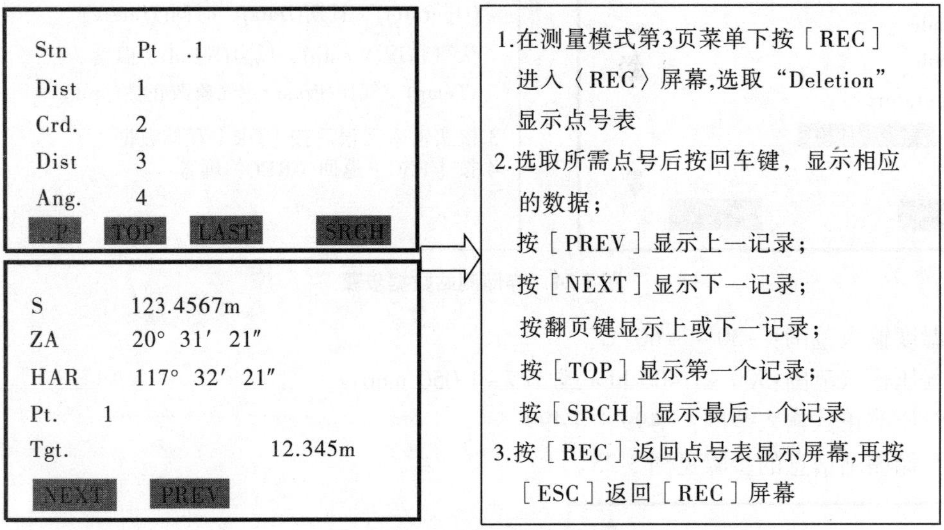

图 3-27　调阅工作文件数据步骤

六、菜单模式

在第三页菜单 P3 下按［MENU］键,进入菜单模式。其作用与测量模式中某些功能键等同。如要进行坐标测量,即可选取菜单模式下 1. Goordinate 进行,也可在测量模式第 2 页菜单 P2 下按［GOORD］键,进行相应的程序测量。按［ESC］键返回测量模式。

菜单模式内容包括:①坐标测量;②放样测量;③偏心测量;④水平角复测;⑤对边测量;⑥悬高测量;⑦后方交会测量等。

七、仪器的初始化

开机实施仪器参数初始化步骤:

(1)关机。

(2)按住［F4］后按［ON］开机。

(3)屏幕上显示出“Default set”并将有关仪器参数初始化。

开机实施数据初始化步骤:

(1)关机。

(2)按住［F1］、［F3］和［BS］后按［ON］开机。

(3)屏幕上显示出“cleaning memory…” 并对数据内存进行初始化。

第三节　全站仪的操作

全站仪的操作步骤如下所述。

(1)装入电池:向下按开关钮,打开电池护盖; 将电池充足电插入,合上电池护盖,按下开关。

(2)安置仪器(对中、整平)。

仪器的对中、整平(同一般经纬仪):

①安置仪器:高度适中,使测点在视场内。

②强制对中:调节脚螺旋,使光学对点器中心与测点重合。

③粗略整平:调节三脚架,使圆水准气泡居中。

④精确整平:调节脚螺旋,使长水准气泡居中。

⑤精确对中:移动基座,精确对中(只能前后、左右移动,不能旋转)。

⑥重复④ 、⑤两步骤,直到完全对中、整平。

(3)打开电源开关(见图 3-28)。

电源开关：　按 ON 打开电源，仪器进行自检。若自检正常、显示如下平面图所示，设置水平度盘和竖直度盘指标。

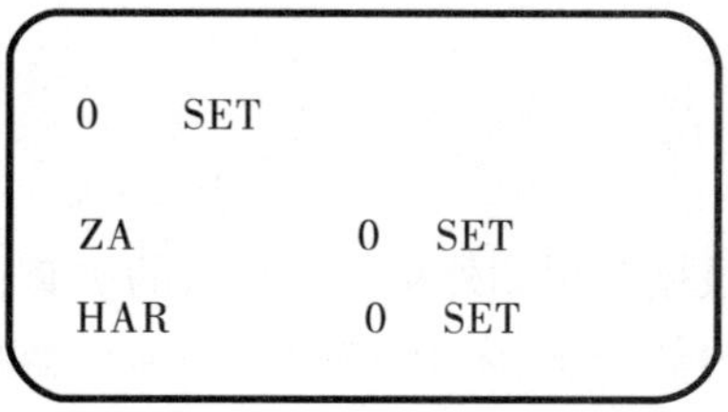

图 3-28　打开电源开关示图

(4)水平度盘、竖直度盘零位设置。

松开水平制动,水平方向旋转照准部 360°至仪器发出一声鸣响, 则水平度盘指标设置完毕。

松开垂直制动,垂直方向旋转望远镜 360°至仪器发出一声鸣响, 则垂直度盘指标设置完毕。

水平度盘和垂直度盘指标设置完毕后,显示出水平角度和垂直角度。若出现错误信息,表示仪器尚未整平,超出了倾角补偿范围,应重新整平至显出水平角和垂直角。

(5)设置仪器参数,选择测量功能。

根据测量工作的具体内容,合理设置仪器参数,正确选择测量功能。

(6)瞄准、观测和记录。

用望远镜观察一处明亮背景,调节目镜使十字丝清晰;调焦使目标清晰,十字丝中心精确对准目标中心。按测量键观测、记录(存储)。

第四节　全站仪操作应注意的事项

为确保安全操作,避免造成人员伤害或财产损失,在全站仪操作过程中应注意如下几个方面。

一、一般情况

禁止在高粉尘、无通风、易燃物附近等环境下使用仪器,自行拆卸和重装仪器,用望远镜观察经棱镜或其他反光物体反射的阳光;禁止坐在仪器箱上或使用锁扣、背带、手提柄损坏的仪器箱;严禁直接用望远镜观测太阳,以免造成电路板烧坏或眼睛失明;确保仪器提柄固定螺栓和三角基座制动控制杆紧固可靠。

二、电源系统

禁止使用电压不符的电源或受损的电线、插座等;严禁给电池加热或将电池扔入火中,用湿手插拔电源插头,以免爆炸伤人或造成触电事故;确保使用指定的充电器为电池充电。

三、三脚架

禁止将三脚架的脚尖对准他人;确保脚架的固定螺旋、三角基座制动控制杆和中心螺旋紧固可靠。

四、防尘防水

务必正确地关上电池护盖,套好数据输出和外接电源插口的护套;禁止电池护盖和插口进水或受潮,保持电池护盖和插口内部干燥、无尘;确保装箱前仪器和箱内干燥。

五、其他

严禁将仪器直接放置于地面上;防止仪器受强烈的冲击或振动;观测者不能远离仪器,搬站前应先关闭电源再从三脚架上取下仪器;务必在取出电池前关闭电源,仪器装箱前取出电池。

仪器长期不用时,至少每三个月通电检查一次,以防电路板受潮。为确保仪器的观测精度,应定期对仪器进行检验和校正。

第四章　全站仪的基本测量功能

全站仪是一个由测距仪、电子经纬仪、电子补偿器、微处理机组合的整体。测量功能可分为基本测量功能和程序测量功能。只要开机，电子测角系统即开始工作并实时显示观测数据，电子补偿器的目的就是减少仪器的轴系误差对电子测角的影响。补偿器的作用就是通过检测仪器垂直轴倾斜在 X 轴（视准轴方向）和 Y 轴（水平轴方向）上的分量信息，通过电子转换及数据处理自动地对电子测角进行改正；如启动电子补偿功能，电子测角显示的观测数据是已经补偿改正后的数据，从而提高采集数据的精度。其他测量功能只是测距及数据处理。

全站仪的基本测量功能包括电子测距、电子测角（水平角、垂直角）两部分；显示的数据为观测数据。测量的原理及技术指标要求与电子测距仪和电子经纬仪相同。

第一节　距离测量

距离测量必须选用与全站仪配套的合作目标，即反光棱镜。由于电子测距为仪器中心到棱镜中心的倾斜距离，因此仪器站和棱镜站均需要精确对中、整平。在距离测量前应进行气象改正、棱镜类型选择、棱镜常数改正、测距模式的设置和测距回光信号的检查，然后才能进行距离测量。仪器的各项改正是按设置仪器参数，经微处理器对原始观测数据计算并改正后，显示观测数据和计算数据的。只有合理设置仪器参数，才能得到高精度的观测成果。

一、测距参数设置的选择

（一）测距参数的三项改正

（1）气象改正[ppm]：由于仪器是利用红外光测距，光束在大气中的传播速度因大气折射率的不同而变化，而大气折射率与大气的温度和气压有关。仪器设计是在温度 $T=15$ ℃，标准大气压 $P=1\ 013$ hPa（760 mmHg）时气象改正数为 0 ppm。气象改正数可以输入温度、气压值由仪器自动计算，也可以直接输入 ppm 值进行设置。

（2）棱镜常数改正[PC]：根据使用的棱镜型号输入常数值进行设置，一般 $PC=-30$ mm。

（3）仪器加常数改正[K]：仪器加常数是由于仪器和棱镜的机械中心与光电中心不重合而引起的，出厂时已调试为零。可根据检测结果加入棱镜常数一起改正。

（二）测距的三种模式

测距的三种模式包括精测（重复精测、平均精测、单次精测）、粗测（重复粗测、单次粗测）、跟踪测量。在使用中一般选择重复精测，其他测距模式精度较低，但可以节省观测时间和电池用量。

(三)测距的三种类型

测距的三种类型包括倾斜距离、平面距离、高差。一般选择倾斜距离,需要时可按[切换]键,显示倾斜距离、平面距离、高差;施工放样测量时选择平面距离。

(四)合作目标的两种类型

合作目标包括棱镜测距、反射片测距两种类型。棱镜和反射片的设置一定要注意,否则将无法测距。一般设置为棱镜测距。

(五)距离测量参数的设置

在测距模式第二页菜单下按[EDM]键,进入距离测量参数的设置,显示如图4-1所示。

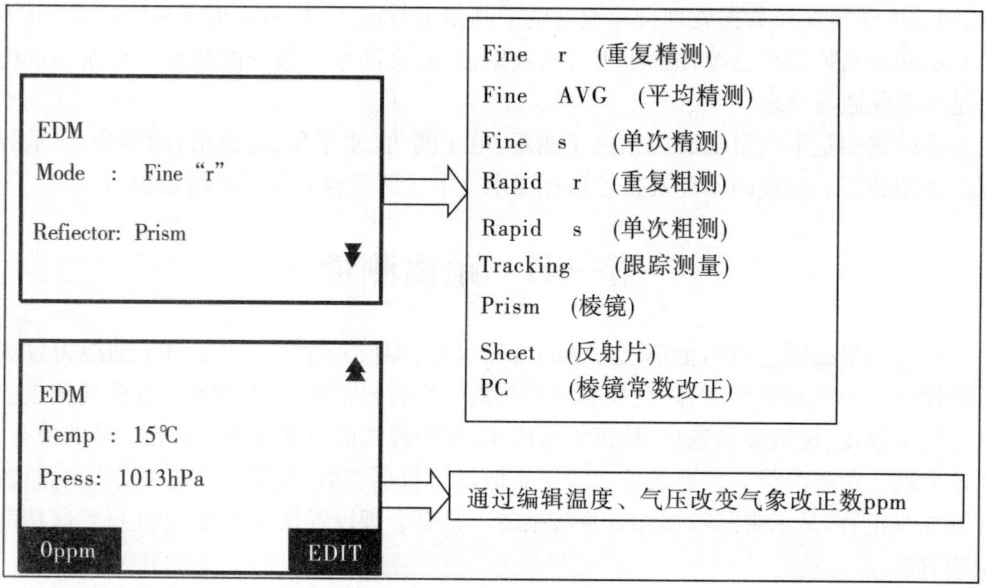

图4-1 距离参数的设置

在距离测量参数设置屏幕中:

(1)Mode——设置测量时的测距模式,按光标进行选取。

(2)Temp——设置测量时的温度:15 ℃。

(3)Press——设置测量时的气压:1 013 hPa。

(4)ppm——气象改正数。

仪器气象改正数的计算公式为:

$$\text{ppm} = 278.96 - \frac{0.290\,4P(\text{hPa})}{1 + 0.003\,661t(℃)}$$

式中 ppm——气象改正数;

P——气压值;

t——温度值。

此项改正,当输入温度值和气压值后,仪器自动完成气象改正数的计算和设置。

根据测量需要设置测距参数完毕后按回车键结束,返回测量模式屏幕。

二、测距回光信号的检查

在精确照准棱镜后按[SFT]键以及[+/-]键，显示如图 4-2 所示。屏幕中显示的粗黑线条格数越多，表明回光信号越强；若屏幕中显示“*”表示回光信号刚足以测距；回光信号越强，测距精度越高。

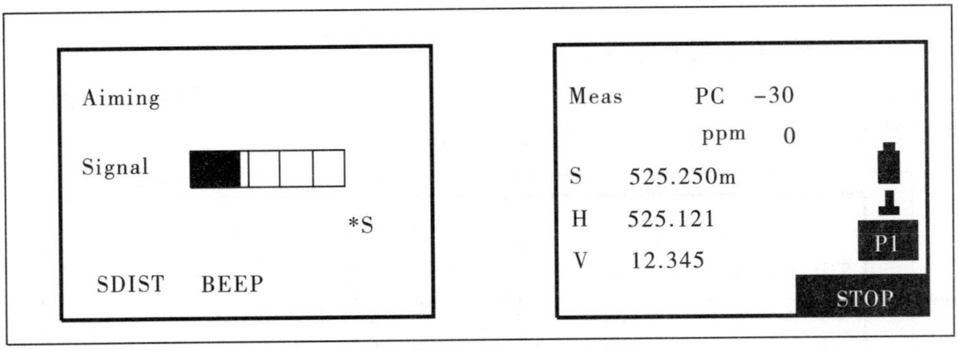

图 4-2 测距信号检查与测距类型

如使用蜂鸣声检测回光信号的强弱，按[BEEP]键选择[ON]，关闭时选择[OFF]。按[ESC]键，结束检测。

三、距离测量

在精确照准棱镜后按[SDIST]键，开始距离测量并在完成后发出一短声响，同时显示观测数据：包括距离“S”、垂直角度“ZA”、水平角度“HAR”。显示如图 4-3 所示。

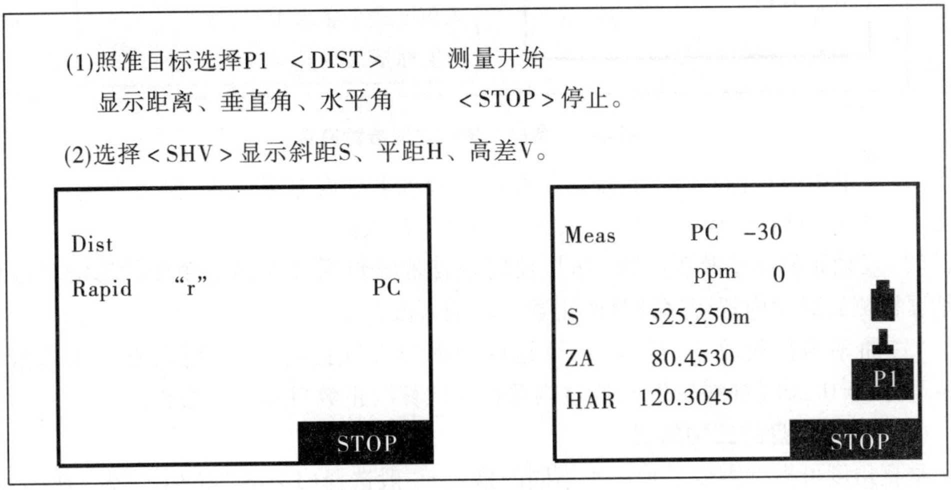

图 4-3 距离测量

如进行重复测距模式，按[STOP]键停止测距；显示的测距数据为按重复测距次数的平均值。

若改变测距类型，在第一页菜单下按切换键[SHV]，则显示：S 为斜距，H 为平距，V

为高差。

第二节 角度测量

一、测角参数设置

(一)角度测量的仪器参数设置

角度测量的主要误差是仪器的三轴误差(视准轴、水平轴、垂直轴),对观测数据的改正可按设置由仪器自动完成,显示如图4-4所示。

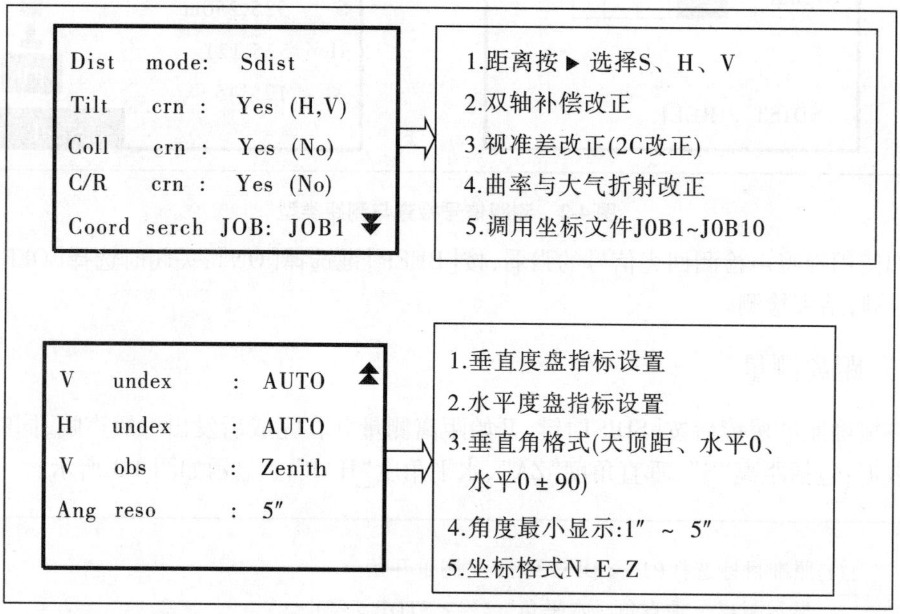

图4-4 角度测量的仪器参数设置

(1)视准差改正[Coll crn]:仪器的视准轴和水平轴误差采用正、倒镜观测可以消除,也可由仪器检验后通过内置程序计算改正数自动加入改正。

(2)双轴倾斜补偿改正[Tilt crn]:仪器垂直轴倾斜误差对测量角度的影响可由仪器补偿器检测后通过内置程序计算改正数自动加入改正。

(3)曲率与折射改正[C/R crn]:地球曲率与大气折射改正,可设置改正系数 $K=0.142$ 或 $K=0.200$(视线较低),通过内置程序计算改正数自动加入改正。

(二)垂直度盘的三种格式

垂直角度可根据需要显示三种不同的格式,一般选择(1),选择(3)比较直观,显示如图4-4所示。

(1)天顶距[Zenith]:望远镜垂直指向天顶为0°,顺时针至360°。

(2)水平0[Vertical]:望远镜水平为0°,逆时针至360°。

(3)水平0±90[Vertgo]:望远镜水平时为0°,上至+90°,下至-90°。

（三）出厂设置的三种单位

角度单位360°制（degree）、距离单位米（meter）、气象改正单位（ppm）、气压单位百帕（hPa）、温度单位摄氏度℃（Temp）。一般不需再设置，否则会出现观测数据或计算结果错误。显示如图4-5所示。

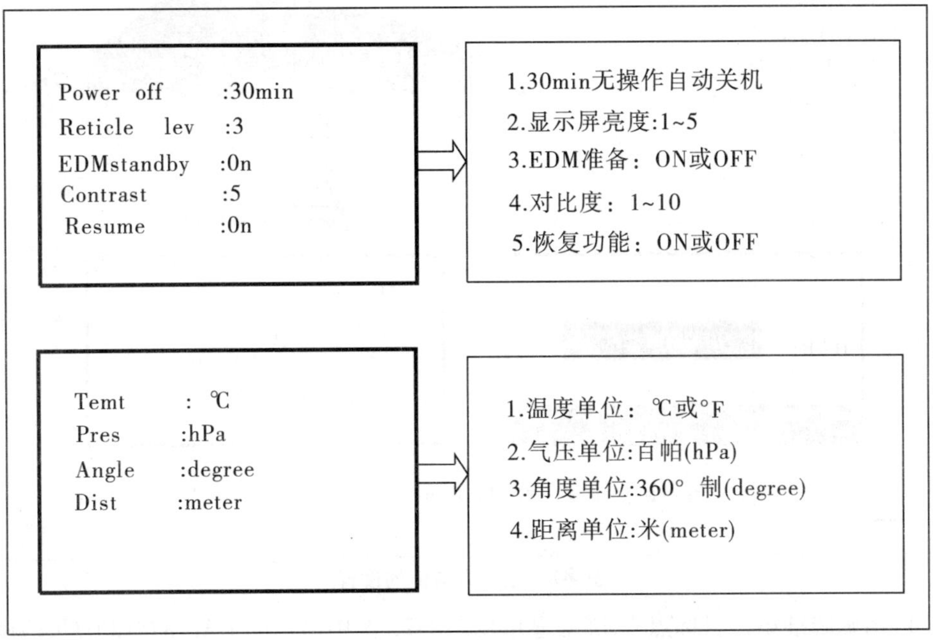

图4-5　测量单位的选择

二、角度测量

角度测量是测定测站点至两个目标（或多个目标）点之间的水平夹角，同时可以测定相应目标点的天顶距。如图4-6所示：*O* 为测站点，*A*、*B*、*C*、*D*、*E* 为目标点。

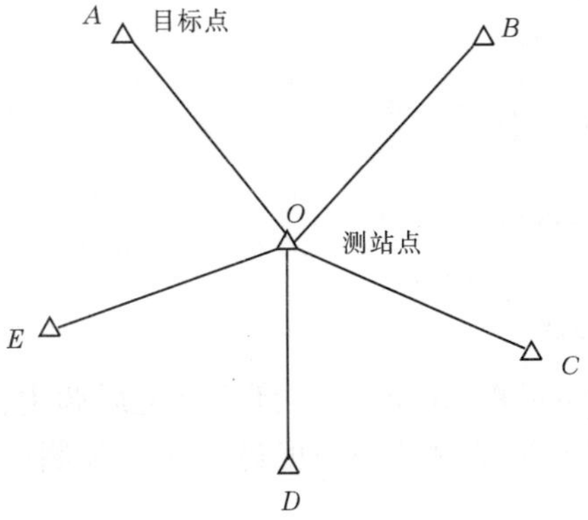

图4-6　角度测量

观测方法步骤与光学经纬仪相同。

（1）在 *O* 点安置仪器，开机并进行度盘设置。

（2）将仪器望远镜瞄准目标点 *B*。

（3）按[FNC]键，显示主菜单第1页，在测量模式第1页菜单下按[0SET]键，屏幕出现闪烁时，再按一次[0SET]键，即将起始方向 *B* 设置为零，屏幕显示为：

HAR　0°　00′　00″

在水平角测量时可以将起始方向设置为零，也可以将起始方向设置成所需的方向值，其方法是在照准第一目标后，在测量模式第一菜单下按[HANG]键,输入所需的方向值,再按回车键即可。

输入规则为:例如角度值为90°03′06″,应输入90.0306。如图4-7所示。

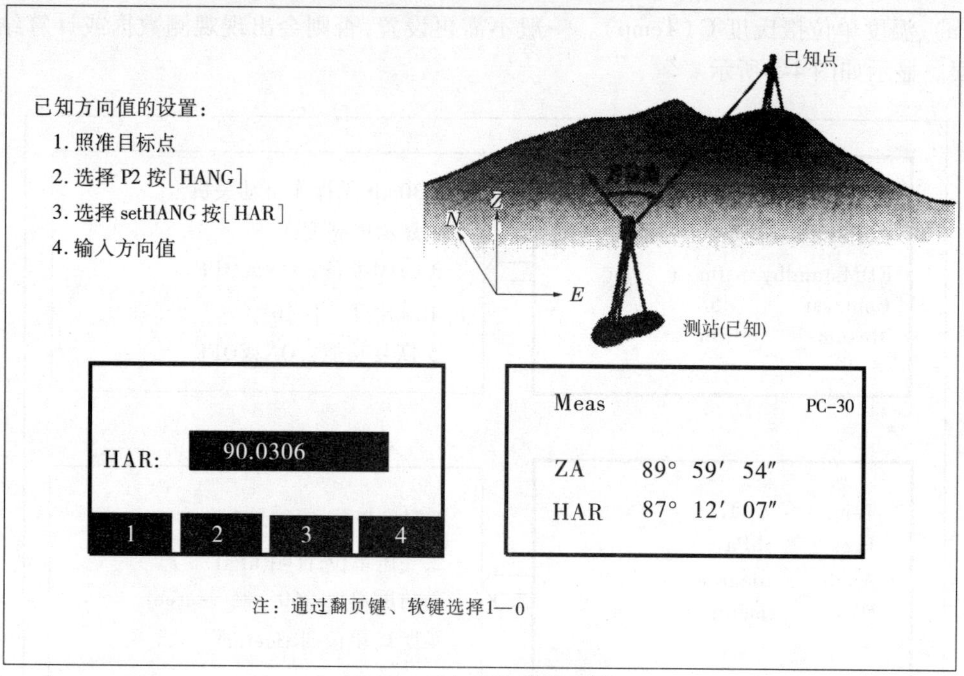

图4-7　已知方向值的设置

(4)精确瞄准第二目标点 *C*,屏幕显示见图4-7,图中显示的HAR 87°12′07″即为两个方向 *BOC* 的水平夹角,*ZA* 89°59′54″为 *AC* 视线的天顶距。

三、水平角重复测量

为了获得更高精度的角度测量结果,则可对水平角进行复测,如图4-8所示。

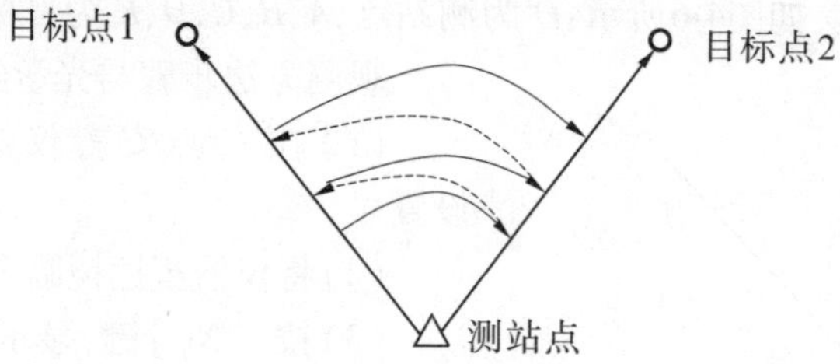

图4-8　水平角复测

其方法是通过设置模式下的功能“6. Key function”将[REP]定义到菜单上后调用,也可在进入菜单模式选“4. Repetition”直接调用。其原理是对某一角度进行多次观测后取平均值。方法步骤为:

(1)将“REP”功能定义到测量模式下的软键上。

(2)按[REP],此时方向值显示为0°。

(3)照准目标点1后按[OK]。

(4)照准目标点 2 后按[OK]。

(5)第二次照准目标点 1 后按[OK]。

(6)第二次照准目标点 2 后按[OK]。显示内容:

Harp:重复测量角度值之和;

Reps:重复测量的次数;

Ave:重复测量角度平均值。

在显示“take BS”时按[CE]可取消该次测量,返回并重新测量目标点 1。

(7)重复步骤(4)至步骤(5),继续后面的测量。

(8)完成测量后,按[ESC]结束。

第五章　全站仪的程序测量功能

全站仪的测量功能可分为基本测量功能和程序测量功能。基本测量功能的电子测距、电子测角(水平角、垂直角)已经在第四章中介绍;程序测量功能包括水平距离和高差的切换显示、三维坐标测量、放样测量、悬高测量、对边测量、偏心测量、后方交会测量、面积测量等。应特别注意的是,只要开机,电子测角系统即开始工作,并随仪器望远镜瞄准目标的变化实时显示观测数据;其他测量功能只是测距及数据处理,测量结果为计算数据,且只是半个测回的测量结果。

全站仪的程序测量功能按测量模式存储在仪器内,测量模式很多,不同型号的仪器大同小异。由于受显示屏的限制,常用的测量模式一般设置在三个不同的页面上,一个页面只能显示四个测量模式。所有测量模式按相应的数学模型程序预置在仪器微处理器的内存中,观测者可根据需要选择相应的测量模式,使用时必须按规定操作程序进行,否则会导致测量数据出现错误。ST500 全站仪的测量模式与显示符号对比列于表 5-1。

表 5-1　ST500 全站仪的测量模式

测量模式	机内符号	主要功能	测量模式	机内符号	主要功能
距离测量	[DIST]	测量两点间距离	菜单模式	[MENU]	选择程序测量
距离切换	[S H V]	斜距、平距、高差	悬高测量	[REM]	悬高测量
水平角零	[0SET]	后视方向值设为 0	后方交会	[RESEC]	后方交会测量
坐标测量	[COORD]	观测点的三维坐标	左/右角	[R/L]	左、右角测量
水平角复测	[REP]	水平角重复测量	坡度类型	[ZA/%]	天顶距、% 坡度
对边测量	[MLM]	测点间距离、坡度	水平角锁定	[HOLD]	锁定和解锁
放样测量	[S－O]	测设放样点位置	显示数据	[RCL]	最新测量数据
偏心测量	[OFFSET]	棱镜偏离测点中心	数据输出	[D－OUT]	数据对外输出
存储数据	[REC]	进入存储数据菜单	信号检测	[AIM]	测距信号检测
测距模式	[EDM]	进入测距参数设置	面积测量	[AREA]	面积测量计算
设置方位	[H. ANG]	设置已知角度	测距单位	[F/M]	单位米、英尺
电子整平	[TILT]	显示电子气泡	仪器目标高	[HT]	设置测点高

下面分别对常用的程序测量功能的原理和精度分析分别进行介绍。

第一节　三维坐标测量

地表形态和建筑物形状是由许多特征点构成的，在进行地形测量和工程测量时，需要测定许多特征点（也称碎部点）的平面位置和高程。特别在地形测量、地籍测量中，使用全站仪的三维坐标测量和内存功能与绘图软件结合可实现地形图、地籍图的数字化；在工程施工测量中使用坐标放样功能可实现任意设站。

一、平面坐标测量

（一）坐标测量的原理

坐标测量（也称坐标正算）是根据已知点的坐标、已知边的坐标方位角，计算未知点的坐标的一种方法。全站仪坐标测量原理是用极坐标法直接测定待定点坐标，其实质是在已知测站点同时采集角度和距离经微处理器实时进行数据处理，由显示器输出测量结果。施测时，可测记空气压强（P）和温度（T），输入仪器气象参数，由仪器进行自动改正。数据处理的数学模型为（如图 5-1 所示）：

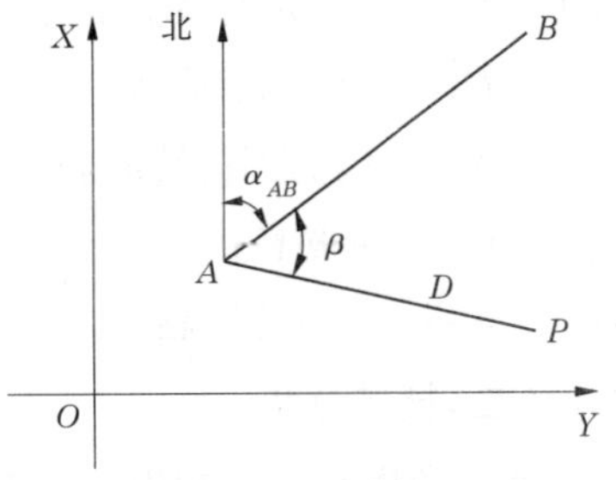

图 5-1　坐标测量

$$\left.\begin{aligned} X_P &= X_A + D\cos(\alpha_{AB} + \beta) \\ Y_P &= Y_A + D\sin(\alpha_{AB} + \beta) \end{aligned}\right\} \tag{5-1}$$

式中　D——所测的平距，$D = S\cos\alpha$，其中 α 为方向 AP 的垂直角，S 为方向 AP 的斜距；

X_P、Y_P——待定点坐标；

X_A、Y_A——已知点坐标；

α_{AB}——起始边 AB 的坐标方位角；

β——所测方向与起始方向间的左角值。

（二）精度分析

如不考虑起始点的坐标误差，对式(5-1)微分并转化为中误差形式，则：

$$\left.\begin{aligned} m_{xP}^2 &= \cos^2(\alpha_{AB} + \beta) m_D^2 + D^2 \sin^2(\alpha_{AB} + \beta) m_\beta^2/\rho^2 \\ m_{yP}^2 &= \sin^2(\alpha_{AB} + \beta) m_D^2 + D^2 \cos^2(\alpha_{AB} + \beta) m_\beta^2/\rho^2 \end{aligned}\right\} \tag{5-2}$$

式中　m_D——测距中误差；

m_β——测角中误差；

$\rho = 206\ 265''$。

待定点 P 的点位误差：

$$m_P^2 = m_{xP}^2 + m_{yP}^2 = m_D^2 + D^2 m_\beta^2/\rho^2 \tag{5-3}$$

由式(5-3)可以看出，待定点的点位误差与仪器的测距精度、测角精度和待定点至测站点的距离成正比。当测角、测距精度一定时，距离愈大，待定点的点位误差也愈大。要提高点位测量的精度，必须提高水平角的测角精度，缩短待定点至测站点的距离。考虑到

全站仪对中误差 m_{e1} 和棱镜对中误差 m_{e2} 对点位精度的影响，则有：

$$m_P^2 = m_D^2 + D^2 m_\beta^2/\rho^2 + m_{e1}^2 + m_{e2}^2 \tag{5-4}$$

二、高程坐标测量

（一）高程坐标测量原理

全站仪高程坐标测量原理与三角高程测量的原理相同。计算待定点高程的数学模型（如图 5-1 所示）：

$$H_P = H_A + S\sin\alpha + i - v \tag{5-5}$$

式中 H_P——待定点高程；

H_A——已知点高程；

S——仪器到棱镜的斜距；

i——仪器高；

v——前视棱镜高。

（二）精度分析

如不考虑起始点的坐标误差，对式(5-1)微分并转化为中误差形式，则：

$$m_{HP}^2 = (S\cos\alpha m_\alpha/\rho)^2 + (\sin\alpha m_S)^2 + m_i^2 + m_v^2 \tag{5-6}$$

式中 m_S——测距中误差；

m_α——垂直角观测中误差；

m_i——仪器高丈量中误差；

m_v——棱镜高丈量中误差。

由式(5-6)可以看出，待定点的高程中误差与仪器的测距中误差、垂直角观测中误差和待定点至测站点的距离成正比。当测角、测距精度一定时，距离愈大，待定点的高程中误差也愈大。要提高高程测量的精度，必须提高垂直角的测角精度，缩短待定点至测站点的距离。

三、观测步骤

三维坐标测量的观测步骤如下（见图 5-2）：

(1)安置仪器（对中、整平），选择测站点、后视点；

(2)输入测站点的已知坐标值、仪器高、棱镜高；

(3)输入后视点的已知坐标值或后视点的方位值；

(4)精确瞄准后视点后，确认；

(5)精确瞄准目标点后，选择测量功能；

(6)屏幕显示目标点的三维坐标值，记录或存储；

(7)重复步骤(5)、(6)。

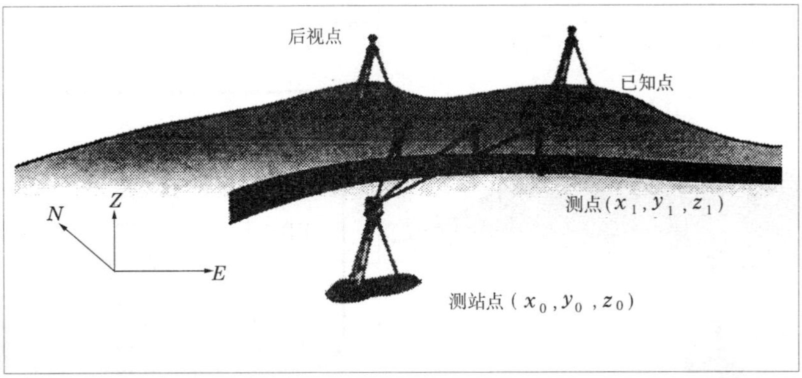

(a)

输入测站已知数据:

(1)在P2页菜单下[COORD],显示菜单如图所示。

(2)选取2.Stn　data　后按回车键输入测站数据。

Coord

1.Observation
2.Stn　data
3.Set　hangle

1.坐标测量
2.设置测站坐标
3.设置后视方位或后视点坐标

(3)输入测站坐标(N0,E0,Z0),仪器高(Inst.h),棱镜高(Tgt.h)。

(4)按[OK]确认。

Coord./Stn

N0:　0.000
E0:　0.000
Z0:　0.000

Coord./Stn

N0:　4567.789
E0:　3456.789
Z0:　123.123
Inst.h.:　1.234
Tgt.h.:　2.345　OK

(b)

图 5-2　观测步骤

设置后视方位角

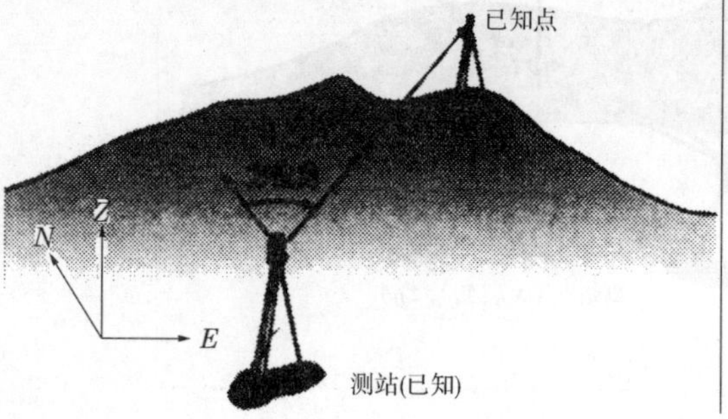

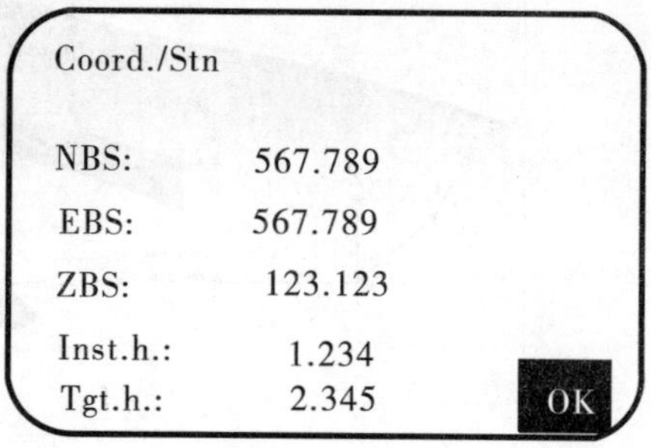

(1)输入测站点和后视点的坐标便可计算或设置至后视点的方位角;

(2)照准后视点,通过按键操作,仪器自动完成。

(c)

坐标测量

(1)精确照准目标点棱镜中心;

(2)选择 1. Observation;

(3)按回车键开始测量;

(4)精确照准下一目标点棱镜中心;

(5)按[OBS]开始测量。

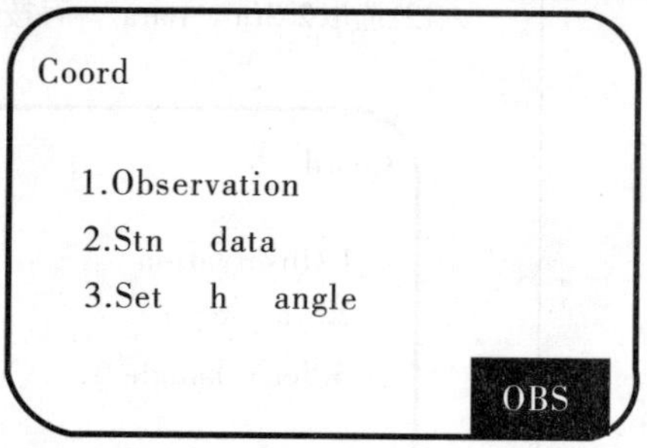

(d)

续图 5-2

第二节 放样测量

放样(测设)测量就是根据已有的控制点或地物点,按工程设计要求,将建(构)筑物的特征点在实地标定出来。因此,首先要确定特征点或原有建筑物之间的角度、距离和高程关系,这些位置关系称为放样数据,然后利用测量仪器,根据放样数据将特征点测设到实地。放样的基本工作包括角度和距离(斜距、平距)、平面位置和高程放样等多种形式。在放样过程中,通过对照准目标点的角度、距离、坐标测量,仪器将显示输入放样值与实测值的差值以指导放样。显示的差值由如下公式计算:

斜距差值 = 斜距实测值 - 斜距放样值

平距差值 = 平距实测值 - 平距放样值

高程差值 = 高程实测值 - 高程放样值

角度差值 = 角度实测值 - 角度放样值

一、角度和距离的放样

角度和距离的放样原理同常规仪器相同，放样时可选择平距（*HD*）、高差（*VD*）和斜距（*SD*）中的任意一种放样模式。

二、点的平面位置放样

点的平面位置放样方法有多种，可根据点位的分布、地形及现场条件进行选择。常用的全站仪放样是采用极坐标法。极坐标法是根据一个角度和一段距离测设点的平面位置。此法适用于测设距离较短，且便于测距的情况。

如图5-3所示，A、B为已知平面控制点，其坐标值分别为$A(x_A,y_A)$、$B(x_B,y_B)$，P、Q、R、S为设计的建筑物特征点，各点的坐标分别为$P(x_P,y_P)$、…、$S(x_S,y_S)$。可根据A、B两点测设P、Q、R、S点。下面以测设P点为例说明测设的具体方法。

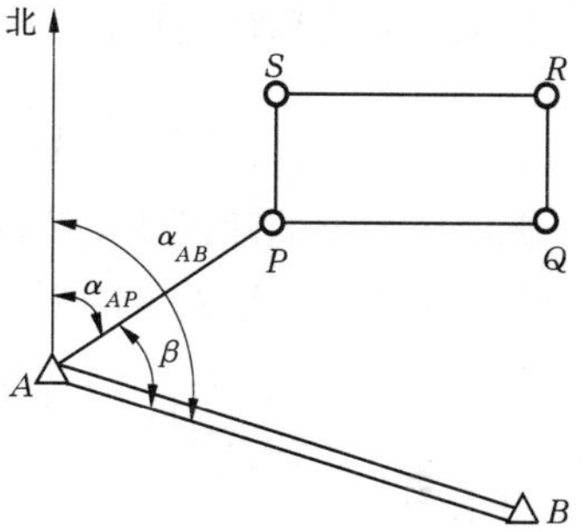

图5-3 极坐标法坐标放样

（一）计算测设数据

（1）计算α_{AB}和α_{AP}：

$$\alpha_{AB} = \arctan\frac{y_B - y_A}{x_B - x_A} = \arctan\frac{\Delta y_{AB}}{\Delta x_{AB}}$$

$$\alpha_{AP} = \arctan\frac{y_P - y_A}{x_P - x_A} = \arctan\frac{\Delta y_{AP}}{\Delta x_{AP}} \quad (5\text{-}7)$$

（2）计算AP与AB之间的夹角：

$$\beta = \alpha_{AB} - \alpha_{AP} \quad (5\text{-}8)$$

（3）计算AP间的水平距离：

$$D_{AP} = \sqrt{(x_P - x_A)^2 + (y_P - y_A)^2} = \sqrt{\Delta x_{AP}^2 + \Delta y_{AP}^2} \quad (5\text{-}9)$$

（二）精度分析

按放样测量的作业过程，如图5-4所示，其误差来源及影响分别为：

（1）安置仪器误差m_e及其影响m_1；

（2）放样角度的误差m_β及其影响m_2；

（3）放样长度的误差m_D及其影响m_3；

（4）标定P点与实地的误差m_t及其影响m_4。

下面对这四种误差的影响大小进行讨论分析。

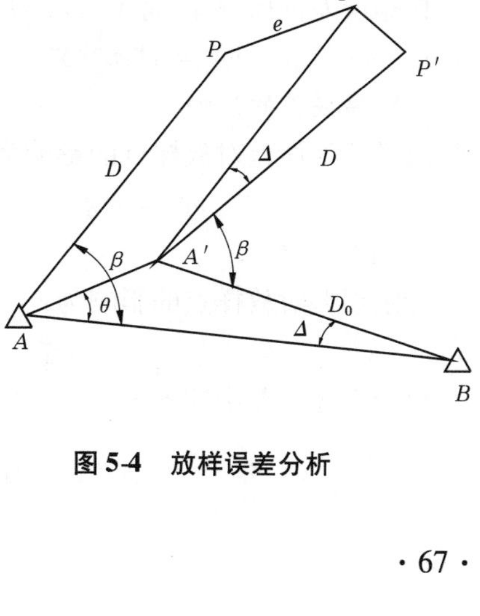

图5-4 放样误差分析

1. 安置仪器误差的影响

安置仪器时主要考虑对中误差，误差的大小和方向分别为 e 和 θ。P 为理论放样点，P'为实际放样点。其中 PP''是对中误差的大小 e 所产生的影响。$P''P'$是仪器偏心的方向 θ 对定向方向的影响 Δ 所产生的。可以近似地认为$\angle A'P''P'$为直角，则有 $P''P' = D\sin\Delta$，$\angle PP''P' = 90° + \beta - \theta$。

按余弦公式：

$$P'P^2 = e^2 + D^2\sin^2\Delta - 2eD\sin\Delta \times \cos(90° + \beta - \theta) \tag{5-10}$$

在三角形 $AA'B$ 中可近似地求得：$\sin\Delta = e\sin\theta/D_0$，代入式(5-10)：

$$P'P^2 = e^2 \times \left[1 + \frac{D^2\sin^2\theta}{D_0^2} + \frac{2D\sin\theta\sin(\beta - \theta)}{D_0}\right] \tag{5-11}$$

根据误差传播规律得：

$$m_{P'P}^2 = \left[1 + \frac{D^2\sin^2\theta}{D_0^2} + \frac{2D\sin\theta\sin(\beta - \theta)}{D_0}\right] \times m_e^2 \tag{5-12}$$

偏心方向 θ 的随机变化范围为 0 ~360°，在实际放样中可以认为 θ 在 0 ~360°服从均匀分布。求式(5-12)对 θ 的平均值得：

$$m_1^2 = \frac{1}{2\pi}\int_0^{2\pi}\left[1 + D^2\sin^2\theta/D_0^2 + 2D\sin\theta\sin(\beta - \theta)/D_0\right] \times m_e^2\mathrm{d}\theta$$

由于

$$\int_0^{2\pi}\sin^2\theta\mathrm{d}\theta = \pi$$

$$\int_0^{2\pi}\sin\theta\cos\theta\mathrm{d}\theta = 0$$

则

$$m_1^2 = \left(1 + \frac{D^2}{2D_0^2} - \frac{D\cos\beta}{D_0}\right) \times m_e^2$$

2. 角度误差的影响

如图 5-5 所示：

$PP' = D\Delta\beta/\rho$(ρ 为角度、距离转换常数)

根据误差传播规律，将上式转为方差：

$$m_2^2 = D^2m_\beta^2/\rho^2$$

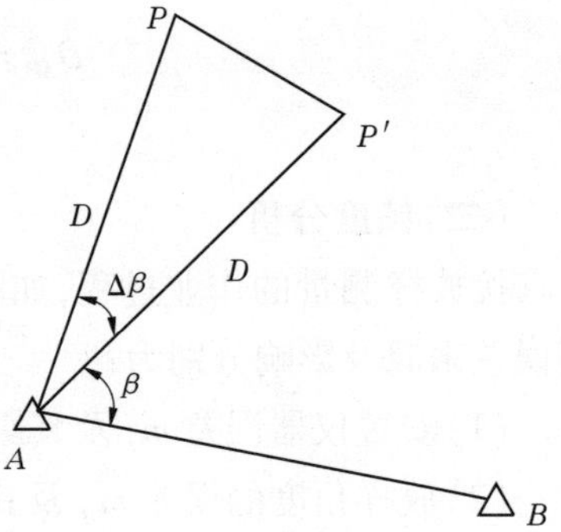

图 5-5　角度误差分析

3. 距离误差的影响

放样长度误差对放样点的影响为：

$$m_3^2 = m_D^2$$

4. 标定误差

标定误差对放样点的影响为：

$$m_4^2 = m_t^2$$

综合上述误差中的各式，得到最后放样点的点位方差为：

$$m_P^2 = m_1^2 + m_2^2 + m_3^2 + m_4^2 = \left(1 + \frac{D^2}{2D_0^2} - \frac{D\cos\beta}{D_0}\right) \times m_e^2 +$$

$$\frac{D^2 m_\beta^2}{\rho^2} + m_D^2 + m_t^2 \tag{5-13}$$

（三）提高测量放样精度的方法

提高测量放样精度的方法如下：

（1）点位误差与定向边的距离成反比，应尽量利用长边进行定向。

（2）点位误差与放样距离成正比，放样的距离不宜过长且不允许放样边大于定向边。

（3）点位误差与放样角 β（在 0 ~ 180°之间）成正比，应尽量将放样角度控制在 0 ~ 90°，且放样角度越小，精度越高。

（4）仪器使用前必须进行检定，使仪器自身的误差、固定误差满足相应的规定要求，并对全站仪进行定期检校，发现误差超限及时进行调整。

（5）认真做好仪器的安置和放样点的标定工作，并视放样点的精度而定，将安置仪器误差和放样点的标定误差控制在最小范围内。

三、观测步骤

（一）坐标放样法

坐标放样法如图 5-6 所示。

（1）测站点安置仪器，在 P3 选取[S－O]；

（2）选取{Stn data}输入测站坐标按[OK]；

（3）选取{Stn H angle}输入后视方位角或选取{Back Sight}输入后视点坐标按[OK]；

（4）显示测站数据按[OK]，瞄准后视点按[YES]；

（5）选取[COORD] 输入放样点坐标按[OK]；

（6）转动仪器使 dHA 为零，在此方向设置棱镜；

（7）按[DIST]显示实测平距与放样之差（S－OH）；

（8）在照准方向上使（S－OH）等于零为止。

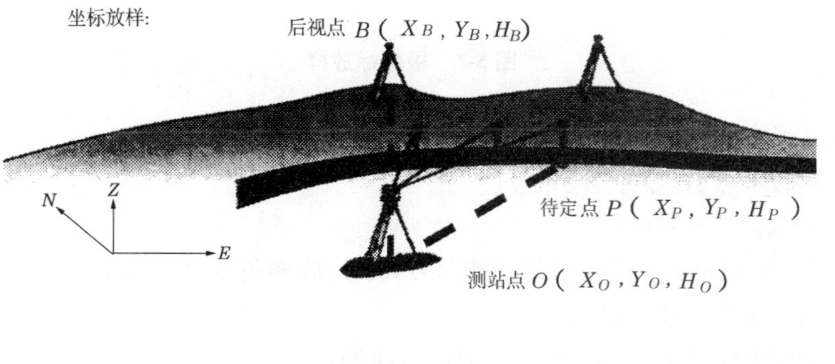

$$\beta = \alpha_{OP} - \alpha_{OB} = \arctan\frac{Y_P - Y_O}{X_P - X_O} - \arctan\frac{Y_B - Y_O}{X_B - X_O} \quad d_{OP} = \sqrt{(X_P - X_O)^2 + (Y_P - Y_O)^2}$$

图 5-6　坐标放样

（二）极坐标放样法

极坐标放样法如图 5-7 所示。其原理为：由参考方向转角度和放样距离测设所需点位。

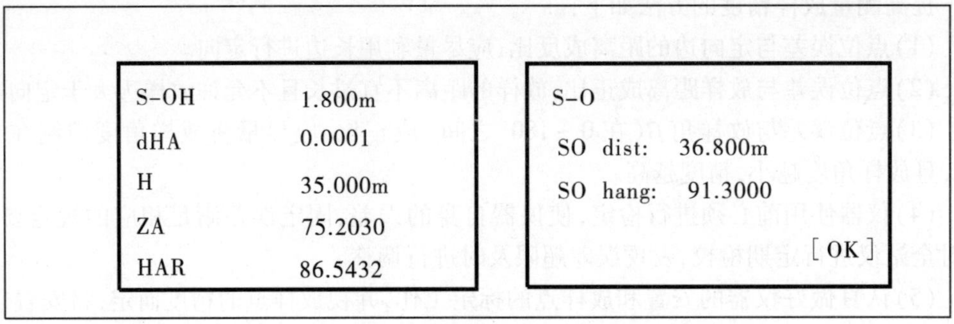

(a)

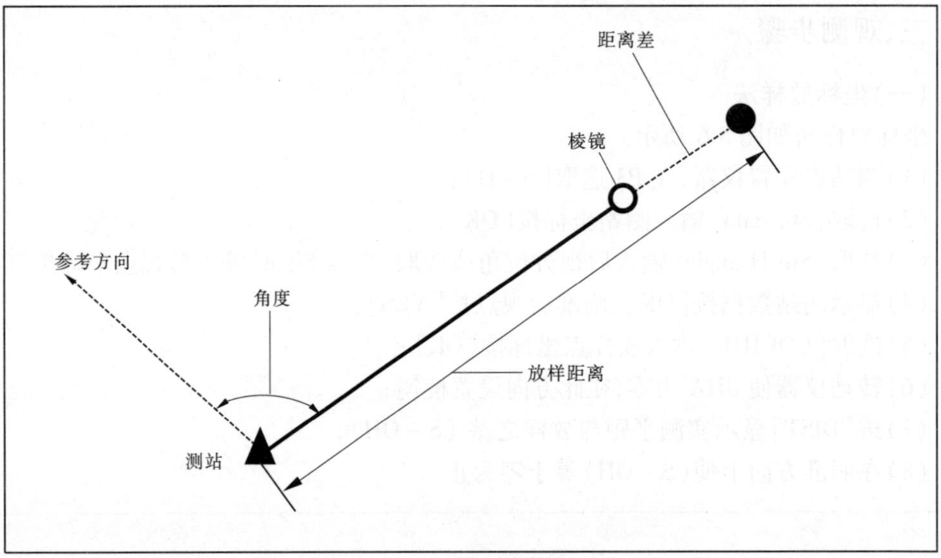

(b)

图 5-7　极坐标放样

(1)测站点安置仪器；

(2)后视参考点、置零 ；

(3)在 P3 选取[S－O]；

(4)选取 {S－Odata} 设置放样距离(SO dist)、放样角度(SO hang)；

(5)按回车键后选取[OK]；

(6)转动仪器使 dHA 为 0，在此方向设置棱镜；

(7)按[DIST]显示实测平距与放样距离之差 (S－OH)；

(8)在照准方向上使(S－OH)等于零为止。

第三节　悬高测量

在工程建设中往往需要知道悬空点或人员难以接触和到达的点，该点无法安置棱镜，并需要确定该点的高度。如在电力工程中输电线的架设就必须测定线路某点对地面的高度，道路从高压电线下穿过等，利用全站仪中的悬高测量和悬高放样功能解决这一问题就很容易完成。

一、悬高测量的原理

悬高测量的原理如图 5-8 所示，A 为仪器站，可以选合适位置任意安置；B 为棱镜站；M 为待测悬高点；B、M 两点必须在同一铅垂线上。

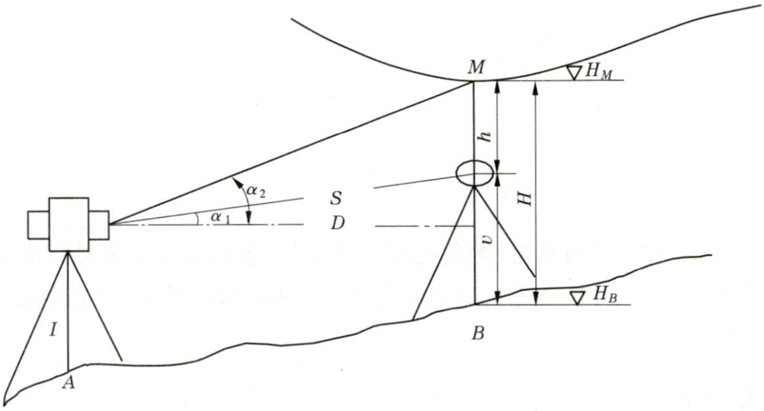

M—待测悬高点；α_2—仪器到 M 点的倾角；D—仪器到棱镜的平距；

S—仪器到棱镜的斜距；I—仪器高；H_M—M 点的高程；

v—棱镜高；H_B—B 点的高程；α_1—仪器到棱镜的倾角；

图 5-8　悬高测量原理

根据图形的几何关系可推出下列公式：

$$H = D\tan\alpha_2 - D\tan\alpha_1 + v \tag{5-14}$$

其中

$$D = S\cos\alpha_1$$

则

$$H = S\cos\alpha_1\tan\alpha_2 - S\sin\alpha_1 + v \tag{5-15}$$

$$H_M = H_B + H \tag{5-16}$$

二、精度分析

对式(5-15)求全微分：

$$dH = \cos\alpha_1 \tan\alpha_2 dS - \frac{S\tan\alpha_2 \sin\alpha_1 d\alpha_1}{\rho} + \frac{S\cos\alpha_1 \sec^2\alpha_2 d\alpha_2}{\rho} -$$

$$\sin\alpha_1 dS - \frac{S\cos\alpha_1 d\alpha_1}{\rho} + dv \tag{5-17}$$

转换为中误差，则为：

$$m_H^2 = \cos^2\alpha_1 \tan^2\alpha_2 m_S^2 + \frac{S^2\tan^2\alpha_2 \sin^2\alpha_1 m_{\alpha_1}^2}{\rho^2} + \frac{S^2\cos^2\alpha_1 \sec^4\alpha_2 m_{\alpha_2}^2}{\rho^2} +$$

$$\sin^2\alpha_1 m_S^2 + \frac{S^2\cos^2\alpha_1 m_{\alpha_1}^2}{\rho^2} + m_v^2 \tag{5-18}$$

设 $|\alpha_2| \leqslant 45°$，则，$\tan^2\alpha_2 \leqslant 1$、$\sec^4\alpha_2 \leqslant 4$，同时令 $m_{\alpha_1} = m_{\alpha_2} = m_\alpha$，则有：

$$m_H^2 \leqslant \cos^2\alpha_1 m_S^2 + \frac{S^2\sin^2\alpha_1 m_\alpha^2}{\rho^2} + \frac{4S^2\cos^2\alpha_1 m_\alpha^2}{\rho^2} + \sin^2\alpha_1 m_S^2 +$$

$$\frac{S^2\cos^2\alpha_1 m_\alpha^2}{\rho^2} + m_v^2 \tag{5-19}$$

又因 $\cos^2\alpha_1 \leqslant 1$，所以式(5-19)可近似为：

$$m_H^2 = m_S^2 + \frac{5S^2 m_\alpha^2}{\rho^2} + m_v^2 \tag{5-20}$$

可见，悬高测量的精度与测距、测角的精度有关，与量取棱镜高的精度有关，与测站点距悬高点的距离有关。所以，在进行悬高测量时，要精确量取棱镜高度，缩短测站点与悬高点之间的距离。

三、观测方法

悬高测量的观测方法示意图见图 5-9，其具体步骤见图 5-10。

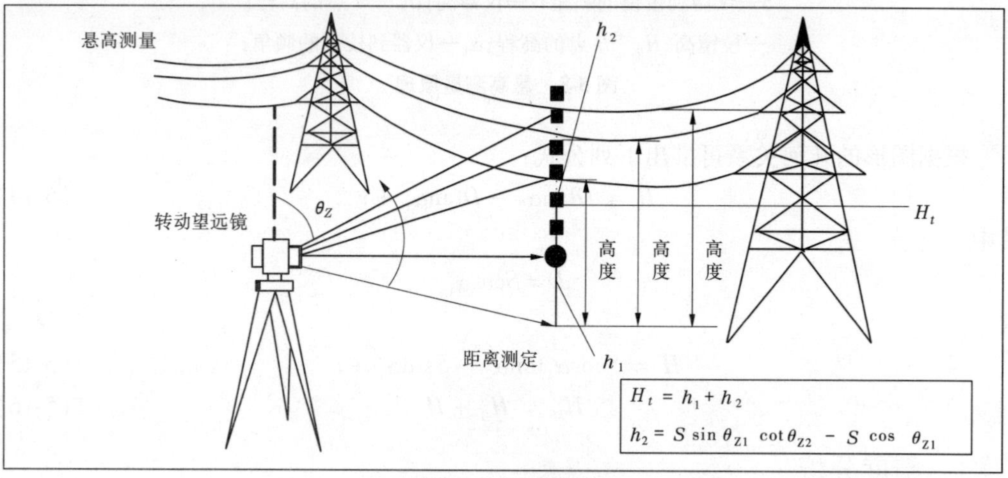

图 5-9 悬高测量

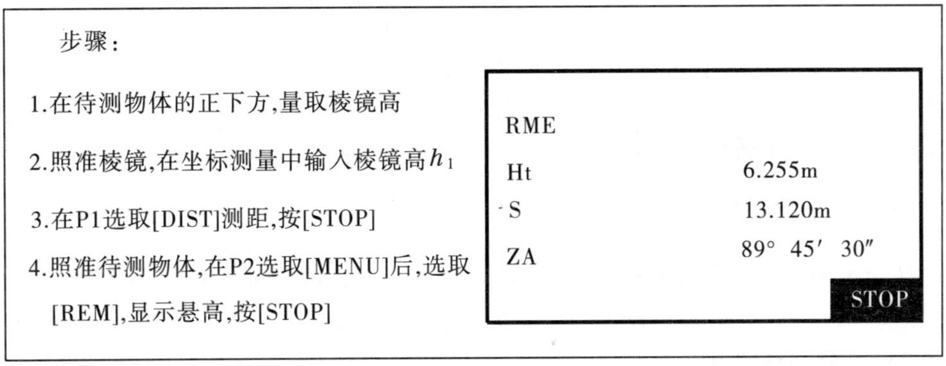

图 5-10　悬高测量步骤

第四节　对边测量

在测量过程中,经常会遇到需要测量不通视两点间的距离问题,利用全站仪的对边测量功能就能解决这个问题。

一、对边测量的原理

对边测量是指间接地测定远处两测点间的斜距、平距、高差,尽管这两点之间可能是不通视的。对边测量可以连续测量第 1 个目标点(即起始点)与第 2 个、第 3 个……目标点之间的斜距、平距、高差。如图 5-11 所示。

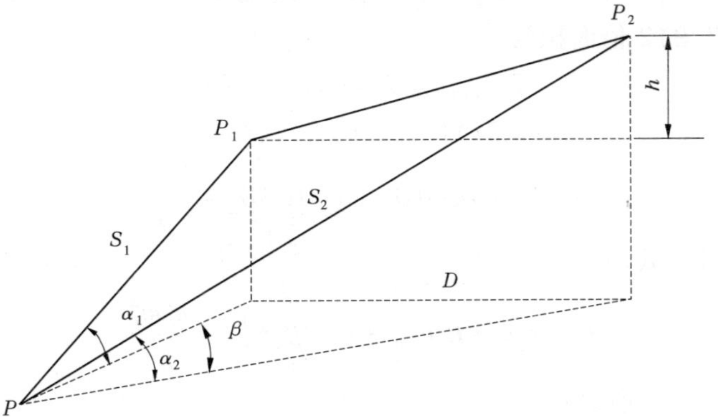

图 5-11　对边测量原理

图 5-11 中,P 为测站、P_1 为起始点、P_2 为目标点。

在与 P_1、P_2 通视的任意点 P 上安置全站仪(对中、整平),首先观测至 P_1、P_2 的斜距 S_1、S_2,垂直角 α_1、α_2,以及 PP_1 至 PP_2 间的水平夹角 β,然后可由余弦公式计算 P_1P_2 的平距 D 和高差 h:

$$D = \sqrt{S_1^2\cos^2\alpha_1 + S_2^2\cos^2\alpha_2 - 2S_1S_2\cos\alpha_1\cos\alpha_2\cos\beta} \tag{5-21}$$

$$h = S_2\sin\alpha_2 - S_1\sin\alpha_1 \tag{5-22}$$

实际上全站仪显示出来的平距和高差,是利用其自身具有的内存和计算功能由式(5-21)和式(5-22)计算出来的。由此可见,对边测量的原理简单,观测方便,特别适用当 P_1 和 P_2 两点互不通视时的情况。

二、对边测量精度分析

设 $D_1 = S_1\cos\alpha_1$ 是 PP_1 间的水平距离,$D_2 = S_2\cos\alpha_2$ 是 PP_2 间的水平距离,则:

$$D^2 = D_1^2 + D_2^2 - 2D_1D_2\cos\beta \tag{5-23}$$

将式(5-23)微分并整理得:

$$dD = (D_1 - D_2\cos\beta)dD_1 + (D_2 - D_1\cos\beta)dD_2 + \frac{D_1D_2\sin\beta d\beta}{\rho} \tag{5-24}$$

对边测量平面投影如图 5-12 所示。

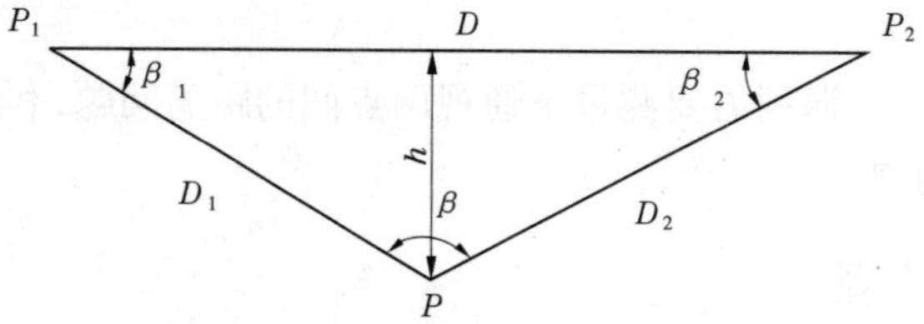

图 5-12 对边测量平面投影图

由图 5-12 可得出:

$$D_1 - D_2\cos\beta = D\cos\beta_1 \tag{5-25}$$

$$D_2 - D_1\cos\beta = D\cos\beta_2 \tag{5-26}$$

三角形 PP_1P_2 的 2 倍面积为:

$$2S_{PP_1P_2} = D_1D_2\sin\beta = Dh \tag{5-27}$$

将式(5-25)、式(5-26)、式(5-27)代入式(5-24),整理得:

$$dD = \cos\beta_1 dD_1 + \cos\beta_2 dD_2 + \frac{h d\beta}{\rho} \tag{5-28}$$

转化为中误差公式为:

$$m_D^2 = \cos^2\beta_1 m_{D1}^2 + \cos^2\beta_2 m_{D2}^2 + \frac{h^2 m_\beta^2}{\rho^2} \tag{5-29}$$

因为 $D_1 = S_1\cos\alpha_1$,所以:

$$m_{D1}^2 = \cos^2\alpha_1 m_{S1}^2 + \frac{S_1^2\sin^2\alpha_1 m_{\alpha1}^2}{\rho^2} \tag{5-30}$$

又因为 $\cos^2\alpha_1 \leqslant 1$、$\sin^2\alpha_1 \leqslant 1$,所以有:

$$m_{D1}^2 \leqslant m_{S1}^2 + \frac{S_1^2 m_{\alpha1}^2}{\rho^2} \tag{5-31}$$

同理:

$$m_{D2}^2 \leqslant m_{S2}^2 + \frac{S_2^2 m_{\alpha 2}^2}{\rho^2} \tag{5-32}$$

将式(5-31)、式(5-32)代入式(5-29)得:

$$m_D^2 \leqslant \cos^2\beta_1 (m_{S1}^2 + \frac{S_1^2 m_{\alpha 1}^2}{\rho^2}) + \cos^2\beta_2 (m_{S2}^2 + \frac{S_2^2 m_{\alpha 2}^2}{\rho^2}) + \frac{h^2 m_\beta^2}{\rho^2} \tag{5-33}$$

为了方便分析测量精度,设 $m_{\alpha 1} = m_{\alpha 2} = m_\alpha, m_{S1} = m_{S2} = m_S$,且 $\beta_1 = \beta_2 = (90° - \beta/2)$,$S_1 = S_2 = S$,式(5-33)可变为:

$$m_D^2 \leqslant 2\sin^2 \frac{\beta}{2} (m_S^2 + \frac{S^2 m_\alpha^2}{\rho^2}) + \frac{h^2 m_\beta^2}{\rho^2} \tag{5-34}$$

当 $\beta_1 = \beta_2 = (90° - \beta/2)$ 时:

$$h = D_1 \cos(\beta/2) \leqslant S\cos(\beta/2) \tag{5-35}$$

将式(5-35)代入式(5-34),可得中误差估算公式:

$$m_D^2 \leqslant 2\sin^2 \frac{\beta}{2} (m_S^2 + \frac{S^2 m_\alpha^2}{\rho^2}) + \frac{S^2 \cos^2(\beta/2) m_\beta^2}{\rho^2} \tag{5-36}$$

由上述公式可见,对边测量的精度与测距、测角精度有关。当测距、测角精度一定后,对边测量的精度主要取决于测站离测点的远近,距离越近,精度越高。因此,在选取测站时,要尽量使测站靠近测点。

三、观测方法

对边测量的观测方法示意图见图 5-13,观测步骤见图 5-14。

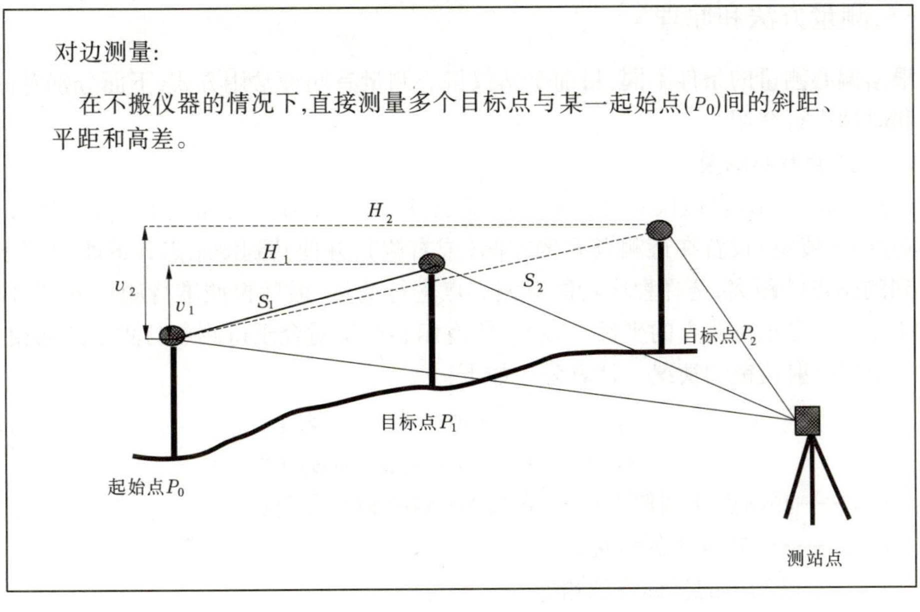

图 5-13 对边测量

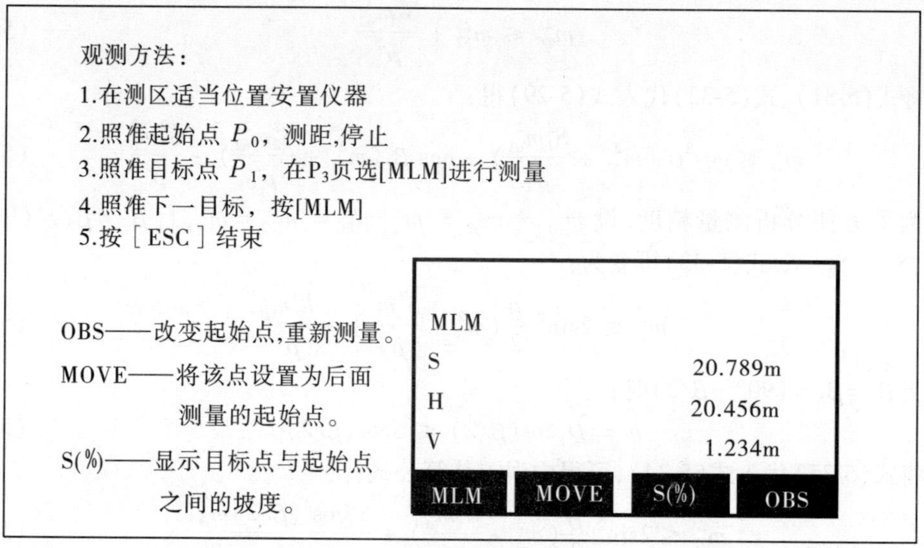

图 5-14　对边测量观测步骤

第五节　偏心测量

当棱镜难以直接安置在目标点上时,如树木的中心,烟囱、水池的中心等,可使用全站仪偏心测量。所谓全站仪偏心测量就是反射棱镜不能安置在待测点的铅垂线上,而是安置在待测点相关的某处,间接地测定待测点的位置。

一、测量方法和原理

根据偏心测量的条件不同,目前全站仪偏心测量有四种常用方式,下面分别对其测量方法和原理进行介绍。

(一)角度偏心测量

如图 5-15 所示,全站仪安置在某一已知点 A,并照准另一已知点 B 进行定向;然后,将偏心点 C(棱镜)设置在待测点 P 的左侧(或右侧),并使其到测站点 A 的距离等于待测点 P 到测站点的距离;选择程序功能对偏心点进行测量;最后再照准待测点方向,仪器就会自动计算并显示待测点的坐标。显然,角度偏心测量适合于待测点与测站点通视,但其上无法安置反射棱镜的情况。计算公式如下:

$$\left.\begin{aligned} x_P &= x_A + S\cos\alpha\cos(\alpha_{AB} + \beta) \\ y_P &= y_A + S\cos\alpha\sin(\alpha_{AB} + \beta) \end{aligned}\right\} \tag{5-37}$$

式中　S、α——测站点 A 到偏心点 C(棱镜)的斜距和垂直角;

x_A、y_A——已知点 A 的坐标;

α_{AB}——已知边的坐标方位角;

β——未知边 AP 与已知边 AB 的水平夹角,当未知边 AP 在已知边 AB 的右侧时,取“$-\beta$”。

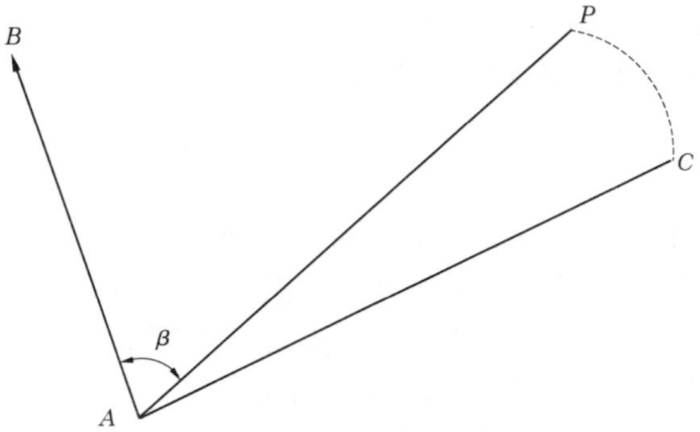

图 5-15　角度偏心测量

(二)单距离偏心测量

如图 5-16 所示,待测点 P 与测站点 A 不通视。欲测定 P 点,将全站仪安置在已知点 A,并照准另一已知点 B 进行定向;将反射棱镜设置在待测点 P 附近的一个适当位置 C。选择程序功能后输入待测点 P 与偏心点 C 之间的水平距离 d 和 CA 与 CP 的水平夹角 θ(偏心角),并对偏心点 C 进行观测,仪器就会自动显示待测点 P 的坐标(x_P, y_P)或测站点到测点的距离 D 和方位角 α_{AB}。显然,单距离偏心测量适合于待测点与测站点不通视的情况。计算公式如下:

C 点的坐标:

$$\left.\begin{aligned} x_C &= x_A + S\cos\alpha\cos(\alpha_{AB} + \beta) \\ y_C &= y_A + S\cos\alpha\sin(\alpha_{AB} + \beta) \end{aligned}\right\} \tag{5-38}$$

P 点的坐标:

$$\left.\begin{aligned} x_P &= x_C + d\cos(\alpha_{AB} + \beta + \theta + 180^\circ) \\ y_P &= y_C + d\sin(\alpha_{AB} + \beta + \theta + 180^\circ) \end{aligned}\right\} \tag{5-39}$$

测站点 A 到待测点 P 的距离 D 和方位角 α_{AP} 为:

$$\left.\begin{aligned} D &= \sqrt{(x_P - x_A)^2 + (y_P - y_A)^2} \\ \alpha_{AP} &= \arctan\frac{y_P - y_A}{x_P - x_A} \end{aligned}\right\} \tag{5-40}$$

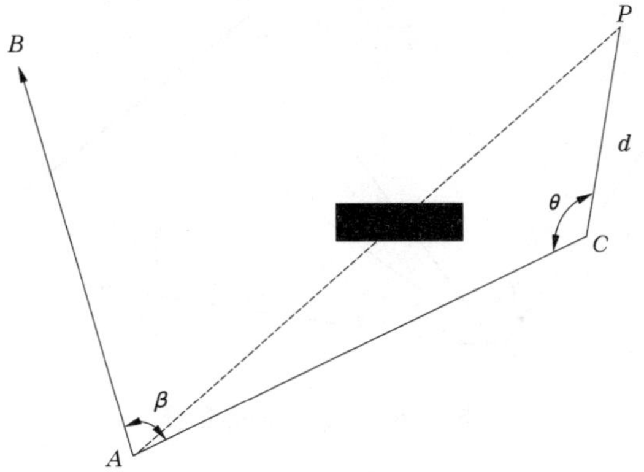

图 5-16　单距离偏心测量

式中　x_C、y_C——偏心点 C 的坐标；

　　β——边 AC 与已知边 AB 的水平夹角。

当 β 和 θ 为右角时，式(5-40)中取"$-\beta$"和"$-\theta$"。

（三）圆柱偏心测量

圆柱偏心测量是单距离偏心测量的一个特殊情况，待测点 P 为某一圆柱形物体的圆心，如图 5-17 所示。观测时，全站仪安置在已知点 A，并照准另一已知点 B 进行定向；然后，将反射棱镜设置在圆柱体的一侧 C 点，且使 AC 与圆柱体相切；输入圆柱体的半径 R，并对偏心点 C 进行观测，仪器就会自动计算并显示待测点的坐标(x_P，y_P)或测站点至待测点的距离 D 和方位角 α_{AP}。其计算公式与单距离偏心测量相同，只不过用 R 和 90°代替 d 和 θ。

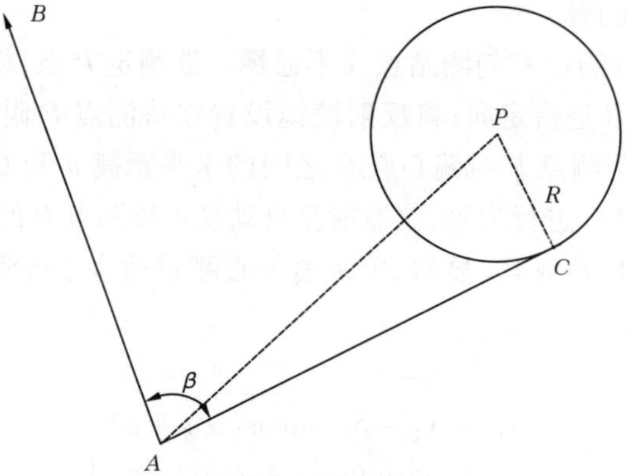

图 5-17　圆柱偏心测量

（四）双距离偏心测量

双距离偏心测量是利用专制的两点式棱镜（两棱镜的间距为一定值 f，如 SET500 全站仪 f 为 0.5m）方便有效地测定出隐藏点的点位。如图 5-18 所示，将全站仪安置在已知点 A，并照准另一已知点 B 进行定向；然后将两点式棱镜对准待测点 P（无须正交），分别测量 D 和 C 两点式棱镜并输入 C 点到待测点 P 的距离 v（相当于棱镜高），仪器便可计算并显示待测点 P 的坐标(x_P，y_P)或测站点至 P 点的距离 D 和方位角 α_{AP}。

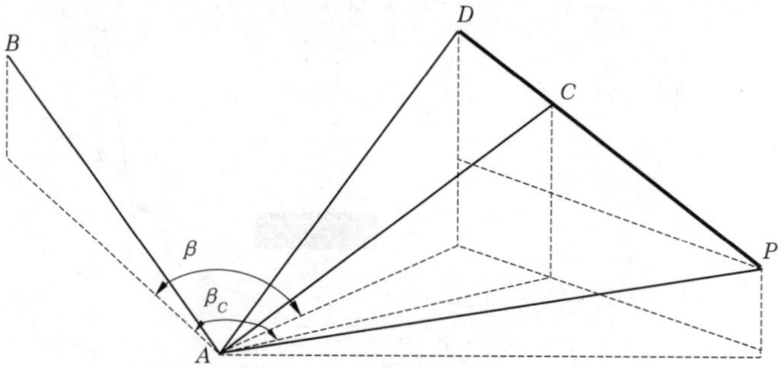

图 5-18　双距离偏心测量

具体计算公式为：

D 点的坐标：

$$\left.\begin{aligned} x_D &= x_A + S_D\cos\alpha_D\cos(\alpha_{AB} + \beta_D) \\ y_D &= y_A + S_D\cos\alpha_D\sin(\alpha_{AB} + \beta_D) \end{aligned}\right\} \tag{5-41}$$

C 点的坐标：

$$\left.\begin{aligned} x_C &= x_A + S_C\cos\alpha_C\cos(\alpha_{AB} + \beta_C) \\ y_C &= y_A + S_C\cos\alpha_C\sin(\alpha_{AB} + \beta_C) \end{aligned}\right\} \tag{5-42}$$

D、C 间的平距 k 和方位角 α_{DC}：

$$\left.\begin{aligned} k &= \sqrt{(x_C - x_D)^2 + (y_C - y_D)^2} \\ \alpha_{DC} &= \arctan\frac{y_C - y_D}{x_C - x_D} \end{aligned}\right\} \tag{5-43}$$

C、P 之平距 d：

$$d = \frac{v}{f}k$$

P 点的坐标：

$$\left.\begin{aligned} x_P &= x_C + d\cos\alpha_{DC} \\ y_P &= y_C + d\cos\alpha_{DC} \end{aligned}\right\} \tag{5-44}$$

测站点到待测点的距离 D 和方位角 α_{AP}：

$$\left.\begin{aligned} D &= \sqrt{(x_P - x_A)^2 + (y_P - y_A)^2} \\ \alpha_{AP} &= \arctan\frac{y_P - y_A}{x_P - x_A} \end{aligned}\right\} \tag{5-45}$$

式中　β_C、β_D——边 AC 和 AD 边与已知边 AB 的水平夹角；当未知边 AC 和 AD 边在已知边 AB 的右侧时，式中取“$-\beta_C$”和“$-\beta_D$”；

其他符号与前面公式相同。

二、精度分析

从前面的介绍可知，全站仪偏心测量可有多种方式，其相应的计算公式亦有所不同，但它们都有一个共同的基本公式为式(5-37)。为此，我们先对式(5-37)的误差情况进行分析。

对式(5-37)取全微分并转换为中误差(不顾及已知数据误差)，可得 P 点的点位中误差为：

$$m_P^2 = m_{xP}^2 + m_{yP}^2 = \cos^2\alpha m_S^2 + S^2\sin^2\alpha\frac{m_\alpha^2}{\rho^2} + S^2\cos^2\alpha\frac{m_\beta^2}{\rho^2} \tag{5-46}$$

式中　m_α、m_β——垂直角和水平角的测角中误差；

m_S——测距中误差。

设 $m_\alpha = m_\beta$，因 $\cos^2\alpha \leqslant 1$，所以式(5-46)可写成：

$$m_P \leqslant \pm\sqrt{m_S^2 + S^2\frac{m_\beta^2}{\rho^2}} \tag{5-47}$$

取 $m_S = \pm(2+2\times10^{-6})$ mm，$m_\alpha = m_\beta = \pm2''\sqrt{2} = \pm3''$时，当 $S=100$ m 时，$m_P<3$ mm；当 $S=1\ 000$ m 时，$m_P<15$ mm。

由此可见，仅顾及测角和测距误差，全站仪的极坐标法测定点位的平面精度完全可以满足一般测量工作的要求。但在此基础上形成的全站仪偏心测量，其精度还需进一步分析。

如角度偏心测量，式(5-37)中的 S 和 α 分别为测站点 A 到偏心点 C(棱镜)的斜距和垂直角，并非是测站点 A 到 P 点的斜距和垂直角；代替的前提是测站点 A 到 P 点和到偏心点 C(棱镜)的距离相等，即 $D_{AP}=D_{AC}$；若不相等，将直接影响待测点的点位中误差。因此，角度偏心测量的主要误差来源于偏心点位置的选取。

同样，对于单距离偏心测量，其主要误差来源于偏心距 d 和偏心角 θ 测定误差；对于圆柱偏心测量，其主要误差来源于半径 R 的测定误差和偏心点位置的选取(即 AC 与 CP 是否垂直)。至于利用专制的两点式棱镜进行的双距离偏心测量，由于 f 和 v 可以精确量取，其测定误差主要来源于全站仪测定点 C 和 D 的误差。但应注意：由于 f 值较小(一般为 0.5m)，为了保证必要的精度，最大测量距离不要超过 100 m。

第六节　后方交会测量

全站仪后方交会测量是指通过观测待定点到两个控制点的水平距离来快速确定待定点的平面坐标(两边交会)。该方法因不需要已知点之间相互通视，不必考虑大气折光对长距离测角的影响，且大多数全站仪都有该方法的固化程序模块等优势，因此在控制、监测等实际测量工作中得到非常广泛的应用。一般在保证已知点位精度的前提下，所观测的已知点越多，待定点的精度也就越高。

一、后方交会测量的原理

如图 5-19 所示：A、B 为两个已知点，坐标分别为 (x_A, y_A)、(x_B, y_B)，两点之间的距离为 S_0，P 为待定点，在 P 点上设置全站仪，测距离 S_1 和 S_2，即可确定 P 点之坐标 (x_P, y_P)。为讨论方便，建立如图 5-19 所示的坐标系统，即以 A 为坐标系原点，AB 方向为y轴，与之垂直方向为 x 轴，则交会点 P 的坐标计算数学模型为：

$$\left.\begin{aligned} x_P &= S_1\sin\beta_1 \\ y_P &= S_1\cos\beta_1 \end{aligned}\right\} \tag{5-48}$$

在△PAB 中利用余弦定理有：

$$S_2^2 = S_1^2 + S_0^2 - 2S_1S_0\cos\beta_1$$

即

$$\cos\beta_1 = \frac{S_1^2 + S_0^2 - S_2^2}{2S_1S_0} \tag{5-49}$$

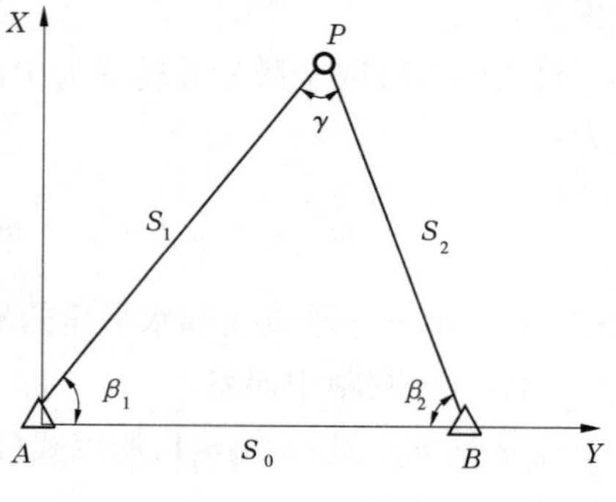

图 5-19　全站仪自由设站测边交会

二、精度分析

对式(5-49)进行全微分,并整理后得

$$d\beta_1 = \frac{dS_2 - \cos\gamma dS_1}{S_1 \sin\gamma} \tag{5-50}$$

对式(5-48)进行全微分得

$$\left.\begin{aligned} dx_P &= \sin\beta_1 dS_1 + S_1\cos\beta_1 d\beta_1 \\ dy_P &= \cos\beta_1 dS_1 - S_1\sin\beta_1 d\beta_1 \end{aligned}\right\} \tag{5-51}$$

将式(5-50)代入式(5-51)并整理后得

$$\left.\begin{aligned} dx_P &= \frac{\cos\beta_1}{\sin\gamma}dS_2 + \frac{\cos\beta_2}{\sin\gamma}dS_1 \\ dy_P &= -\frac{\sin\beta_1}{\sin\gamma}dS_2 + \frac{\sin\beta_2}{\sin\gamma}dS_1 \end{aligned}\right\} \tag{5-52}$$

利用误差传播定律可得 P 点的点位中误差:

$$m_P^2 = mx_P^2 + my_P^2 = \frac{m_{S_1}^2 + m_{S_2}^2}{\sin^2\gamma} \tag{5-53}$$

即

$$m_P = \pm \frac{1}{\sin\gamma}\sqrt{m_{S_1}^2 + m_{S_2}^2} \tag{5-54}$$

由式(5-54)可知,全站仪后方交会(测边交会)的精度,不仅与 S_1 和 S_2 的测距精度有关,而且与交会角度的大小有关。为确保待定点的观测精度,两点后方交会应注意的几个问题如下:

(1)保证已知点坐标值输入的正确性;

(2)应注意待定点与各已知点的夹角合理性。

若两个已知点之间的夹角十分狭小时将不能准确计算出测站点坐标。在测站与已知点的距离过长时,一般这个角度应为30°~150°,应避免待定点(测站)与已知点位于同一圆周(危险圆)上。

第七节　面积测量

目前,对土地面积的测量归纳起来大致可以分为两类。一类为直接计算面积法,它是依据实地所得坐标数据利用解析法直接计算图形面积,其主要适用于实地为相对规则的图形;另一类为图上量算面积法,它是在地形图(地籍图或土地利用现状图)上,按一定的精度要求,如《地籍调查规程》的要求,利用某种方法量算图形面积,而这些方法又是在图纸上量算,现实中由于图纸存在变形以及受测量仪器、作业方法等限制,这就给面积量算带来一定的误差,故在条件允许的情况下尽量使用第一类方法。

利用全站仪的面积测量功能可进行土地面积测量工作,并能自动计算显示所测地块的面积,特别适合于小范围的土地面积测量。

一、面积测量的原理与方法

如图 5-20 所示，1234 为任意四边形，欲测定其面积，可在适当位置 O 点安置全站仪，选定面积测量模式后，按顺时针方向分别在四边形各顶点 1、2、3、4 上竖立反射棱镜，并进行观测。观测完毕仪器就会瞬时地显示出该四边形的面积值。同法可以测定出任意多边形的面积。

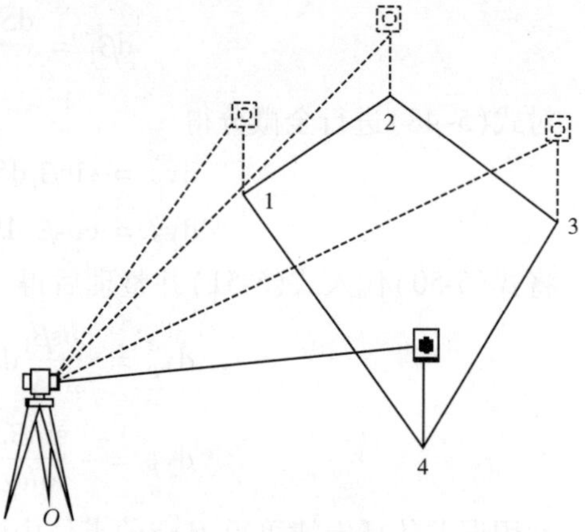

图 5-20　全站仪面积测量

全站仪的面积测量原理为：通过观测多边形各顶点的水平角 β_i、垂直角 α_i 以及斜距 S_i，先由观测数据自动计算出各顶点在测站坐标系 xOy 中的坐标 (x_i, y_i)。x 轴指向水平度盘 0°分划线，原点位于测站点 O 的铅垂线上，y 轴垂直于 x 轴。如图 5-21 所示。

$$\left.\begin{aligned} x_i &= S_i\cos\alpha_i\cos\beta_i \\ y_i &= S_i\cos\alpha_i\sin\beta_i \end{aligned}\right\} \qquad (5\text{-}55)$$

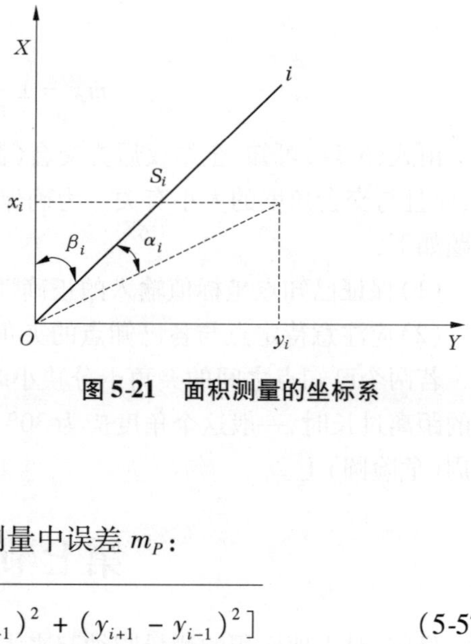

图 5-21　面积测量的坐标系

然后利用坐标值自动计算并显示被测 n 边形的面积 P：

$$P = \frac{1}{2}\sum_{i=1}^{n} x_i(y_{i+1} - y_{i-1})$$

或

$$P = \frac{1}{2}\sum_{i=1}^{n} y_i(x_{i-1} - x_{i+1}) \qquad (5\text{-}56)$$

式(5-56)中：当 $i = 1$ 时，$y_{i-1} = y_n$，$x_{i-1} = x_n$；当 $i = n$ 时，$y_{i+1} = y_1$，$x_{i+1} = x_1$。

二、精度分析

由式(5-56)，根据误差传播定律可得面积测量中误差 m_P：

$$m_P = m_i\sqrt{\frac{1}{8}\sum_{i=1}^{n}\left[(x_{i+1} - x_{i-1})^2 + (y_{i+1} - y_{i-1})^2\right]} \qquad (5\text{-}57)$$

式中　m_i——点位中误差。

因此，当被测图形已定时，全站仪的面积测量精度取决于多边形各顶点的点位测定精度。对式(5-55)进行全微分可得：

$$\left.\begin{aligned} dx_i &= \cos\alpha_i\cos\beta_i dS_i - S_i\cos\beta_i\sin\alpha_i\frac{d\alpha_i}{\rho} - S_i\cos\alpha_i\sin\beta_i\frac{d\beta_i}{\rho} \\ dy_i &= \cos\alpha_i\sin\beta_i dS_i - S_i\sin\beta_i\sin\alpha_i\frac{d\alpha_i}{\rho} - S_i\cos\alpha_i\cos\beta_i\frac{d\beta_i}{\rho} \end{aligned}\right\}$$

转换为中误差，则：

$$\left.\begin{aligned} m_{x_i}^2 &= \cos^2\alpha_i\cos^2\beta_i m_{S_i}^2 + S_i^2\cos^2\beta_i\sin^2\alpha_i\frac{m_{\alpha_i}^2}{\rho^2} + S_i^2\cos^2\alpha_i\sin^2\beta_i\frac{m_{\beta_i}^2}{\rho^2} \\ m_{y_i}^2 &= \cos^2\alpha_i\sin^2\beta_i m_{S_i}^2 + S_i^2\sin^2\beta_i\sin^2\alpha_i\frac{m_{\alpha_i}^2}{\rho^2} + S_i^2\cos^2\alpha_i\cos^2\beta_i\frac{m_{\beta_i}^2}{\rho^2} \end{aligned}\right\}$$

从而可得点位中误差：

$$m_i^2 = m_{x_i}^2 + m_{y_i}^2 = \cos^2\alpha_i m_{S_i}^2 + S_i^2\sin^2\alpha_i\frac{m_{\alpha_i}^2}{\rho^2} + S_i^2\cos^2\alpha_i\frac{m_{\beta_i}^2}{\rho^2} \tag{5-58}$$

因 $\cos^2\alpha_i \leqslant 1$、$m_{\alpha_i} = m_{\beta_i}$，所以有：

$$m_i^2 \leqslant m_{S_i}^2 + S_i^2\frac{m_{\alpha_i}^2}{\rho^2}$$

即

$$m_i \leqslant \pm\sqrt{m_{S_i}^2 + S_i^2\frac{m_{\alpha_i}^2}{\rho^2}} \tag{5-59}$$

现设 $m_{S_i} = \pm(2 + 2\times10^{-6}S_i)$ mm，$m_{\alpha_i} = \pm 2''\sqrt{2} = \pm 3''$，取不同的 S 值代入式(5-59)计算点位中误差，其部分结果列于表 5-2 中。

表 5-2　距离与点位误差的关系

S(m)	100	300	650	1 000
m_i(mm)	±2.64	±5.08	±10.01	±15.08

从式(5-59) 和表 5-2 中不难看出：一旦选定了全站仪，其点位测定的精度仅仅取决于测点距测站的远近，测点距测站越远，精度越低；当斜距小于 1 km 时，点位精度可以达到三等界址点的精度(±0.15 m)要求；当斜距小于 650 m 时，可以达到二等界址点的精度(±0.10 m)要求；斜距小于 300 m 时，则可以达到一等界址点的精度(±0.05 m)要求。

因此，全站仪的面积测量完全可以满足地籍测绘中的面积测量要求。同时，为了提高全站仪面积测量的精度，应注意以下几点：

(1)测站点应尽量靠近被测多边形，尽量减少距离长度；

(2)条件允许时，把全站仪安置在多边形内部的中点最佳，尽量使各点的距离长度相等；

(3)观测时，各测点必须按相同的顺序编号(顺时针或逆时针方向)，否则计算结果不正确；

(4)测点少于 3 个点时，会出现错误。

面积测量的观测方法示意见图 5-22，其具体步骤见图 5-23。

面积测量:通过测定闭合图形的各转点坐标,计算面积。

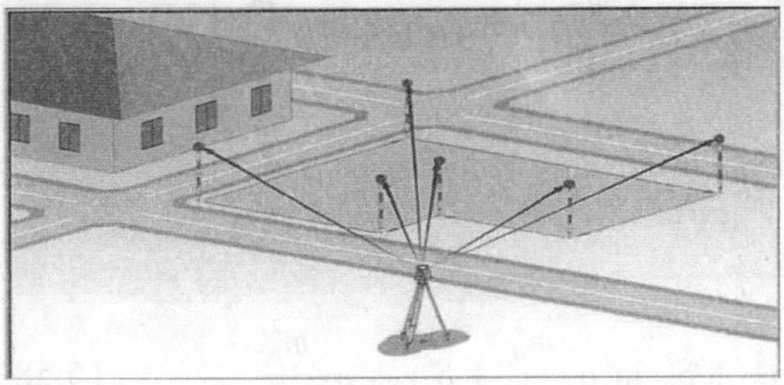

1. 点数 3 ~ 30 个
2. 点号顺序为顺时针或逆时针
3. 顺序点可以直接观测,也可以预先输入。

图 5-22　面积测量的观测方法

观测方法:

1.在测区适当位置安置仪器

2.在P2页选取<MENU>菜单， 选取[AREA]

3.照准P_1点棱镜，按[OBS]，再次按[OBS]开始测量显示测点坐标

4.按[OK]将P_1点记为01点

5.重复3、4步骤，按顺时针(或逆时针)依次完成剩余各点的观测

6.观测3个点后，示窗下出现[CALK]

7.按[CALK]计算并显示面积结果

8.按[OK]结束

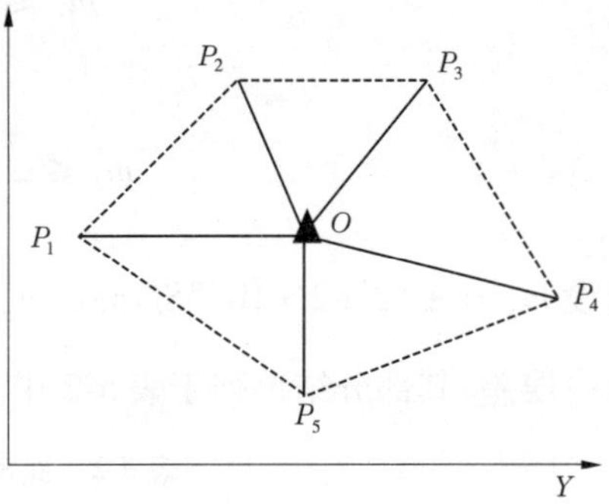

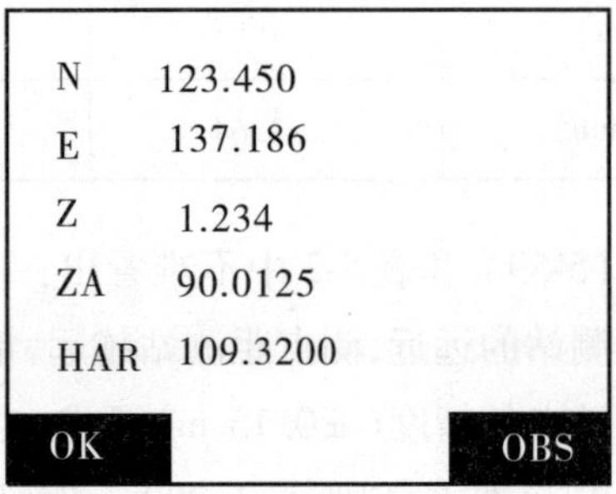

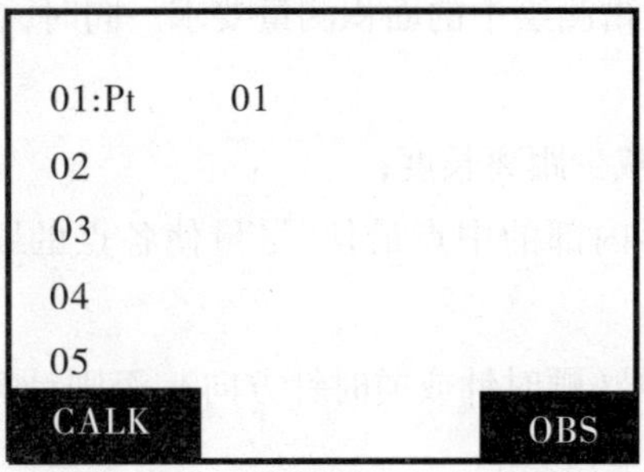

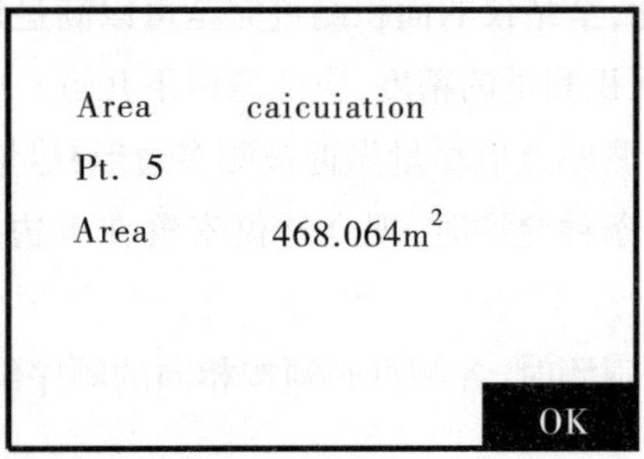

图 5-23　面积测量的步骤

第六章　全站仪的检定

全站仪经常在野外使用及在运输途中的振动和缺乏保养措施，会导致仪器的结构发生变化、电子元器件的自然老化等，也会导致仪器性能发生变化，造成技术指标降低。为了全面掌握仪器的性能，合理使用仪器并观测到合格的测量成果，仪器在使用过程中必须定期进行检定。由于全站仪是精密电子仪器，在使用过程中如出现问题或故障不要随意拆卸和调整，应到具有仪器鉴定资质的部门进行鉴定和维修。国家计量检定规程规定，全站仪的检定周期不能超过1年。

全站仪的检定项目可分为三部分，即光电测距系统的检定、电子测角系统的检定、数据采集系统的检定。全站仪的三部分是一个整体，为便于讲解，把公用部分放在一起作为全站仪的综合检定。

第一节　全站仪的综合检定

全站仪综合检定的项目有：

(1)水准器的正确性；

(2)光学对中的正确性；

(3)望远镜十字丝的正确性；

(4)望远镜调焦的正确性；

(5)外观和键盘功能的检验；

(6)工作电压显示的正确性；

(7)照准部旋转的正确性；

(8)测距轴与视准轴的重合性。

以上各项检定工作须在常温下进行，检定时气象条件相对稳定，仪器安置稳定可靠。可以在室内设置的检验校正台上或室外进行，其中(1)~(4)项的检验与校正与光学经纬仪相同，并注意水准器的检验与校正应先长水准器后圆水准器。其他检验项目具体如下所述。

一、外观和键盘功能的检验

外观和键盘功能的检验项目如下：

(1)仪器表面不得有碰伤、划痕、脱漆和锈蚀；盖板及部件接合整齐，密封性好。

(2)光学部件表面清洁、无擦痕、霉斑、麻点、脱膜等现象；望远镜十字丝成像清晰、粗细均匀、视场明亮、亮度均匀；目镜调焦及物镜调焦转动平稳，不得有分划影像晃动或自行滑动的现象。

(3)长水准器和圆水准器不应有松动；脚螺旋转动松紧适度无晃动；水平和垂直制动

及微动机构运转平稳可靠、无跳动现象；组合式全站仪中，电子经纬仪与测距仪的连接机构可靠。仪器和基座的连接锁紧机构可靠。

(4)操作键盘上各按键反应灵敏，每个键的功能正常；通过键的组合读取显示数据及存储或传送数据功能正常。

(5)液晶显示屏显示提示符号，字母及数字清晰、完整、对比度适当。

(6)数据输出接口、外接电源接口完好，内接电池接触良好，内(外)接电池容量充足，充电器完好。

(7)记录存储卡完好无损，表面清洁，在仪器上能顺当地装入或取下，存储卡内装钮扣电池容量充足，磁卡阅读器完好。

(8)使用中和修理后的仪器，其外表或某些部件不得有影响仪器准确度和技术功能的一些缺陷。

二、工作电压显示的正确性检验

工作电压显示的正确性检验项目如下：

(1)仪器开机后如有电压指示，可读记仪器显示的电压指示数据，其电压应与说明书提供的额定电压数据一致。

(2)若仪器显示的电压指示数据与说明书上不一致，应测试仪器正常工作状态下的工作电压，可读记稳压电源的电压或用万能表测试仪器电源电池的电压，其电压应为该仪器的工作电压。

(3)仪器开机后，显示的工作电压和测试的工作电压均与说明书上的要求不一致时，则该仪器工作状态不正常，应进行维修。

三、全站仪照准部旋转正确性的检验

机内没有测试垂直轴稳定性的专门指令程序的全站仪，其检验方法和技术要求与光学经纬仪相同。机内配有测试垂直轴倾斜专门指令的全站仪，可从显示的垂直轴倾斜量的变化幅度检验其照准部旋转的正确性。检验步骤如下：

(1)仪器安置于稳定的仪器观测墩上并精确整平，顺时针和逆时针转动照准部几周，设置水平方向读数为零。

(2)输入测试指令，顺时针转动照准部，从显示屏记下0°位置和每隔45°各位置上垂直轴倾斜量(带符号)，连续顺时针转两周。

(3)再逆转照准部并每隔45°读记一次，连续逆转两周。

(4)计算照准部对应180°位置的两读数之和，测回内的互差值应小于4″，整个过程中各次读数的最大差值应小于15″。

四、测距轴和视准轴重合性的检定

全站仪的测距轴和视准轴重合条件为发射出的调制光束应以视准轴为轴心，上下左右对称，其不对称偏差应≤1.5′。

在相距50～100 m的水平距离两端分别安置仪器与棱镜，检定步骤为：

(1)照准棱镜中心,读取水平方向读数 H 及垂直角 α。

(2)分别向左、右(水平方向)偏移望远镜,直到接收信号减弱到临界值(不能正常测距)为止,分别读取水平读数 H_1 和 H_2。

(3)分别向上、下(竖直方向)偏移望远镜,直到接收信号减弱到临界值,分别读取垂直角 α_1 和 α_2。

(4)计算水平角及垂直角的张角绝对值:

$$\Delta H_1 = | H_1 - H | ;\Delta H_2 = | H_2 - H |$$

$$\Delta\alpha_1 = | \alpha_1 - \alpha | ;\Delta\alpha_2 = | \alpha_2 - \alpha |$$

若($\Delta H_1 - \Delta H_2$)及($\Delta\alpha_1 - \Delta\alpha_2$)均小于等于 $1.5'$,则合格。

以上检定操作,也可以与偏移法进行光电测距单元相位均匀性的检定结合起来进行。对于组合式全站仪检定,还需要检定测距光轴与经纬仪视准轴的平行性。

第二节　光电测距系统的检定

光电测距系统检定的项目有:

(1)棱镜杆的垂直度;

(2)棱镜常数的一致性;

(3)调制光相位均匀性;

(4)幅相误差;

(5)电压变化对测距的影响;

(6)周期误差;

(7)测尺频率;

(8)加常数和乘常数;

(9)内、外部符合精度、标称精度的综合评定;

(10)最大测距(测程)。

以上各项检定工作须在常温下进行,检定时气象条件相对稳定,气压与温度变化对测距的影响应小于1 mm/km。检定过程中,仪器不应受强磁场、电场、障碍物及反光物等的干扰。与测距仪配套使用的其他计量仪,应按相应检定规程的要求进行检定。检定中使用的长度基线全长精度应优于 1×10^{-6}。

其中仪器的周期误差、加常数和乘常数是仪器的三项主要系统误差。下面仅对仪器检验的主要项目加以介绍。

一、调制光相位不均匀性的检定

(一)调制光相位不均匀性误差

使用砷化镓(GaAs)半导体光源所发出的光是一种面光源,发光面直径一般 Φ = 50 μm,当向发光管注入调制电流时,发光面上各点由于电子和空穴复合速度不同导致光的调制相位不同,这种现象称为发光管相位不均匀性。一般 GaAs 发光管的边缘光比中心光相位延迟,造成测量相位的不均匀性误差对测距成果产生影响。

其次，由于仪器发射调制光的发散角为2′～4′，随着被测距离的增加，反光镜所截取光斑面积迅速变小，反光镜只能将调制光束的部分光返回主机。若照准部正确，仪器接收到光斑中心部位的调制光，由于发光管相位的不均匀性，就使得因截取光斑面积的不同而接收到的平均相位产生变异，并反映出一种系统性误差。这种情况发生在测距仪瞄准有偏差时特别严重。

（二）检定方法

发射光束相位均匀性的检定，一般可采用偏移照准法和反光镜二维移动法。

偏移照准法是固定棱镜偏移仪器照准部的测试方法；而反光棱镜二维移动法，则是将仪器对准反光镜中心后，用仪器照准视线不动而将反光镜左右和上下移动。

（三）偏移照准法的方法与步骤

选择长为50～100 m的检定场地，两端分别安置全站仪与反射棱镜。

（1）打开电源开关，将仪器正确照准棱镜中心，读一组数（一般5次读数为一组）取平均值D_0。

（2）依次分别转动仪器的水平（或垂直）微动螺旋，使仪器分别在其瞄准十字丝的水平和竖直方向左右和上下偏移直到光强不能正常读数为止，每偏移1′读一组数，取其平均值D_i。

（3）将偏移点上的测距平均值D_i与照准反光镜中心测距平均值D_0相比较，求出差值$\Delta D_i = D_0 - D_i$。

（4）绘制等相位曲线图，将ΔD_i在方格纸上标出，描绘等值曲线；取仪器出厂标称精度的固定误差部分的二分之一值，用虚线描绘等值曲线，则虚线所围的区域为允许照准偏差范围。等相位曲线如图6-1所示。

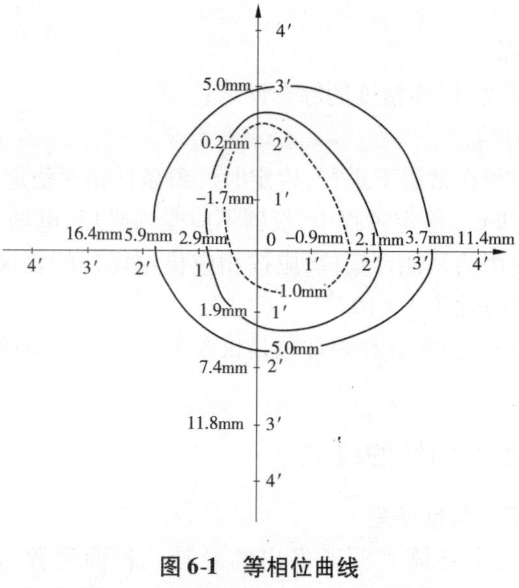

图6-1　等相位曲线

（四）反射棱镜二维移动法的方法与步骤

反射棱镜二维移动法的方法与步骤如下：

(1)将反光棱镜安置在一个左右和上下可作 20 mm × 20 mm 范围内任意移动的平台上；

(2)仪器照准棱镜中心后读取一组读数并取平均数得 D_0，并固定仪器照准部；

(3)棱镜在竖直面内作上下、左右移动并分别读取相应的读数 D_i（每组 5 次读数取平均）；

(4)根据相应的差值 $\Delta D_i = D_0 - D_i$，画等相位曲线。

二、周期误差的检定

所谓周期误差是指按一定的距离为周期重复出现的误差。周期误差主要来源于仪器内部固定的窜扰信号，如发射信号通过电子开关、电源线等通道窜到接收部分，此时相位计测得的相位值就不单是测距信号的相位值，而且包含有窜扰信号的相位值，这就使测距产生误差。由于测量相位的方式不同，其误差来源也有所不同，一般地说，周期误差的周期取决于精测尺长。

为了保证仪器的精度，仪器在出厂时都已将电子线路调整好，使周期误差的振幅压低到仪器测距中误差的 50% 以内。但由于外界条件、电子元件参数的变化等原因，周期误差也随之变化，所以必须测定周期误差。当其振幅大于测距中误差的 50%，并且数值较为稳定时，则在测距中必须加入周期误差的改正数。

（一）周期误差的检定方法

周期误差的检定一般采用平台法。

平台全长应大于测距的精测尺长度，常见仪器的精测尺长有 10、20、30 m。若建造永久性的通用平台，一般取 35 m；平台的平直度应优于 5×10^{-5}；平台与仪器墩（或脚架）的高差不大于 2 mm 且在同一方向线上。

平台全长上分段数可取 $n=20$（每段长 d 可取仪器精测尺长 $\lambda/2$ 的 1/40 或 1/20），这已保证算出周期误差振幅精度 $m_A \leqslant \frac{1}{3}m_D$（$m_D$ 为仪器检测时测试的中误差，即单位权中误差）。若 $n=10$，则 $m_A \leqslant \frac{1}{2}m_D$，只能刚好达到检测要求。

平台上分段长 d 的精度要求达到 ±(0.1 ~ 0.2) mm。

（二）观测方法与步骤

如图 6-2 所示，被检测主机安置在距平台 20 m 处的平台中心轴线的延长线上，安置高度与平台上棱镜相同。首先，将反光镜整平对中在平台的第 1 点上测得距离 D_1，再由近及远依次观测（往测），取 5 次读数为 1 组，依次观测完 21 个点，然后由远及近依次观测（返测），取往返观测平均值作为相应各点距离值。

（三）周期误差元素的计算及精度的评定

根据 n 组观测值，求周期误差振幅 A、初相角 φ_0 及精度的评定按间接平差进行。改正数计算公式如下：

$$v_i = A\sin(\varphi_0 + \varphi_i) \tag{6-1}$$

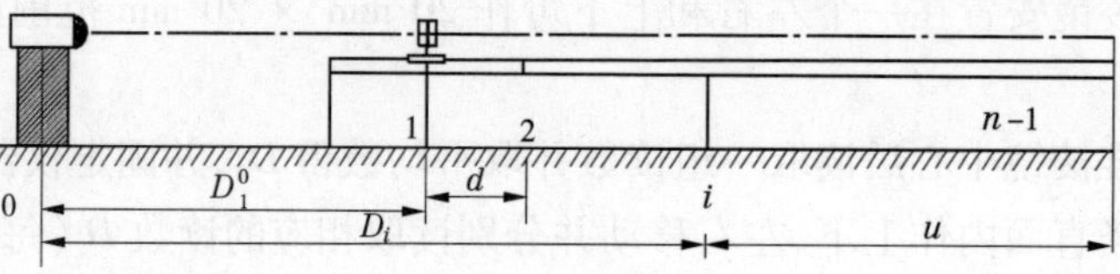

图 6-2　周期误差检定平台

式中　φ_i——待测距离相应的相位角，$\varphi_i = \dfrac{D_i}{\lambda/2} \times 360°$；

v_i——周期误差的改正数；

A——周期误差的振幅；

φ_0——初始相位角。

设 D_1^0 为 0~1 的近似距离，δ 为其改正值，v_1 为距离观测值 D_1 的改正数，K 为加常数改正值，则对第 1 段距离可以列出以下公式：

$$D_1 + K + A\sin(\varphi_1 + \varphi_0) + v_1 = D_1^0 + \delta \tag{6-2}$$

整理后得到观测值方程式：

$$v_1 = (\delta - K) - A\sin(\varphi_1 + \varphi_0) + (D_1^0 - D_1) \tag{6-3}$$

同理可得到第 i 段的观测值方程式：

$$v_i = (\delta - K) - A\sin(\varphi_1 + \varphi_0) + [D_1^0 + (i-1)d - D_i) \tag{6-4}$$

式中　d——相邻两点间的距离。

令 $c = \delta - K, x = A\cos\varphi_0, y = A\sin\varphi_0, l_i = D_1^0 + (i-1)d - D_i$，则得误差方程为：

$$v_i = c - \sin\varphi_i x - \cos\varphi_i y + l_i \tag{6-5}$$

由于 φ_i 在 2π 范围内均匀分布和对称分布，因此法方程式非自乘项都为零，而自乘系数则为 $n/2$。法方程式为：

$$\left.\begin{aligned} nc + \sum_{i=1}^{n} l_i &= 0 \\ \frac{n}{2}x - \sum_{i=1}^{n} \sin\varphi_i l_i &= 0 \\ \frac{n}{2}y - \sum_{i=1}^{n} \cos\varphi_i l_i &= 0 \end{aligned}\right\} \tag{6-6}$$

未知参数解为：

$$c = \delta - K = \frac{-\sum_{i=1}^{n} l_i}{n}, x = \frac{2}{n}\sum_{i=1}^{n} \sin\varphi_i l_i, y = \frac{2}{n}\sum_{i=1}^{n} \cos\varphi_i l_i$$

根据 x、y 求得周期误差的振幅 A 与初始相角 φ_0 为：

$$\left.\begin{aligned} A &= \sqrt{x^2 + y^2} \\ \varphi_0 &= \arctan\frac{y}{x} \end{aligned}\right\} \tag{6-7}$$

改正数的平方和按下式计算：

$$[vv] = \sum_{i=1}^{n} l_i^2 - nc^2 - \frac{n}{2}x^2 - \frac{n}{2}y^2 \tag{6-8}$$

距离观测值与振幅及初始相角测定的精度为：

$$\left.\begin{aligned} m_0 &= \pm\sqrt{\frac{[vv]}{n-3}} \\ m_A &= m_0\sqrt{\frac{2}{n}} \\ m_{\varphi 0} &= \left(\frac{m_A}{A}\right)\rho \end{aligned}\right\} \tag{6-9}$$

三、仪器加常数和乘常数的检定

仪器加常数是由于仪器的电子中心与其机械中心不重合而形成的；乘常数是由于测距频率偏移产生的。仪器加常数实际包括仪器加常数和棱镜加常数，棱镜加常数由厂家按不同型号标出，一般为 $PC=0$ 或 $PC=-30$ mm。

仪器加常数一般在测距仪调试中使其为零，但不可能完全为零，即存在剩余值，所以又称剩余加常数，它与被测距离的大小无关，检定后可以在测距成果中加入加常数改正。仪器的乘常数与被测距离的大小成正比，又称为比例因子，通过一定的检定方法可以求得，必要时在测距成果中加入乘常数改正。

检测测距仪的加常数和乘常数的方法有多种，最常用的是基线比较法，它同时可以测定仪器加常数 K 和乘常数 C。

（一）基线比较法的基本原理

基线比较法是在野外已知标准长度的基线场上进行的，将仪器观测距离值与已知长度相比较，用间接平差求得仪器的加常数 K 和乘常数 C。

设置一条基线，其长度在几百米至 2km，将其分为 d_1、d_2、…、d_n 段，如图 6-3 所示。

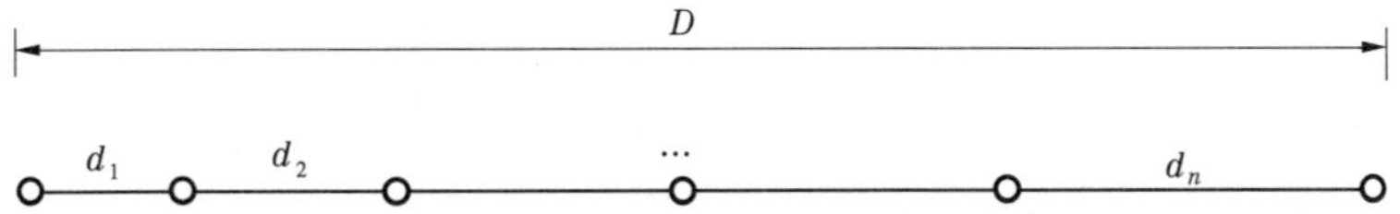

图 6-3　基线比较法测定仪器加常数和乘常数

经观测可得 D 及各分段 d_i 的观测值，设仪器的加常数为 K，则：

$$D + K = (d_1 + K) + (d_2 + K) + \cdots + (d_n + K)$$

由此得：

$$K = \frac{D - \sum_{i=1}^{n} d_i}{n-1} \tag{6-10}$$

将式(6-10)微分，根据误差传播定律，则得加常数 K 的精度估算值：

$$m_K = \pm\sqrt{\frac{n+1}{(n-1)^2}}m_d \tag{6-11}$$

式中　m_d——等精度观测值的测距中误差。

一般要求加常数测定中误差 m_K 应小于仪器测距中误差 m_d 的1/2，即 $m_K \leqslant 0.5m_d$，将 $m_K = 0.5m_d$ 代入式(6-11)，求得 $n = 6.5$，取 $n = 6$。所以，一般基线场将基线分为六段，故又称六段比较法。为了提高测距精度，需增加多余观测，所以采用全组合观测法可得21个距离观测值。

(二)基线场的要求

具有测绘仪器检定资格的单位，必须备有检定测距仪的基线场。

基线场应选择在环境安静、不受外界干扰的地方，稳固地埋设观测墩(六段法可埋设7个观测墩)；观测墩的顶部，预埋安置仪器和棱镜的连接螺丝，并使其位于同一直线和同一水平面上。

基线场上各观测墩间的距离应用铟钢尺精确测定，其准确度应优于 2×10^{-5}，并定期进行检测。

(三)基线场上的作业步骤

基线场上的作业步骤如下：

(1)基线场上各观测墩，依次按0、1、2、…、6顺序编号。

(2)将仪器安置于0号墩，棱镜依次安置于1、2、…、6号墩，各基线段上的观测均为一次照准，取5次读数求平均值，分别测得各基线段的距离观测值为 d_{01}、d_{02}、d_{03}、d_{04}、d_{05}、d_{06}。

(3)将仪器分别安置于1、2、3、4、5测定的距离观测值如下，为了全面考查仪器的性能，最好将21个被测距离长度大致均匀地分布于仪器的最佳测程之内。

$$
\begin{matrix}
d_{01} & d_{02} & d_{03} & d_{04} & d_{05} & d_{06} \\
 & d_{12} & d_{13} & d_{14} & d_{15} & d_{16} \\
 & & d_{23} & d_{24} & d_{25} & d_{26} \\
 & & & d_{34} & d_{35} & d_{36} \\
 & & & & d_{45} & d_{46} \\
 & & & & & d_{56}
\end{matrix}
$$

(四)仪器加常数和乘常数的计算

设第 i 段基线长度值为 D_i^0，用全站仪观测的距离经气象改正后的平面距离为 d_i，仪器加常数为 K，乘常数为 C，则观测值误差方程为：

$$d_i + K + d_iC + v_i = D_i^0 \tag{6-12}$$

令　$l_i = D_i^0 - d_i$，则误差方程式为：

$$v_i = -K - d_iC + l_i \tag{6-13}$$

设为等精度观测，则由 $n(21)$ 个误差方程组成的法方程式为：

$$\begin{pmatrix} n & [d] \\ [d] & [dd] \end{pmatrix}\begin{pmatrix} K \\ C \end{pmatrix} - \begin{pmatrix} [l] \\ [dl] \end{pmatrix} = 0 \tag{6-14}$$

仪器加常数和乘常数的解为：

$$\begin{pmatrix} K \\ C \end{pmatrix} = \begin{bmatrix} Q_{11} & Q_{12} \\ Q_{21} & Q_{22} \end{bmatrix} \begin{pmatrix} [l] \\ [dl] \end{pmatrix} \tag{6-15}$$

式(6-15)中，Q_{11}、Q_{22}、Q_{12}、Q_{21}为未知数的协因数阵(法方程系数阵的逆阵)，即：

$$\left.\begin{aligned} Q_{11} &= \frac{[dd]}{n[dd]-[d]^2} \\ Q_{12} &= Q_{21} = -\frac{[d]}{n[dd]-[d]^2} \\ Q_{22} &= \frac{n}{n[dd]-[d]^2} \\ K &= [l]Q_{11} + [dl]Q_{12} \\ C &= [l]Q_{12} + [dl]Q_{22} \\ [vv] &= [ll] - [l]K - [dl]C \end{aligned}\right\} \tag{6-16}$$

加常数和乘常数测定的中误差计算公式为：

$$\left.\begin{aligned} m_0 &= \pm\sqrt{\frac{[vv]}{n-1}} \\ m_K &= m_0\sqrt{Q_{11}} \\ m_C &= m_0\sqrt{Q_{22}} \end{aligned}\right\} \tag{6-17}$$

为了检验所测定的距离，加常数、乘常数用下列关系式的离散程度进行相关性检验：

$$D_i^0 - d_i = K + d_iC \tag{6-18}$$

其计算式为：

$$r = \frac{[(d_i-\bar{d})(l_i-\bar{l})]}{\sqrt{[(d_i-\bar{d})^2]}\sqrt{[(l_i-\bar{l})^2]}} \tag{6-19}$$

相关系数法检验时如果显著水平取 $\alpha = 0.05$，由自由度 $n-2$(六段法 $n-2=19$)查表6-1，可得相关系数临界值 $r_0 = 0.433$。当 $r > r_0 = 0.433$ 时，线性回归成立。

四、仪器的内、外部符合精度和标称精度的综合评定

(一)仪器内部符合精度的检定

仪器内部符合精度是仪器对某段距离进行多次重复测量的观测值之间的符合精度，应小于仪器标称精度的1/4。检定方法是：在室内走廊约30m距离两端分别安置仪器与棱镜，在仪器一次照准棱镜后连续测距30次，按下式计算一次测定的中误差。

$$m_{内} = \pm\sqrt{\frac{[vv]}{n-1}} \tag{6-20}$$

$$v_i = d_i - \bar{D}$$

平均值中误差：

$$\bar{m} = \pm\frac{m_{内}}{\sqrt{n}} \tag{6-21}$$

表 6-1　相关系数临界值表

自由度	显著水平		自由度	显著水平	
	0.05	0.01		0.05	0.01
1	0.997	1.000	16	0.468	0.590
2	0.950	0.990	17	0.456	0.575
3	0.878	0.959	18	0.444	0.561
4	0.811	0.917	19	0.433	0.549
5	0.754	0.874	20	0.423	0.537
6	0.707	0.834	21	0.413	0.526
7	0.646	0.798	22	0.404	0.515
8	0.632	0.765	23	0.396	0.505
9	0.602	0.735	24	0.388	0.496
10	0.576	0.708	25	0.381	0.487
11	0.553	0.684	26	0.374	0.478
12	0.532	0.661	27	0.367	0.470
13	0.514	0.641	28	0.361	0.463
14	0.497	0.623	29	0.355	0.456
15	0.482	0.606	30	0.349	0.449

相对中误差：

$$\frac{\overline{m}}{\overline{D}} = \frac{1}{M} \tag{6-22}$$

式中　v_i——第 i 次观测值与平均值之差；

d_i——第 i 次观测值；

n——连续观测的次数；

$\overline{D}$——n 次观测的平均值。

内部符合精度主要反映仪器的测量相位误差及外界观测条件的影响，而仪器的加常数、乘常数、周期误差、对中误差的影响不能反映出来，所以计算出的精度一般偏高。

（二）仪器外部符合精度的检定

外部符合精度是在标准基线两端（基线长 1～2 km）分别安置仪器与棱镜，连续测 10 次，经过各项改正后取其平均值与基线标准距离比较，并求出相对误差，其计算式为：

$$K = \frac{\overline{D} - D_0}{D_0} \tag{6-23}$$

式中　$\overline{D}$——n 次观测经过各项改正后的平均值；

D_0——基线的标准长度。

外部符合精度能够比较客观地评价测距精度。

综上所述，内部符合精度很容易通过实验得出，外部符合精度不易实现。多年来，人们进行了大量的实验研究，在实践的基础上得出：$m_{外} \approx \sqrt{2} m_{内}$。

（三）标称精度的综合评定

根据基线场上基线段的标准长度 D_i^0 及相应的观测值 d_i（须进行频率、气象、倾斜及常数等改正），用公式 $m_D = \pm(a + bD)$ 表示仪器的测距标称精度，其中：

$$a = \frac{[d][dl] - [dd][l]}{[d]^2 - n[dd]} \times 1.25 \qquad b = \frac{[d][l] - n[dl]}{[d]^2 - n[dd]} \times 1.25 \tag{6-24}$$

式中 n——基线段数；

$l_i = |D_i^0 - d_i|$；

a——测距精度的固定误差部分，mm；

b——测距精度的比例误差系数，mm/km。

计算得出的标称精度应小于仪器出厂的标称精度。

仪器出厂时，其标称精度一般以 $m = \pm(A + B \cdot D)$ 的形式给出。A、B 值是用改正后的观测值与相应的基线值比较，用回归法求出，在使用时可以直接使用仪器标称精度进行估算。

五、棱镜杆的垂直度和棱镜常数一致性检验

棱镜杆的倾斜误差对测距和测角都会产生影响，在使用多棱镜进行测量作业时，必须使用同型号的棱镜。因为全站仪的棱镜常数设置只有一个，所以各棱镜常数必须一致。

（一）仪器法

（1）在棱镜杆 90°方向设置两台经纬仪，并精确整平仪器；

（2）指挥棱镜杆操作者，使其在两个方向都处于铅垂位置；

（3）调整棱镜杆的圆水准器螺丝使气泡居中。重复 2～3 次即可。

（二）垂线法

（1）如图 6-4 所示，选择合适高度位置悬挂垂线固定点 O，放下垂线，等稳定后，在其正下方的地面作一个清晰的点位标记 P，使两点在同一铅垂线上；

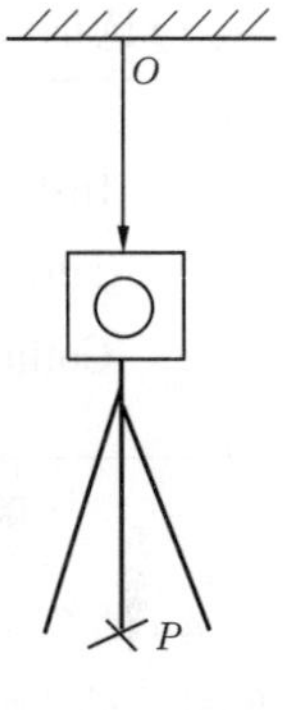

图 6-4　垂线法

（2）棱镜杆安置于 P 点，对中、整平；

（3）调整棱镜杆支架，使悬挂垂线与棱镜杆顶部中心重合，棱镜杆的圆水准器将不居中；

（4）调整棱镜杆的圆水准器螺丝使气泡居中。重复 2～3 次即可。

（三）棱镜常数一致性检验

选择 50～100 m 的距离，分别固定安置仪器和棱镜杆。更换棱镜所测量的距离应相同。

第三节　电子测角系统的检定

电子测角系统的检定项目有：

（1）倾斜补偿器的零位误差、补偿范围和补偿准确度；

（2）照准误差 c、横轴误差 i、垂直度盘指标差 x；

(3)水平方向的标准偏差(一测回);

(4)垂直角度的标准偏差(一测回)。

电子测角系统的检定工作必须在仪器检定室内常温下进行。仪器检定室内,应保持干燥、清洁,不受强电场、磁场干扰和振动;安置仪器的升降台应能平稳升降,平行光管十字丝清晰,并按设置要求正确调整光轴,使其与被检测仪器的视准轴尽量重合。

下面对电子测角系统的主要检定项目加以介绍。

一、倾斜补偿器的检定

补偿器的零位差是补偿器与铅垂方向不一致的误差,称补偿器指标差,预置此项误差,以保证补偿器在自动补偿时加入零位差改正。当仪器的垂直轴绝对垂直时补偿器应处于绝对的零位,而垂直轴倾斜时,补偿器的自动改正量才能是完全正确的。为了消除补偿器零位误差,各类全站仪校正零位误差指令大同小异,在操作说明书中均有操作步骤。

如 SOKKIA 全站仪(使用"双轴补偿器")在用户应用程序中也向用户提供了"补偿器零位改正"功能,即"Tilt offset"功能。其调整步骤如下:

(1)精确整平仪器,将水平方向读数显示设置为零。

(2)进入 < Tilt offset > 屏幕,在设置模式下选取"Instr const"显示 X 和 Y 方向上的当前改正值,如图 6-5 所示。

(3)选取"Tilt X Y"后,按[↙]键,显示 X 和 Y 方向上的倾角值,如图 6-6 所示。

```
Instr   const
Tilt.   X400   Y400
Collimation
```

图 6-5　当前改正值

```
Tilt      offset
X         -0°01′23″
Y         -0°00′04″
HAR 184°14′50″
```

图 6-6　倾角值

(4)稍等片刻,等待显示数据稳定后读取自动补偿倾角值 X_1 和 Y_1,松开水平制动将照准部转动 180°,水平制动后等显示稳定后读取自动补偿倾角 X_2 和 Y_2。

(5)用下面公式计算倾斜传感器零点偏差值:

$$X\text{方向偏差} = (X_1 + X_2)/2$$

$$Y\text{方向偏差} = (Y_1 + Y_2)/2$$

计算所得偏差均在 ±20″以内,则不需校正;否则按以下步骤进行校正。

(6)在步骤(3)中的按[OK]键,存储 X_2 和 Y_2 值并将水平方向值设置为零,屏幕显示 Take F2。

(7)转动照准部 180°,稍候片刻等显示稳定后按[YES]键存储 X_1 和 Y_1 的值,屏幕显示出 X 和 Y 方向上的原改正值和新改正值,如图 6-7 所示。

```
Tilt      offset
Current   X400   Y400
New       X408   Y396
          NO   YES
```

图 6-7　新改正值

(8)确认所显示的改正数值是否在校正范围内,若 X 和 Y 均在 400 ±20 范围内,按[NO]键,对原来改正值进行更新后返回〈Instr offset〉屏幕，然后按[↙]键。

(9)然后重复步骤(4)，按步骤(5)的公式重新进行计算。

若计算所得偏差均在20″以内，说明倾斜传感器零点偏差已校正好。

二、照准误差 c、横轴误差 i、垂直度盘指标差 x 的检定

全站仪电子测角系统的主要轴线包括：视准轴 C、水平轴（横轴）H、垂直轴（竖直轴）V，安置仪器后的三轴正确关系应为 $C \perp H$、$H \perp V$，V 处于铅垂方向。由于仪器本身的误差及在使用过程中的变化，从而产生照准误差 c、横轴误差 i、垂直度盘指标差 x。

（一）限差要求

各等级仪器照准误差 c、横轴误差 i、垂直度盘指标差 x 值的限差值见表6-2。

表6-2　各等级仪器 c、i、x 值的限差

仪器等级	Ⅰ	Ⅱ	Ⅲ	Ⅳ
照准误差 c	≤6″	≤8″	≤10″	≤16″
横轴误差 i	≤10″	≤15″	≤20″	≤30″
垂直度盘指标差 x	≤12″	≤ 16″	≤20″	≤30″

（二）检定前的准备工作

(1)对具有按一定程序测定并存储视准轴误差、横轴误差及垂直度盘指标差的全站仪，先进行检验及预置存储，然后，检定仪器残余的 c、i、x。

(2)对具有倾斜补偿功能的全站仪，检定时利用显示器显示的仪器垂直轴在 X 和 Y 方向的倾斜值，精确整平仪器，直到 X 和 Y 值为0°±1″，也可以按一定程序将 X 和 Y 方向的倾斜值存入仪器内，以便自动对方向值进行改正。

（三）检定设备及要求

由于全站仪具有比较正确和稳定的测微读数系统和对仪器垂直轴倾斜误差的自动补偿改正功能，因此可以在室内以平行光管的十字丝为照准目标，按"高—平—低点法"同时进行照准误差 c、横轴误差 i、垂直度盘指标差 x 的检定，如图6-8所示。

在仪器检定室内，设置稳定的仪器升降台，水平点的平行光管安置在与仪器同高处，使仪器光轴尽量与平行光管的中心重合。另两台平行光管分别安置在水平点平行光管上方及下方，作为高点及低点，其倾角为±20°～±35°，高、低两点的对称差值应小于30′。

（四）检定方法及观测步骤

(1)盘左(L)观测：

照准高点，读取水平读数 L_1、垂直角读数 α_{L_1}；照准水平点，读取水平读数 L_0、垂直角读数 α_{L_0}；照准低点，读取水平读数 L_2、垂直角读数 α_{L_2}。

(2)盘右(R)观测：

照准低点，读取水平读数 R_2、垂直角读数 α_{R_2}；照准水平点，读取水平读数 R_0、垂直角读数 α_{R_0}；照准高点，读取水平读数 R_1、垂直角读数 α_{R_1}。

以上观测步骤为一个测回。

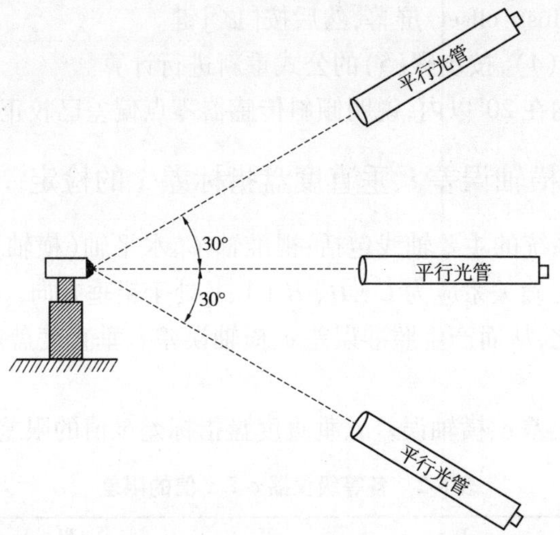

图 6-8 照准误差、横轴误差、垂直度盘指标差的检定

(五)检定结果的计算

照准误差：

$$c = \frac{1}{2n}\sum_{i=1}^{n}(L_{0i} - R_{0i}) \tag{6-25}$$

横轴误差：

$$i = \frac{1}{4n}\left[\sum_{i=1}^{n}(L_{1i} - R_{1i}) - \sum_{i=1}^{n}(L_{2i} - R_{2i})\right]\cot\alpha \tag{6-26}$$

式中 $\alpha = \frac{1}{2}(\alpha_1 - \alpha_2)$。

垂直度盘指标差：

$$x = \frac{1}{2n}\sum_{i=1}^{n}[360° - (\alpha_{L0i} + \alpha_{R0i})] \tag{6-27}$$

式中 n——测回数。

水平度盘读数 R 在计算时应顾及 ±180°。

三、水平方向标准差的测定

水平方向的标准差，反映全站仪(电子经纬仪)电子测角系统的精度及性能，是评定该仪器测角精度的一个重要指标，也是仪器制造者和使用者最关心的问题。检定原理及方法与控制测量中方向观测法的测站平差相同。

(一)限差要求

各等级全站仪及电子经纬仪的限差要求见表 6-3。

(二)检定设备的布置

如图 6-9 所示，在室内中心位置设仪器观测升降台。在升降台水平方向圆周上设置 4～6个平行光管，作为照准目标。

表 6-3　各等级全站仪及电子经纬仪的限差

仪器等级	Ⅰ		Ⅱ		Ⅲ		Ⅳ	
出厂标称准确度值	±0.5″	±1″	±1.5″	±2.0″	±3″	±5″	±6″	±10″
一测回水平方向标准差	≤0.5″	≤0.7″	≤1.1″	≤1.4″	≤2.1″	≤3.6″	≤3.6″	≤7.0″

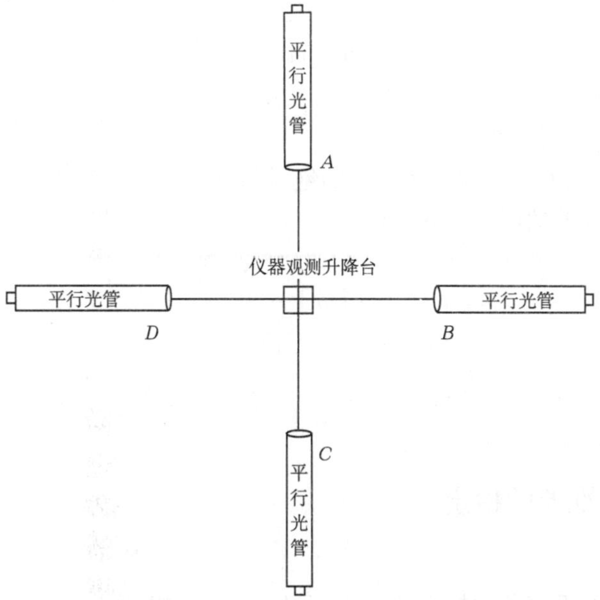

图 6-9　水平方向标准差的检定

（三）检定步骤

检定步骤如下：

（1）安置仪器；

（2）盘左，依次瞄准 *A*、*B*、*C*、*D*、*A* 目标后分别读数；

（3）盘右，依次瞄准 *A*、*D*、*C*、*B*、*A* 目标后分别读数。

以上为一个测回。测回数及方向观测的限差要求见表 6-4。

表 6-4　测回数及方向观测的限差

仪器等级		Ⅰ	Ⅱ	Ⅲ、Ⅳ
测回数		10	6	4
限差	半测回归零差	2″	3″	8″
	一测回 2*C* 互差	4″	6″	16″
	测回互差	2″	3″	8″

（四）水平方向标准差的计算

标准差的计算一般采用两种计算方法。由于观测方向的结果都是互相独立的直接观测值，所以各个目标方向值的平差值等于直接观测值的算术平均值。各观测值的改正数为：

$$v_{ai} = A - a_i$$
$$v_{bi} = B - b_i$$
$$\vdots$$
$$v_{ni} = N - n_i$$

式中 A、B、…、N——各个目标 m 个测回方向观测值的平均值。

$$m_0 = \frac{1.253[|v|]}{n\sqrt{m(m-1)}} \tag{6-28}$$

式中 m——测回数；

n——观测的方向个数；

$[|v|]$——各测回方向值改正数 v 的绝对值之和。

水平方向值标准差的严密公式为：

$$m_0 = \sqrt{\frac{[vv] - \frac{\sum[v]^2}{n}}{(m-1)(n-1)}} \tag{6-29}$$

式中 $\sum[v]^2 = (v_{a1} + v_{b1} + \cdots + v_{n1})^2 + (v_{a2} + v_{b2} + \cdots + v_{n2})^2 + \cdots + (v_{am} + v_{bm} + \cdots + v_{nm})^2$。

四、垂直角标准差的检定

（一）限差要求

各等级全站仪的垂直角的标准差不应超过表 6-5 的规定。

表 6-5 垂直角的测角标准差（一测回）

仪器等级	Ⅰ		Ⅱ		Ⅲ		Ⅳ		
出厂标称准确度	±0.5″	±1.0″	±1.5″	±2.0″	±3.0″	±5.0″	±6.0″	±10″	±20″
一测回垂直角标准偏差	≤0.5″	≤1.0″	≤1.5″	≤2.0″	≤3.0″	≤5.0″	≤6.0″	≤10″	≤20″

（二）检定设备布置

如图 6-10 所示，在室内 A 处设置升降工作台，在 1、2、3、4、5 处设置平行光管；1、2、4、5 需在水平位置 3 上、下对称固定，其对称角度在 20°左右。

（三）检定步骤

垂直角标准差的检定步骤如下：

（1）将仪器安置于升降工作台上，调整仪器的工作状态。

（2）盘左（L），自上而下依次照准目标（平行光管）1、2、3、4、5，并记录观测数据（每次瞄准目标两次读数取均值）。

（3）盘右（R），自下而上进行瞄准、读数、记录。

（4）取盘左、盘右的读数平均值减去水平方向值得到垂直角观测值。

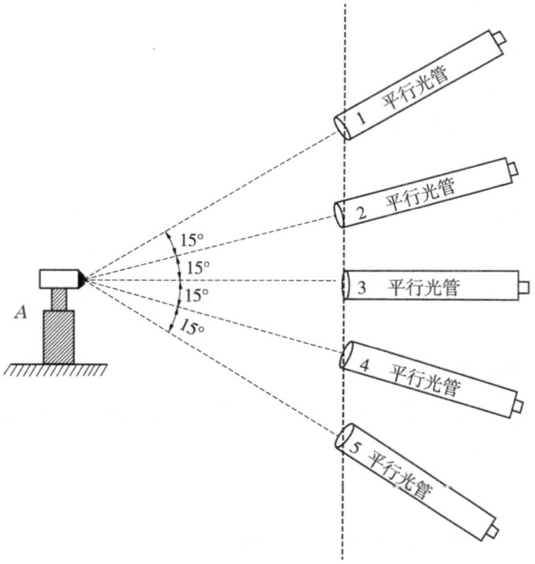

图 6-10　垂直角标准差的检定

以上观测为一个测回,总共观测四个测回。

(四)垂直角标准差的计算

垂直角标准差的计算式为:

$$m_0 = \sqrt{\frac{\sum[vv]}{nm}} \tag{6-30}$$

式中　v——目标观测值与平均值之差;

m——测回数;

n——垂直角个数,即目标数。

第四节　数据采集系统的检定

与传统测量仪器相比较,全站仪最突出的优点是所采集的数据能自动记录与通讯,尽管目前使用全站仪时仍还有采用手工记录的现象,主要是因为使用全站仪进行高精度观测时,仪器没有检核限差和取平均功能。但可以预料,今后随着智能型全站仪的发展,测绘工作者将越来越多地采用数据自动记录与通讯。

全站仪的数据采集,有存储卡式记录器、内部存储器、电子记录簿和便携式计算机记录终端等方式。存储卡是全站仪的一个附件,内部存储器是全站仪整体的一个部分,而电子记录簿、便携计算机则是配套的外围设备。目前,较新颖的全站仪都采用内部存储器对所采集的数据进行存储。

数据采集系统的检定项目如下:

(1)存储数据的初始化及内存容量检查。

(2)文件的创建和删除。

(3)测量数据的记录与查阅。

(4)数据的传输(通讯)。

现以 SOKKIA 公司的 SET500 全站仪为例,简要介绍数据采集系统的检查方法。

一、内存容量的检查及存储数据的初始化

(一)内存容量的检查

仪器的内存可存储多达 4 000 个测点数据,对于一天的观测数据量已经足够。每次观测工作结束后应及时传输数据;在数据的初始化前应认真检查所存储的数据,确认无误后方可进行。

(二)存储数据的初始化

存储数据的初始化是清除所有工作文件的数据、内存中的已知坐标数据和属性码数据,恢复仪器出厂时的状态。其方法步骤为:

(1)关机。

(2)按住[F1]、[F3]键和[BS]键,后按[ON]键关机。

(3)屏幕上显示"clearing memory…",并对数据内存进行初始化。

二、文件的创建和删除功能检查

全站仪所采集的数据存储在工作文件中,其检查步骤如下。

(一)选取工作文件

在存储数据前应选择仪器的当前工作文件。其方法步骤为:

(1)在存储模式下选取"1. JOB"按[↙]键,进入工作文件管理。

(2)选取"1. JOB Selection"按[↙]键,显示选取工作文件屏幕,显示所有工作文件名(分页显示)。工作文件名右侧的数字表示该文件已存储的数据量,工作文件名左侧的"*"表示该文件还没有输出到计算机等外围设备上。

(3)将光标移至选取的工作文件名上,按[↙]键选取某工作文件,(例如 JOB03),并返回工作文件管理屏幕。

(二)更改工作文件名

一般仪器出厂时已选定好文件名,例如 SET500 的文件名为 JOB1、JOB2、…、JOB10,但也可根据需要更改文件名。其方法步骤为:

(1)在工作文件选取屏幕上将光标移至更改的工作文件名。

(2)选择"JOB name edit"进入工作文件名更改屏幕。

(3)按字母和数字键,输入新工作文件名按[↙]键。

(三)删除工作文件

删除工作文件用于清除指定工作文件中的数据,在数据输出到外部设备(如计算机等)后,应删除该工作文件,以确保全站仪有足够的内存容量。但未经输出到外部设备的文件数据不允许清除,未经输出的工作文件前面注有"*"。删除工作文件的方法步骤为:

(1)在工作文件管理屏幕上选取"2. JOB Deletion"按[↙]键。

(2)将光标移到需要删除工作文件上按[↙]键,屏幕显示出所选工作文件要求再次确认。

(3)按[YES]键确认,所选取工作文件中的数据被删除。

以上操作如顺利进行,说明仪器工作文件管理完好。

三、测量数据的记录的查阅与检查

在全站仪使用前,对全站仪测量数据的自动记录功能应在室内事先检查,以避免数据丢失而造成返工。

(一)测量数据的记录

以坐标测量为例,在室内由目标棱镜测量某点坐标,屏幕显示目标点坐标值以及至目标点距离、垂直角和水平角。按[REC]键,并输入点号、特征码等后按[OK]键记录数据,此时所测目标点坐标存储在事先选定的工作文件(例如 JOB1)中。

(二)测量数据的查阅

为了证实所测目标点数据是否确实已存储于仪器内存工作文件中,可调阅已测的数据。调阅方法如下:

(1)在测量模式第 2 页菜单下按[REC]进入记录模式。

(2)在记录模式屏幕上选取“6 . View”后按[↙]键,屏幕显示工作文件中所存点号。

(3)移动光标选中刚才所记录的点号后按[↙]键,即显示所测坐标值。

以上方法如能顺利进行,说明全站仪数据记录与查阅系统完好。

四、数据的传输检查

全站仪采集的数据存储在内存工作文件中,一般通过数据传输线可以输入计算机做后续数据处理,也可直接输入打印机打印。其检查方法如下:

(1)用标准数据通讯线将全站仪与计算机(或打印机)连接。

(2)分别对计算机、全站仪设置相同的通讯参数。

(3)在全站仪存储模式下选取“1. JOB”后按[↙]键,进入工作文件管理屏幕。

(4)将光标移到所需文件名上,选取“3. comms output”后按[↙] 键,进入工作文件数据输入操作,其中:① SDR:向计算机输出;②Printed output:向打印机输出。

(5)选取“1. SDR”后按[↙]键,显示输出工作文件选择屏幕。

(6)选取待输出的工作文件名(如 JOB1),按[↙]键数据开始输出。

以上方法如能顺利进行,说明仪器的数据通信系统完好。

第七章　全站仪的双向数据通信

随着计算机在测量工作中的广泛应用,加上全站仪都有一定的内存,这样就省去了烦琐的记录工作,大大提高了工作效率。如SET230/330/530的内存可记录10 000个测点的数据,加上扩展外存设备CF卡或SD卡,数据存储量非常大。全站仪的双向数据通信是指全站仪与计算机或PDA之间的数据传输与处理,是把数据的处理和传输合为一体,实现数字信息的接收、存储、处理和传输,并对信息流加以控制、校验和管理的一种通信形式。

第一节　数据通信的基本概念

一、数据的通信方式

全站仪通信通常有4种方式:有线的并行通信和串行通信,无线的红外线通信(IrDA)与蓝牙通信(Bluetooth)。其中串行通信又分为串口同步通信和串口异步通信。

(一)并行通信

数据的传送方式有两种:串行通信和并行通信。在并行传输中,至少有8个数据位同时从一个设备传到另一个设备(如图7-1所示),接收设备在收到这些数据后,不需要经过任何改变就可以直接使用。并行通信比串行通信速度快,但其传输线的数目较多,通常适合于短距离大数据量通信场合。

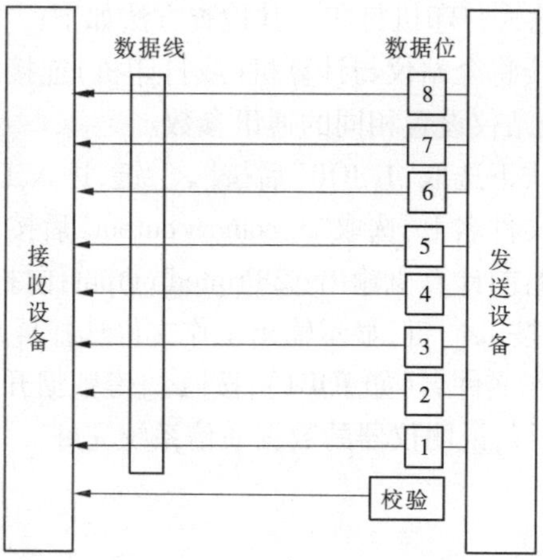

图7-1　并行通信

(二)串行通信

在串行数据传输中,数据信息是按二进制位的顺序由低到高一位一位地在一条信号线上传送的。这种方式传输速度慢,但设备要求简单,价格低廉,同时由于是在一条线上传输，每一个二进制数无论传输快慢，最终均能组成完整而准确的信息，信号质量高，是常用的信息交换方法。串行通信适用于对通信速度要求不是很高的设备，如数字化仪、全站仪、GPS 以及鼠标等。

在串行通信中有两种工作方式：同步传输和异步传输。同步传输是指每一个数据位都是用相同的时间间隔发送，而接收时也必须以发送的相同时间间隔接收每一位信息。同步传输较异步传输速度快，但是由于同步传输要求用时钟来实现发送端与接收端之间的同步，故硬件较复杂。全站仪传输数据量不大，常采用串行异步传输方式。

（三）蓝牙通信

蓝牙（10 世纪丹麦国王哈拉尔德的别名）通信技术是使用内制在芯片上的短程射频链接来替代电子设备上使用的电缆或连线的短距离无线数据通信技术。它能够在 10 m（通过增加发射功率可达到 100 m）的半径范围内实现单点对多点的无线数据和声音传输，其数据传输速率为每秒 1 M 字节。蓝牙技术使用全双向天线实现全双工数据传输，支持数据终端的移动性。目前许多全站仪开始配备蓝牙，如索佳 SETX 系列，拓普康 8200 系列等。但蓝牙通信的缺点是比较费电。

（四）红外通信

红外通信是利用红外线来传输信号的通信方式。红外线通信保密性强，不受无线电干扰，设备结构简单，价格低廉；目前，红外通信技术多数情况下传输距离短（最长为 3 m，接收角度为 30°），要求通信设备的位置固定。如 Trimble 3600 全站仪可利用工业标准红外线（IR）进行通信，使用 IR 通信端口可以与 PDA 以及某些蜂窝移动电话进行无电缆的文件传送。

二、通信接口

串行通信接口：与串行传输相对应，在各种输入、输出设备和计算机系统上常装有串行通信接口。计算机系统最常用的串行接口是由美国电子工业协会 EIA（E1ectronic Industries Association）规定的 RS－232C 标准接口，如计算机主机上的 COMl 和 COM2 两个标准接口见图 7-2。全站仪上都有串行接口，可以很方便地用电缆直接与计算机连接。索佳 SET 系列全站仪数据输出端采用了 6 芯针标准插头（HR－6P），如表 7-1 所示。由表 7-1 可知，6 芯针标准插头只有 3 根针用于数据通信，不同厂家全站仪针脚是不同的，因此使用不同品牌全站仪进行通信时，要选用其专用的通信电缆。

表 7-1　SET 系列全站仪数据输出端

针号	1	2	3	4	5	6
表示	SG	NC	TXD	RXD	RTS	VDC
含义	信号地	空	发送数据	接收数据	请求发送	电源

USB 接口：我们通常的 USB（Universal Serial Bus）接口也是一种串行数据传输接口。如索佳 SETX 系列全站仪配有两个 USB 接口，其中一个用于连接 USB 存储设备，另外一个用于连接计算机设备等。

图 7-2　通信接口

在实际使用中，如果笔记本电脑只有 USB 接口而没有串行接口，可以购买 USB 口转 COM 口的数据线，并安装相应的驱动程序即可实现用 USB 进行数据传输。购置时一定要索要相应的驱动光盘（可以从网上下载通用驱动程序）。USB 口转 COM 口线连接到计算机，安装完驱动后，打开"控制面板"中"设备管理器"选项卡，查看"端口"项，记下所连接的 USB 口转成的 COM 口是多少（一般为 4）。为了应用方便，可以选中该项，单击右键，点击"属性"项更改端口的名称为"1"。重要的一点是，一定要记下 USB 口转 COM 口的线插的是哪个 USB 口，这是因为驱动与 USB 口是一一对应的。装过驱动后，不影响 USB 口的正常使用功能。

图 7-3 为徕卡全站仪专用 USB 接口数据线，实际上是串行接口与 USB 接口的转换。

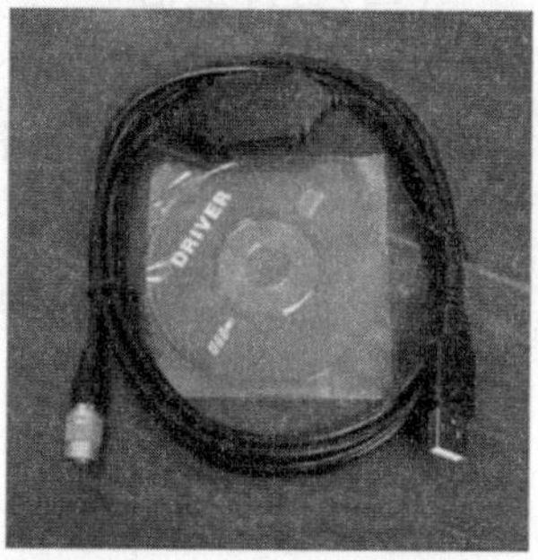

图 7-3　徕卡 USB 数据线

由于现在许多全站仪配有 CF 卡或 SD 卡，可把相应的卡直接从全站仪上取下，用计算机读卡器直接读取数据，并利用相应的软件进行格式转换即可，这样传输数据比用电缆线更方便。

三、通信参数

全站仪与计算机通信时，为了实现全站仪与计算机之间的正常通信，全站仪与计算机两端的通信参数设置必须一致。通信参数的设置一般包括以下几项。

（一）波特率

波特率表示数据传输速度的快慢，用位/秒（b/s）表示，即每秒钟传输数据的位数（bit）。

例如数据传送的速度为 480 个字符/s，而每个字符又包含 10 位（起始位 1 位，数据位 7 位，校验位 1 位，停止位 1 位），则波特率为 4 800 b/s。

常见的波特率有 300 b/s、600 b/s、1 200 b/s、1 800 b/s、2 400 b/s、4 800 b/s、9 600 b/s和 19 200 b/s 等。全站仪中多采用 1 200 b/s 以上。

（二）数据位

数据位是指单向传输数据的位数，数据代码通常使用 ASCII 码，一般用 7 位或 8 位。

（三）校验位

校验位，又称奇偶校验位，是指数据传输时接在每个7位二进制数据信息后面发送的第八位，它是一种检查传输数据正确与否的方法。即将1个二进制数（校验位）加到发送的二进制信息串后，让所有二进制数（包含校验位）的总和总保持是奇数或偶数，以便在接收单元检核传输的数据是否有误，校验位通常有三种校验方式：

（1）NONE（无校验）：这种方式规定发送数据信息时，不使用校验位。

（2）EVEN（偶校验）：这是一种最常用的方法，它规定校验位的值与前面所传输的二进制数据信息有关，并且应使校验位和7位二进制数据信息中"1"的总和总为偶数。换而言之，如果二进制数据信息中"1"的总数是偶数，则校验位为"0"，如果二进制数据信息中"1"的总数是奇数，则校验位是"1"。

（3）ODD（奇校验）：这种方法规定校验位的值与它所伴随的二进制数据信息有关，并且应使校验位和7位二进制数据信息中"l"的总和总为奇数。也就是说，如果数据信息中所有的二进制数"1"的总数是偶数，则校验位为"1"，如果所有二进制制数"1"的总数是奇数，则校验位是"0"。

（四）停止位

在校验位之后再设置1位或2位停止位，用来表示传输字符的结束。

除设置以上参数外，还需要确认全站仪数据是存放到内存中还是传输到外部设备，如果是传输到外设，就需设置打开RS－232C串口，并设置COM1或COM2接口。有的还需要设置通信的数据流控制（XON/XOFF）：选"是"或"否"；设置通信的数据段落结束或换行标志：有回车/换行（CR/LF）、回车（CR）、换行（LF）等，一般选"开"或"关"。只有全站仪与计算机（或其他设备如PDA等）两端设置的参数一致，才能实现正确的通信。

四、全站仪的数据格式及控制指令格式

全站仪的数据输出格式及控制指令一般由规定格式的字符串组成，不同厂家、有时甚至不同型号的全站仪其控制指令各不相同，这可从相关仪器的通信手册、使用说明书或者相关技术资料中得到。

以南方全站仪为例，其数据格式及控制指令的ASCII字符串的基本组成如下：

ID	数据/单位	BBC	EXT	CR/LF

其中：ID为测量模式标记；BBC为块检验码；EXT为结束标记；CR/LF回车换行。

如斜距（SD）数据格式：

```
? +01178481m0852030+1203040d+01174572t00+00+25099EXT(CRLF)
|   |     |  |      |   |    |   ||  |  |  |
ID  SD   m/f V      H d/g/m HD t/*L  P  O BCC
```

（1）ID：数据识别符＝3FH。

（2）SD：斜距＝1 178.481 m。

(3)m/f:距离单位=米。

(4)V:垂直角=85°20′30″。

(5)H:水平角=120°30′40″。

(6)d/g/m:角度单位=度分秒。

(7)HD:平距=1 174.572 m。

(8)t/ *:进行倾斜改正(t表示打开,*表示关闭)。

(9)L :0值。

(10)P:大气改正= +00 ppm。

(11)O:棱镜常数= +25 mm。

(12)BCC:块校验符=099。

南方全站仪可由计算机来控制进行测量、记录、更改测量模式等工作,主要有以下三类控制指令。

第一类:启动测量并将数据发送到计算机

C067ETX(CRLF)

第二类:回答接收的数据是否有效

ACK006ETX(CRLF)——有效

NAK021ETX(CRLF)——无效

第三类:改变测量模式

Z10091ETX(CRLF)　　H/V 角度测量

Z12089ETX(CRLF)　　HR 右角

Z13088ETX(CRLF)　　HL 左角

………

第二节　全站仪的数据通信方法

目前全站仪的数据通信主要采用的技术有串行通信技术和蓝牙通信技术。数据传输的步骤主要包括以下三步:

(1)仪器与计算机连接。连接仪器与计算机需使用专用的通信电缆(选购件)。

(2)设置发送设备与接收设备通信参数。即在仪器和计算机上同时设置波特率、数据位、奇偶校验、停止位等参数。

(3)数据传输。在仪器中选择要输出的工作文件数据,然后由计算机发出指令控制数据向全站仪输出或接收来自全站仪的数据。

由于全站仪的通信端口、数据存储方式及数据接收端软件等的不同,全站仪的数据通信有多种方式。

一、利用专用传输程序传输数据

全站仪的通信接口通常采用 RS-232C 串行接口,将全站仪与计算机连接,完成相应参数设置,打开专用传输程序,即可进行数据通信。这里的所谓专用传输程序,包括仪器自带程序、成图软件中的数据通信模块等，此通信方式是最为常用的方式。下面以索佳SET系列全站仪与CASS2008成图软件为例说明数据传输的步骤。

(一) 硬件联接

选择正确的数据线将全站仪与计算机正确联接，打开计算机进入CASS2008系统。

(二)建立仪器通信参数

全站仪开机，在设置模式下选取“Comms setup”进入通信参数设置屏幕如图7-4所示：

Baut rate(波特率)：1 200 * /2 400/4 800/9 600/19 200/38 400 bps。

Data bits(数据位)：8 bit * /7 bit。

Parity(奇偶校验)：Not set * (无校验)/ODD(奇校验)/EVEN(偶校验)。

Stop bit(停止位)：1 bit * (1 位)/2 bit(2 位)。

Check sum(和检验)：Yes(检验)/No * (不检验)。

Xon/Xoff(流程控制)：Yes * /No。

Baut rate：9 600 bps
Data bits：8 bit
Parity：Not set
Stop bit：1 bit
Check sum：No
Xon/Xoff：Yes

图7-4　参数设置

(三)选择仪器输出工作文件

工作文件中的数据可以输出到计算机或由打印机直接打印出来(见图7-5)。步骤如下：

(1)在存储模式下选取“JOB”。

(2)选取“Comms output”显示工作文件名表。

(3)将光标移到所要输出的文件名上按回车键，此时文件名后出现“Out”，按此方法选取全部需要输出的工作文件(工作文件名前面的“ * ”表示该文件未向计算机等外部设备输出)。

(4)按[OK]确认。

*JOB 01	Out	Comms out put
AUT G1	256	SDR
JOB 01	Out	Printed out put
JOB 01	0	
JOB 01	0	

图7-5　输出工作文件

（四）设置软件通信参数

执行 CASS2008“数据”菜单下的“读取全站仪数据”命令，在弹出的对话框中（见图 7-6）选择相应型号的仪器（如南方 NTS－320），设置通信参数（通信端口、波特率、校验位、数据位、停止位），并且应与全站仪内部通信参数设置相同，选择文件保存位置、输入文件名，并选中“联机”选项。

图 7-6　全站仪数据内存转换对话框

（五）传输数据

单击图 7-6 中的“转换”按钮，弹出窗口“请先在微机上回车，然后在仪器上回车”。安装提出在计算机上点击“确定”或按回车，然后在全站仪上选取输出文件及相应格式后按回车键，开始数据输出，CASS2008 命令区便逐行显示点位坐标信息，直至通信结束。终止数据输出在仪器上按[ESC]，如果是向打印机输出数据应选取“Printed output”格式。

值得一提的是，在数据通信过程中，一般接收方应先于发送方处于接受状态，发送方才开始向接受方发送数据，以避免数据传输的丢失。

二、利用超级终端传输数据

在忘记携带相应的传输程序或使用的传输程序出现某些故障问题时，直接利用 PC 机超级终端实现计算机与全站仪间的数据通信，也是一种较为简单、方便的方法。下面以索佳全站仪为例说明利用超级终端传输数据的实施步骤。

首先，打开全站仪和计算机，将全站仪的传输口和计算机的串行接口连接起来。在全站仪上选择相应的菜单，显示屏上将显示出内存中的所有文件名。

从计算机上的开始菜单里，选择：程序—附件—通信—超级终端，将得到如图 7-7 所示的“连接描述”对话框。在名称栏里填上连接关系文件名，图表栏里选择中意的图标，点击“确定”按钮，得到“连接到”对话框。选择国家和地区，填写区号，最重要的是根据计算机接口的实际连接情况在“连接时使用”栏内选择正确的串行口，然后点击“确定”按钮，“端口设置”选择“COM1”。

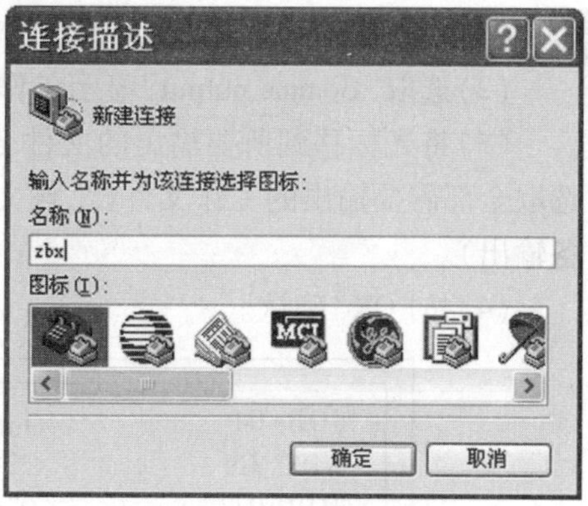

图 7-7　建立连接

根据所使用全站仪的实际通信参数情况，在图 7-8 中依次选择正确的波特率、数据位、奇偶检校位、停止位、协议，然后按“确定”钮，得到“超级终端”界面。

在“超级终端”界面内点击“传送”下拉菜单，选“接收文件”项，得到“接收文件”对话框。在对话框内选择将要存放文件的目录和协议,然后在全站仪上显示屏选中将要传送的文件名。在“接收文件”对话框中按“接收”按钮,在全站仪上按确认键,所选文件就会传送到计算机中。

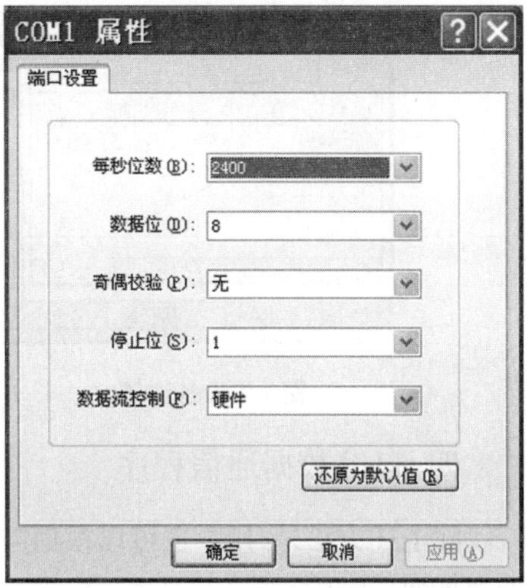

图 7-8　参数设置

三、蓝牙无线通信技术

有些仪器厂商生产的全站仪中应用了蓝牙无线通信技术,如索佳 SRX 系列全站仪,SRX 系列全站仪内置的蓝牙模块可用于与遥控测量指挥系统控制器和数据采集器间无线通信。

SRX 发射的无线电波会被水、空气中的湿气吸收或使之发散,通信信号会因雨、雾、人体湿气的影响而衰减使有效通信范围变短。此外,无线通信设备在靠近地面进行通信时信号强度损失较大,建议通信时在尽可能高的位置上进行。

进行两个蓝牙设备间的通信,要求将其中一设备设为“主站”,另一设备设为“从站”。由 SRX 端发起的连接,将 SRX 设为“主站”,由另一设备端发起的连接,将 SRX 设为“从站”。SRX 出厂默认值为“从站”。通信实现概略步骤如下。

(一)蓝牙配对设备注册

打开蓝牙配对设备电源。在 <通信参数设置> 设置界面下,将“通信参数设置”标签下的“通信方式”设为 “蓝牙”。在“蓝牙”标签下按[列表]键列出已注册蓝牙设备清单,注册蓝牙设备。如图 7-9 按[增加]键进入增加设备 <增加设备> 界面,输入设备名及蓝牙地址后按[OK]键,输入长度最大为 12 位字符。按[查询]键搜寻 SRX 附近的蓝牙设备,并将搜寻到的设备名称及地址添加到蓝牙设备清单中。从清单中选取一设备,按[OK]键将其添加到连接设备表中。

(二)蓝牙通信设置

在 <仪器参数设置> 界面下选取“通信设置”,将“通信模式”设为“蓝牙”。

如图 7-10 所示,在“蓝牙”标签下选取 SRX 的方式,其默认值为 “从站”(配对设备注册前无法选取“主站”),在“连接”栏内选取 SRX 中已注册的蓝牙设备作为配对设备。将“证书”设为“Yes”或者“No”。按[OK]键结束设置。

(三)SRX 与配对蓝牙设备间的通信

检查确认配对蓝牙设备(数据采集器、移动电话、遥控测量指挥系统等)的电源已经打开,已完成有关蓝牙设置。将 SRX 的蓝牙通信参数设置好。SRX 设为“主站”时,测量模式第 4 页菜单下定义有建立连接功能键[连接]键,当按下[连接]键,SRX 开始搜索“连接”中选取的配对设备并建立连接,连接一旦成功,状态条中将显示图标。此时 SRX 全站仪与配对蓝牙设备间的通信就建立起来了。

蓝牙设备的连接也可通过直接点击状态条中的图标来建立。

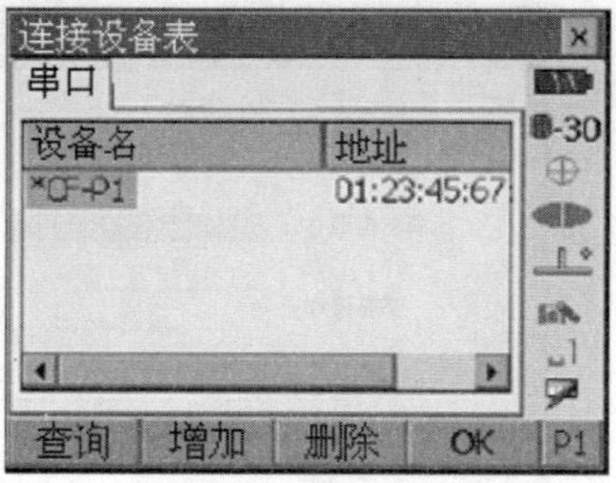

图 7-9 设备注册

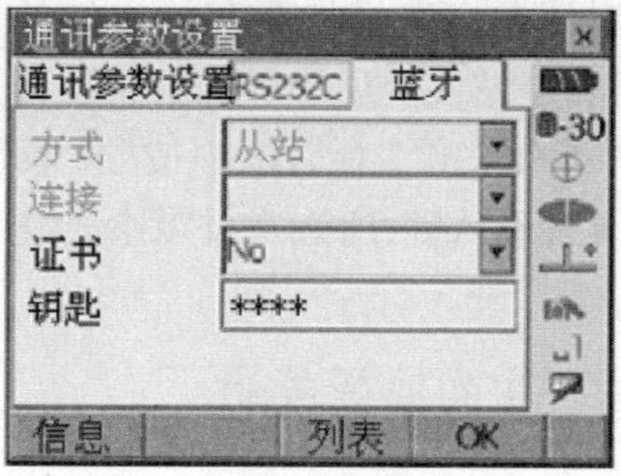

图 7-10 通信设置

四、自编数据通信程序

除上述方法外,用户也可以根据需要,自行设计、编制程序来实现全站仪与计算机间的数据通信。

在了解了仪器的接口功能、数据格式及控制指令后,就不难设计出仪器的通信程序,原理上采用何种语言均可,一般可由采用的计算机和对某种语言的熟悉程度来选择,如BASIC、VB、C 语言等。通信程序一般作为应用程序的子程序或功能模块,其结构大致由三部分组成:设置端口的通信参数、发送控制指令和数据接收处理。

VB 简单易学,功能强大,非常适于测量编程。VB6.0 本身含有通信控件 MSComm,利用它可以方便地编制传输程序。以下以 VB6.0 为例介绍拓普康全站仪数据下载模块部分的编制。

(一)MSComm 控件的主要属性

MSComm 控件是 VB 内一个专用于数据通信的控件,其内部封装了大量标准的通信控件及线程管理函数,可替程序员完成大部分工作,通过它可以较容易地解决串行口的通信问题。MSComm 控件提供了一系列标准通信命令的使用界面,用它可以建立与串行口的连接,然后可通过串行端口去控制其他设备(如全站仪):发出命令、交换数据以及监视和响应串行连接中发生的事件和错误。MSComm 控件的主要属性列立如下:

(1)CommPort:设置串行口号;

(2)Settings:设置波特率、奇偶校验位、数据位、停止位等串行口通信参数;

(3)PortOpen:设置或返回串口的通信状态;

(4)InputMode:设置从缓冲区读取数字的格式;

(5)Input:从接收缓冲区读取数据;

(6)Output:向缓冲区写入数据;

(7)InBufferSize:接收缓冲区的大小;

(8)OutBufferSize:发送缓冲区的大小;

(9)CommEvent:返回最近的通信事件或错误;

(10)EOFEnable:确定在输入过程中 MSComm 控件是否寻找文件结尾(EOF)字符。

(二)数据下载模块的步骤

在 VB6.0 集成开发环境中新建一窗体,在窗体中添加一个 MSComm 控件,MSComm 控件通过串行端口传输和接收数据,为应用程序提供串行通信功能。每个使用的

MSComm 控件对应着一个串行端口。设置一个文本编辑窗口,一命令按钮,并对命令按钮设置一单击事件。主要程序代码如下:

```
Dim instring As String
Dim p As String '定义数据类型
Private Sub command1_Click(   )
  MSComm1. CommPort = 1 '设置通信端口为 1
  MSComm1. Settings = "9600,N,8,1"  '参数设置
  MSComm1. InBufferCount = 0
instring = ""
  If MSComm1. PortOpen = False Then
MSComm1. PortOpen = True '打开端口
End If
  msg1 = MsgBox("请确认传输!",vbYesNo)
If msg = vbYes Then
Do '设置循环
  DoEvents
Loop Until MSComm1. InBufferCount > =2
  MSComm1. InputLen = 0
  MsgBox"数据接收完毕!"
Else
MSComm1. PortOpen = False
MsgBox"不接收数据么?"
Exit Sub
End If
  10:
  DoEvents
  p = MSComm1. Input
  instring = instring + p
  Text1. Text = instring'保存数据
GoTo 10
End Sub
```

在熟悉下载模块的编制流程的基础上,我们可以较容易地编制出上载模块。可以在窗体中设置一些"列表栏"和"选择框"对应模块中的传输参数。

五、数据格式转换

不同的仪器、不同的文件存储格式,在输出的数据文件里字符间的分隔符可能不同。编辑转换的方法有多种,这里介绍一种利用 EXCEL 进行转换的简单方法,以 CASS 常用

坐标数据格式转换成南方 RTK 手簿坐标数据格式为例进行说明。

（一）几种数据格式

CASS 坐标数据格式为：

“点名,(代码),Y,X,H”数据示例为

1,,10575.890,19321.370,359.550

2,,10568.720,19294.710,357.860

3,,10574.620,19316.100,358.890

……

南方 RTK 手簿坐标数据格式为：

“点名,X,Y,H,点属性”数据示例为

1,4007579.2965,493783.8258,157.44,0000000

2,4007459.2076,492752.3790,156.68,0000000

3,4007530.3097,492728.5681,152.87,0000000

……

（二）转换步骤

（1）打开数据文件。运行 Excel,依次执行如下操作：“文件”→“打开”→在“文件类型”栏选择“所有文件”→选择已传输的.DAT 格式或.txt 格式的文件→根据提示选择“分割符号”→“空格和逗号””→“完成”。注意此处的逗号需在英文状态下输入。

（2）整列删除。选中整列,右键单击选择“删除列”。

（3）剪切及插入列(交换列)。选择整列,右键单击选择“剪切”,然后选择要插入其前面的那一整列,右键单击,选择“插入已剪切的单元格”。

（4）数据加常数。例如“高程”项,点选 E1 项(空白),在公式输入栏里输入“=D1+?”(其中？为常数),然后将鼠标移至 E1 栏右下角,待鼠标变成“+”后,按住鼠标左键拖拽至尾部。再选中该列数据(点中 E1 中拖选)右键单击“复制”→选中 D1 项,单击右键,选择“选择性粘贴”→选“数值”→确定。这样就可以替换掉该项原来的数值。

（5）特殊前缀的去除。有的数据文件里有前缀,如：YZ001,3845001,5842.002,87.05。这时,选该列,应用“编辑”→“替换”,在“查找和替换”对话框的“查找内容”栏里输入“YZ”,在“替换为”栏里选择空白(默认),然后点“全部替换”即可。

（6）保存数据。应用 Excel 完成修改后,执行“另存为”命令,在弹出的对话框中的“保存类型”项选“CSV(逗号分隔)(＊csv)”,然后输入文件名,保存即可。保存完后再把后缀“csv”改为“DAT”即可。

通过以上操作,可以把全站仪中的坐标数据格式转换成南方 RTK 手簿格式。用 Excel 对数据文件进行格式编辑转换,在测量工作中应用非常广泛。通过对以上方法和步骤的了解,可以触类旁通地应用到其他类型的传输文件与软件所需求数据文件间的格式转换中。如果要转换的数据量大或有长期的类似需求,可以对 Excel 进行二次开发,或直接应用高级语言编程解决此类问题。

第八章　全站仪在测量工程中的应用

全站仪与传统的测量仪器相比，具有操作方便、功能强、精度高、速度快等特点。其应用范围已不仅局限于测绘工程、建筑工程、水利工程、交通与道路工程、地籍与房地产测量，而且在大型工业生产设备与构件安装和调试、大桥水坝的变形观测、地质灾害监测及体育竞技等领域中都得到了广泛应用。全站仪的应用可归纳为以下几个方面：

(1)控制测量。在控制测量中，使用全站仪的基本测量功能布设全站仪导线，特别适用于带状地形和隐蔽地区，如线路控制测量和城市控制测量；布设导线网和边角网十分灵活，观测方便，精度高；特别是与 GPS 全球定位系统配合，布网形式更灵活，观测更方便，精度更可靠。但需按相应的等级测量要求进行观测和计算，不能使用坐标测量功能。

平面和高程控制可同时进行，用全站仪三角高程测量完全可以代替四等水准测量，仪器安置于两个测点之间并使两个棱镜同高，不需要量取仪器高和棱镜高，可以提高观测精度。

(2)地形测量。在地形测量过程中，使用全站仪的程序测量功能进行三维坐标测量、前方交会、后方交会等，不但操作简单，而且速度快、精度高；并可将控制测量和碎部点测量同时进行；通过传输设备可将全站仪与计算机、绘图机相连形成内外一体的测绘系统，从而大大提高地形图测绘的质量和效率。

(3)工程放样。使用全站仪放样测量功能可将设计好的建(构)筑物、道路、管线等设施的位置，按图纸要求快速、准确地测设到施工现场的实地，作为施工的依据；特别是一些造型复杂、要求高、规模大的建(构)筑物等。

(4)变形监测。在建(构)筑物的变形观测、地质灾害的动态监测中，使用全站仪的坐标测量功能对变形部位的三维坐标进行实时监测，可以及时掌握变形规律，保障结构安全。

本章主要介绍全站仪在使用中应注意的问题，以及在控制测量、地形测量、线路工程测量、建筑工程测量、变形观测等方面的应用。

第一节　全站仪使用中应注意的问题

全站仪与传统的测量仪器相比具有很多优点。但在使用过程中，人们往往过分地依赖和信任它并用传统的测量方式及习惯理解它，常常出现概念和操作错误；实质上它完全是按人们预置的作业程序及功能和参数设置进行工作的。在全站仪的使用中应注意如下几个问题。

一、全站仪的测量功能

全站仪是一个由测距仪、电子经纬仪、电子补偿器、微处理机组合的一个整体。测量功能可分为基本测量功能和程序测量功能。基本测量功能包括电子测距、电子测角（水平角、垂直角）；程序测量功能包括水平距离和高差的切换显示、三维坐标测量、对边测量、放样测量、偏心测量、后方交会测量、面积计算等。应特别注意的是，只要开机，电子测角系统即开始工作并实时显示观测数据；其他测量功能只是测距及数据处理。全站仪的程序测量功能均为单镜位观测数据或计算数据。在地形测量和一般工程测量、施工放样测量中精度已足够；但在等级测量中仍需要按规范要求进行观测、检核、记录、平差计算等。

二、全站仪的观测数据

全站仪尽管生产厂家、型号繁多，其功能大同小异，但原始观测数据只有倾斜距离（斜距）；水平方向值、天顶距；电子补偿器检测的是仪器垂直轴倾斜在 X 轴（视准轴方向）和 Y 轴（水平轴方向）上的分量，并通过程序计算自动改正由于垂直轴倾斜对水平角度和垂直角度的影响。所以，全站仪的观测数据为水平角度、垂直角度、倾斜距离，其他测量方式实际上都是由这三个原始观测数据通过内置程序间接计算并显示出来的。应特别注意的是，所有观测数据和计算数据都只是半个测回的数据，因此在等级测量中不能用内存功能，记录水平角、垂直角、倾斜距离这三个原始数据是十分必要的。

三、全站仪的度盘配置

光学经纬仪在进行等级测量时，为了消除度盘的分划误差，各测回之间需要进行度盘配置。因为光学仪器度盘上的分划是固定的，每一角度值在度盘上的位置固定不变。而电子仪器由于采用的是电子度盘，每一度盘的位置可以设置为不同的角度值。如仪器照准某一后视方向设置为0°，顺时针转动30°，显示角度为30°；再次照准同一个后视方向设置为30°，再顺时针转动30°，则显示角度变为60°，而电子度盘的位置实际上并未改变。所以使用时应注意，只要仪器在不同的测站点对中、整平后，对应电子度盘的位置已经固定；即使后视角度设置不同，角度值并不固定地对应度盘上某个位置，测量时无须进行度盘配置。

四、全站仪的正、倒镜观测

光学经纬仪采用正、倒镜的观测方法可以消除仪器的视准轴误差、水平轴倾斜误差、度盘指标差。全站仪虽然具有自动补偿改正功能，视准轴误差和度盘指标差也可通过仪器检验后的参数预置自动改正。但在不同的观测条件下，预置参数可能会发生变化导致改正数出现错误，另外仪器自动改正后的残余误差也会给观测结果带来影响。所以，在等级测量中仍需要正、倒镜观测，同样需要做记录、检核。

五、全站仪的左、右角观测

光学经纬仪的水平度盘刻度是顺时针编号，无论望远镜顺时针转动或逆时针转动，观测的角度均为右角。全站仪的右角观测（水平度盘刻度顺时针编号）是指仪器的水平度盘在望远镜顺时针转动时水平角度增加，逆时针转动时水平角度减少；左角观测则正好相反（水平度盘刻度顺时针编号）。电子度盘的刻度可根据需要设置左、右角观测（一般为右角)。这一点非常重要,在水平电子度盘设置时应特别注意,否则观测的水平角度会出现错误。如水平角实际为30° 则显示为330°。特别是在平面坐标测量和施工放样测量中设置后视方位时,如果设置为左角就会出现测定点和测设点沿后视方位左右对称错位。如设置后视方位0°,顺时针转角90°时方位应为90°,而仪器显示的坐标是按270°方位计算的。

六、全站仪的放样功能

全站仪显示的度盘读数中已经对仪器的三轴误差影响进行了自动改正,因此在放样时需要特别注意。例如:放样一条直线时,不能采取与传统光学经纬仪相同的方法(只纵向转动望远镜),而应采取旋转照准部180°的方法测设;放样一条竖线时,应使用水平微动螺旋使水平角度显示的读数完全一致,而不能只简单地转动望远镜;因为望远镜的水平方向和垂直方向不同,补偿改正数的大小也不同。使用距离和角度放样测量、坐标放样测量时,注意输入测站点坐标、后视点坐标后再对测站点坐标进行一次确认,并测量后视点坐标与已知后视点坐标进行检核。

七、全站仪的补偿功能

仪器误差对测角精度的影响主要是由于仪器三轴之间关系的不正确造成的。光学经纬仪主要是通过对三轴之间关系的检验校正来减少仪器误差对测角精度的影响;而全站仪则主要是通过补偿改正实现的。最新的全站仪已实现了三轴补偿功能,三轴补偿的全站仪是在双轴补偿器的基础上,用机内计算软件来改正因横轴误差和视准轴误差对水平度盘读数的影响。即使当照准部水平方向固定,只要上下转动望远镜水平度盘的显示读数仍会有较大的变化,而且与垂直角的大小、正负有关。

八、全站仪的电子整平

全站仪的电子整平,当X、Y方向的倾斜均为零时,从理论上讲,当照准部水平方向固定上下转动望远镜时,水平度盘读数就不会发生变化;但有些仪器在进行上述操作后水平度盘读数仍会发生变化,这是因为全站仪补偿器有零点误差存在。所以在使用时应注意,对补偿器进行零点误差的检验和校正;电子气泡的居中必须以长水准气泡的检验校正为准,检验时先长水准气泡然后电子气泡。

九、全站仪的坐标显示

全站仪的坐标显示有两种设置方式,即N、E、Z和E、N、Z。测量常用的坐标表示为X、Y、H与N、E、Z相同。如果设置错误就会造成测量结果的错误。如在一次测量带状地形图时,同时四个组作业,观测数据导入计算机后,发现一个组的数据与前后都对接不上,结果就是这个组的仪器坐标设置方式错误。

十、全站仪的存储器

全站储仪的存储器分为内部和外部两种。内部存储器是全站仪整体的一个部分;而电子记录簿、存储卡、便携机则是配套的外围设备。目前，全站仪大多采用内部存储器对所采集的数据进行存储。如 SET500 全站仪的内存可存储多达4 000个测点的观测数据，对于一天的外业测量数据已经足够。外业工作结束后应及时传输数据；在数据的初始化前应认真检查所存储的数据是否已经导出，确认无误后方可进行。使用数据存储虽然省去了记录的麻烦，避免了记录错误，但存储器不能进行各项限差的检核，因此等级测量中不应使用存储器记录，仍需人工记录、检核。

十一、全站仪的误操作

全站仪在操作过程中难免发生错误，无论在何种情况发生误操作均可回到基本测量模式，再进入相应的测量模式进行正确操作。角度测量模式除外的其他测量模式均为测距，如果没有信号可回到基本模式，再准确瞄准棱镜进行相应的测量工作，否则检查棱镜是否正对仪器。当视线接近正对太阳光时应加望远镜遮光罩，否则将无法测距。

十二、全站仪的电池

目前，全站仪的电池大多是可充电的锂离子电池，使用中应注意以下几点：

(1)电池一定要在仪器对中整平前装好，以免因振动影响仪器的对中整平；关机后再取出，以免丢失数据。

(2)电源应在对中整平后打开，搬动仪器前关闭，因为全站仪的自动补偿器在倾斜状态耗电量特别大。

(3)距离测量的耗电量远远大于角度测量，测量过程中应尽量减少测距次数。特别在程序测量功能下，显示测量数据后应立即按停止，否则测距一直在进行。

(4)电池容量不足应及时停止测量工作，长期不用应每月充电一次。

(5)仪器长期不用应至少三个月通电检测一次，防止电子元器件受潮。

以上问题，在测量过程中只要观测者认真、仔细观察仪器的工作状态和数据显示内容，完全可以及时发现和避免错误发生。所以，只有掌握全站仪的工作原理、熟悉操作步骤、明确测量功能、合理设置仪器参数、正确选择测量模式，才能真正充分发挥全站仪在测量工作中的优势。

第二节　全站仪在工程测量中的应用

全站仪在工程平面控制测量中的应用，主要使用其基本测量功能进行测角、测距，布设闭合导线、附合导线。在施工测量中的应用，主要使用其程序测量功能进行三维坐标测量、施工放样测量。下面以一个顶管施工的工程实例说明。

一、导线测量

某工程施工顶管长约 2 km，由于该工程仅提供了两个导线点 A、B 的坐标作为起算数据，要放样出 10 个工作井、接收井的中心桩，工作井与接收井的最远距离为 350 m，横向贯通误差要求为 ±100 mm。因此，以 A、B 为起算点布设了一级闭合导线(见图 8-1)，$R1$、

R2、…、R14 为待测导线点，1#、2#、…、10#为要放样的工作井、接收井的中心桩位置。闭合导线的一边布设的点数较多，导线点位均布设在工作井、接收井附近公路边上比较稳定的地方，可根据导线控制点方便对井位中心桩、轴线点进行放样。为了形成图形强度较好的闭合导线环，其闭合导线的另一边布设的点数较少。

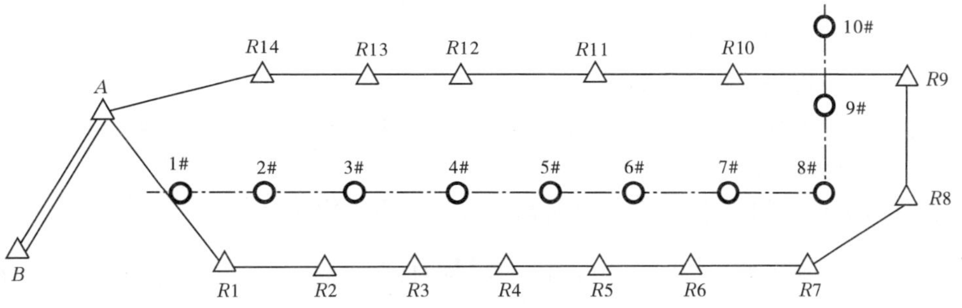

图 8-1　闭合导线

使用全站仪观测，严格按照《城市测量规范》(CJJ8—85)一级导线的要求执行，施测时，在测站点对全站仪输入温度、气压及仪器的加常数、乘常数，可直接测出闭合导线点的水平角及水平距离，平距一般取 4 次读数平均值。全站仪闭合导线的实测边长的相对精度列于表 8-1。

表 8-1　导线测量边长的相对精度

边　长	往测 D(m)	返测 D_1(m)	较差 d(mm)	边长的相对精度
A—R1	355.872	355.873	-1	1/350 000
R1—R2	199.949	199.952	-3	1/66 000
R2—R3	184.791	184.795	-4	1/46 000
R3—R4	209.312	209.317	-5	1/41 000
R4—R5	312.288	312.294	-6	1/52 000
R5—R6	381.480	381.484	-4	1/95 000
R6—R7	144.333	144.335	-2	1/72 000
R7—R8	251.066	251.070	-4	1/62 000
R8—R9	311.970	311.966	4	1/78 000
R9—R10	299.934	299.929	5	1/59 000
R10—R11	483.835	483.826	9	1/53 000
R11—R12	430.035	430.037	-2	1/215 000
R12—R13	470.039	470.036	3	1/156 000
R13—R14	283.857	283.854	3	1/94 000
R14—A	361.229	361.231	-2	1/180 000

从表 8-1 可看出测量边长的相对精度较高，其最低的为 $R3$—$R4$ 边长，相对精度为 1/41 000，但完全满足规范规定的1/3 000的要求。而闭合导线角度闭合差为 +10″，远小于规范规定的 $10\sqrt{n}$。测距边的单位权中误差按下列公式计算：

$$\mu = \sqrt{\frac{[pdd]}{2n}} = 0.99\ \text{mm} \tag{8-1}$$

式中 n——测距边的个数；

d——各边往返距离的较差，mm；

p——各边距离测量的权，其值为 $p=1/m_D^2$，其中 m_D 为测距中误差，可按测距仪的标称精度计算。

按导线方位角闭合差计算测角中误差，按下列公式计算：

$$m_\beta = \pm\sqrt{\frac{1}{N}\left[\frac{f_\beta f_\beta}{n}\right]} = 2.8'' \tag{8-2}$$

式中 f_β——闭合导线环的方位角闭合差；

n——计算 f_β 时的测站数；

N——闭合导线环的个数。

最后计算出的导线全长相对闭合差为 1/70 000。由此看出全站仪的测距、测角的精度都很高。

二、放样及坐标测量

在导线测量野外工作结束以后，利用《导线网平差程序》对外业观测成果进行平差计算。根据平差后的导线点坐标即可进行工作井、接收井的中心桩位置及轴线的点位进行放样工作、断面测量等。在测站点对全站仪输入温度、气压及仪器的加常数、乘常数、测站点坐标、后视点坐标和所要放样井位的设计坐标，以测站点瞄准后视导线点进行定向，即可进行点位放样。开始放样时，全站仪显示照准方向与放样方向的水平角差值“dHA”，直至 dHA 的值为 0°00′00″时固定仪器，放样点位方向即可确定。在此方向线上竖立反射棱镜，即可进行水平距离的放样测量，沿视线方向向前或向后移动反射棱镜，直至水平距离的差 H 为 0 m，确定放样点的位置。用索佳全站仪 SET2CⅡ进行点位的放样测量极为便捷、快速、准确。

在导线控制点 $R1$ 上对 1#中心桩位置进行放样，在导线点 $R2$ 上对之进行坐标测量的检查，依次对 10 个工作井、接收井的中心桩位置进行放样及检查，其结果列于表 8-2。

根据表 8-2 可计算坐标差的中误差：$m = \pm\sqrt{\frac{[\delta\delta]}{n}} = \pm 3.15\ \text{mm}$。

通过对 10 个中心桩点位的放样，实测坐标与设计坐标最大的差为 6 mm，放样点位坐标的中误差仅 3.15 mm，完全满足施工测量的需要。

三、断面测量

在井位中心桩、轴线桩放样以后，即可把仪器搬至所放的井位中心桩或轴线桩上进行纵、横断面测量，在井位中心桩、轴线桩上架设仪器，输入测站点的温度、气压、高程、仪器高、棱镜高等，定向以后，即可在轴线方向上、地形变化处安置反射棱镜，直接可测出断面点至测站点的水平距离和高程。在断面测量模式下可进行横断面的平距及高差测量，最后绘制纵、横断面图。

表 8-2　坐标测量检查

井号	设计坐标(m)	实测坐标(m)	差值 δ(mm)
1#	X=3 029.700	X=3 029.702	-2
	Y=3 226.500	Y=3 226.504	-4
1′#	X=2 803.000	X=2 803.003	-3
	Y=3 226.500	Y=3 226.498	2
2#	X=2 753.000	X=2 753.001	-1
	Y=3 226.500	Y=3 226.496	4
2′#	X=2 412.000	X=2 412.006	-6
	Y=3 226.500	Y=3 226.501	-1
3#	X=2 162.000	X=2 161.997	3
	Y=3 226.500	Y=3 226.501	4
3′#	X=2 112.000	X=2 112.002	-2
	Y=3 226.500	Y=3 226.503	-3
4#	X=1 855.800	X=1 855.803	-5
	Y=3 226.500	Y=3 226.500	0
4′#	X=1 597.800	X=1 597.801	-1
	Y=3 226.500	Y=3 226.503	-3
5#	X=1 339.800	X=1 339.797	3
	Y=3 226.500	Y=3 226.505	-5
5′#	X=1 339.800	X=1 339.799	1
	Y=3 575.600	Y=3 575.602	-2

第三节　全站仪在数字测图中的应用

利用全站仪在野外直接采集有关绘图信息并将其传输到计算机或掌上电脑 PDA 中，经过测图软件进行数据处理形成绘图数据文件，最后由数控绘图仪输出地形图的工作，称为大比例尺地面数字测图，简称数字测图。其基本系统构成如图 8-2 所示。

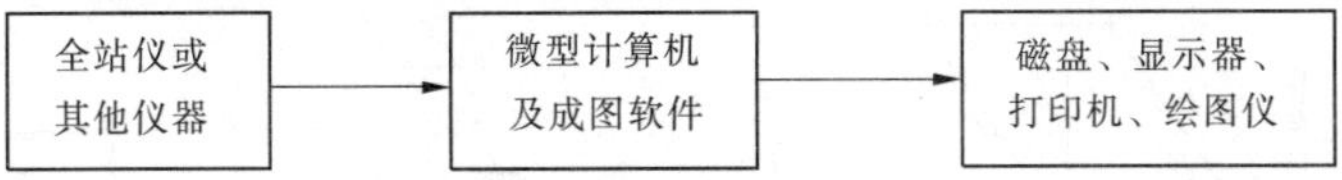

图 8-2　数字测图的系统组成

一、数字测图的特点

数字测图技术在野外数据采集工作的实质就是解析法测定地形点的三维坐标，是一种先进的地形图测绘方法，与传统的图解法相比具有以下几方面的特点。

(一)自动化程度高

由于采用全站仪在野外采集数据,自动记录存储,并可直接传输给计算机进行数据处理、绘图,不但提高了工作效率,而且减少了测量错误的发生,使得绘制的地形图精确、美观、规范。同时由计算机处理地形信息,建立数据和图形数据库,并能生成数字地图和电子地图,有利于后续的成果应用和信息管理工作。

(二)精度高

数字测图的精度主要取决于对地形点的野外数据采集的精度,其他因素的影响很小,而全站仪的解析法数据采集精度要远远高于图解法平板测图的精度。

(三)使用方便

数字测图采用解析法测定点位坐标依据的是测量控制点。测量成果的精度均匀一致,并且与绘图比例尺无关。利用分层管理的野外作业数据,可以方便地绘制不同比例尺的地形图和各种用途的专题地图,实现了一测多用,同时便于地形图的检查、修测和更新。

(四)地图产品的数字化

数字地图从本质上打破了纸质地形图的种种局限,赋予地形图以新的生命力,提高了地形图的自身价值,扩大了地形图的应用范围,改变了地形图使用的方式。便于成果更新,避免因图纸伸缩带来的各种误差,便于传输和处理,并可供多用户同时使用,方便成果的深加工利用,便于建立地图数据库和地理信息系统(GIS)、便于成果的使用。

二、数字测图的作业模式

根据数字测图的作业过程不同,数据采集的作业模式可分为数字测记模式(简称测记式)和电子平板测绘模式(简称电子平板)。

(一)数字测记模式

全站仪数字测记模式是将野外采集的地形数据传输给计算机,结合野外详细绘制的草图,室内在计算机屏幕上进行人机交互编辑、修改,生成图形文件或数字地图。数字测记模式是目前最常用的测图模式,为绝大多数软件所支持。

(二)电子平板测绘模式

电子平板测绘模式就是把全站仪测定的碎部点实时地展绘在计算机屏幕(模拟测板)上,用软件的绘图功能边测边绘。目前许多公司采用 PDA(个人掌上电脑)取代便携机开发了掌上电子平板测图系统,使电子平板作业模式更加方便、实用。

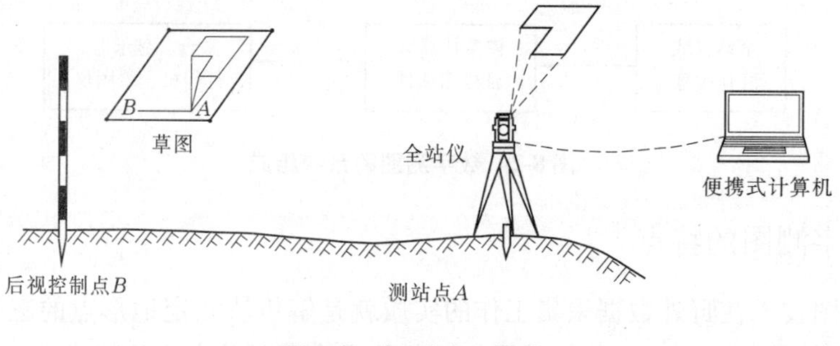

图 8-3　内、外业一体化

三、数据编码

地形图是野外测量数据,由计算机软件自动处理(自动识别、检索、连接,自动调用图式符号等),并在测量者的干预下自动完成地形图的。采集碎部点的位置(点的坐标信息)时,还必须将地物点的连接关系和地物属性信息(地物类别)记录下来。通常是用按一定规则构成的符号串来表示地物属性和连接关系等信息,这种有一定规则的符号串称为数据编码。数据编码的基本内容包括:地物要素编码(或称地物特征码、地物属性码、地物代码)、连接关系码(或称连接点号、连接序号、连接线型)、面状地物填充码等。

(一)数据编码的原则

(1) 规范性,即图示分类应符合国家标准、测图规范。

(2) 简易实用性,既尊重传统方法,容易为野外作业和图形编辑人员理解、接受和记忆,并能正确、方便地使用。

(3) 唯一性, 便于计算机处理,且具有唯一性。

(二)数据编码的方案

当前主流数据编码方案,主要有全要素编码、块结构编码、简编码和二维编码等。下面分别以对比的方式作简单介绍和分析。

全要素编码要求对每个碎部点都要进行详细的说明。通常是由若干个十进制数组成。这种编码是全野外数字测图方法刚开始出现时的一种理论数据编码方式,其优点是各点编码具有唯一性,计算机易识别与处理,缺点是外业编码记忆困难,目前实践测图应用中很少使用。

块结构编码是将每个地物编码分成几大部分,分别为点号、地形编码、连接点和连接线型四部分,并依次输入。

简编码就是在野外作业时仅输入简单的提示性编码,经内业识别自动转换为程序内部码。南方测绘仪器公司的 CASS 系统的有码作业是一个有代表性的简编码输入方案。简编码结构包括类别码、关系码、独立符号码。类别码(亦称地物代码或野外操作码)如表 8-3,是按一定的规律设计的,不需要特别记忆。有 1 ~3 位,第一位是英文字母,大小写等价,后面是范围为 0 ~99 的数字,如代码 F0,F1,…,F6 分别表示坚固房,普通房,一般房屋……简易房。F 取"房"字的汉语拼音首字母,0 ~6 表示房屋类型由"主"到"次";关系码(亦称连接关系码),共有 4 种符号:" + "、" - "、"A$"和"P"配合来描述测点间的连接关系。其中" + "表示连接线依测点顺序进行;" - "表示连接线依测点相反顺序进行连接,"P"表示绘平行体;"A$"表示断点识别符; 对于只有一个定位点的独立地物用独立符号码表示,如 A14 表示水井,A70 表示路灯等。

表 8-3　类别码符号及含义

类型	符号及含义
坎类(曲)	K(U)+数(0—陡坎,1—加固陡坎,2—斜坡,3—加固斜坡,4—垄,5—陡崖,6—干沟)
线类(曲)	X(Q)+数(0—实线,1—内部道路,2—小路,3—大连路,4—建筑公路,5—地类界,6—乡、镇界,7—县、县级市界,8—地区、地级市界,9—省界线)
垣栅类	W+数(0,1—宽为0.5 m的围墙,2—栅栏,3—铁丝网,4—篱笆,5—活树篱笆,6—不依比例围墙,不拟合,7—不依比例围墙,拟合)
铁路类	T+数[0—标准铁路(大比例尺),1—标(小),2—窄轨铁路(大),3—窄(小),4—轻轨铁路(大),5—轻(小),6—缆车道(大),7—缆车道(小),8—架空索道,9—过河电缆]
电力线类	D+数(0—电线塔,1—高压线,2—低压线,3—通信线)
房屋类	F+数(0—坚固房,1—普通房,2—一般房屋,3—建筑中房,4—破坏房,5—棚房,6—简易房)
管线类	G+数[0—架空(大),1—架空(小),2—地面上的,3—地下的,4—有管堤的]
植被土质	拟合边界　B+数(0—旱地,1—水稻,2—菜地,3—天然草地,4—有林地,5—行树,6—狭长灌木林,7—盐碱地,8—沙地,9—花圃)
	不拟合边界　H+数(同上)
圆形物	Y+数(0—半径,1—直径两端点,2—圆周三点)
平行体	P+[X(0~9),Q(0~9),K(0~6),U(0~6),…]
控制点	C+数(0—图根点,1—埋石图根点,2—导线点,3—小三角点,4—三角点,5—土堆上的三角点,6—土堆上的小三角点,7—天文点,8—水准点,9—界址点)

四、数字测图的外业实施

(一)测记法数据采集

1. 施测方法

传统的测图作业步骤是从整体到局部、先控制后碎部。数字测图可以采取相同的作业步骤,但考虑到全站仪的特点,充分发挥其优越性,图根控制测量与碎部测量可以同步进行。

在采用图根控制测量与碎部测量同步进行的作业过程中,图根控制测量与传统的作业方法相同;所不同的是在进行图根控制测量的同时,在施测每个图根点的测站上,可以同步测量周围的地形,并实时计算出各图根点和碎部点的坐标,这时的图根点坐标是未经平差的。待图根控制导线测完,由系统提供的程序对图根导线进行平差计算。若闭合差在允许范围之内,则认可计算出的各导线点的坐标。若平差后导线点坐标值与现场测图时计算出的坐标值相差无几,则不必重新计算;如两者相差较大,则根据平差后的导线点坐标重新计算各碎部点的坐标,然后再显示成图。若闭合差超限,则应查找出错误的原因,进行返工,直至闭合差在限差允许的范围之内,然后根据平差所得各图根导线点的坐标值重新计算各碎部点坐标。

2. 碎部测量

1) 测站设置

仪器安置在测站后,应按要求整平、对中仪器,量取仪器高、棱镜高;连接好便携式计算机,启动野外测图软件,按仪器菜单要求输入测站点、后视点的已知数据、测站的仪器高、棱镜高。然后,用全站仪瞄准目标点,进行野外数据的采集。

2) 碎部点的数据采集

地面数字测图通常采用全站仪的三维坐标程序测量功能进行碎部测量,计算机自动记录测点信息。如遇特殊情况,则可选用软件所提供的其他碎部点的测量方法施测。根据记录的碎部点信息,自动计算碎部点的三维坐标,并可实时进行展点、显示、成图。

如前所述,地形信息编码不但难记,而且在外业碎部点数据采集时烦琐、费事,特别对初学者更不易掌握。为了便于理解,在实际工作中常采用通过地形数据和外业草图,在室内人工编辑成图的作业方法,俗称草图法全站仪测图。

3) 草图法外业碎部点数据采集

每作业组一般需要仪器观测员 1 人、绘草图领尺(镜)员 1 人、立尺(镜)员 1 ~2 人,其中绘草图领尺(镜)员是作业组的核心、指挥者。作业组的仪器配备:全站仪 1 台、对讲机 2 ~3 台、单杆棱镜 1 ~2 个、皮尺 1 把、绘草图本 1 个。

仪器观测员在测站上安置好仪器,并选定一个已知点进行观测以便检查之后,在绘草图领尺(镜)员的带领下进行该测站碎部点数据的采集。采集碎部点时,观测员与立镜员和绘草图领尺(镜)员之间要及时联络,核对仪器记录的点号和草图上标注的点号一致。绘草图领尺(镜)员必须把所测点的属性标注在草图上,以供内业处理、图形编辑时使用。草图勾绘要清晰、易读、相对位置准确。为了便于草图绘制和内业成图,一般先进行地物点的采集,然后再进行地形点的的采集。草图上地物点的点号要一一对应,而地貌点除特征点要一一对应外,其余可按点号区段记录,如图 8-4 所示。

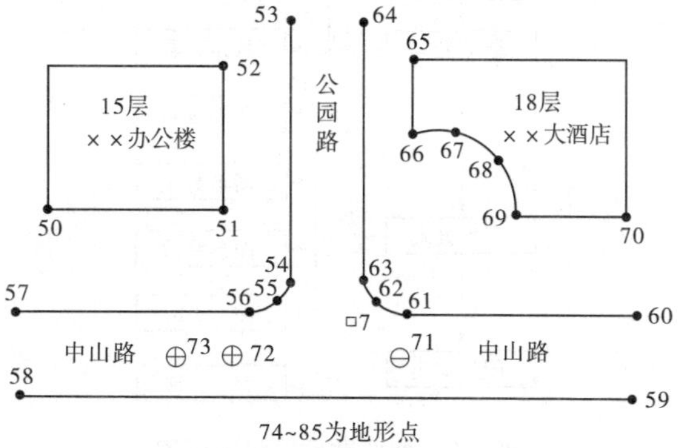

图 8-4　草图绘制

一个测站的所有碎部点观测完之后,要找一个已知点重测进行检查,无误后方可搬站进行下一站测量。

(二)电子平板法野外数据采集

电子平板法数字测图就是将装有测图软件的便携机或掌上电脑用专用电缆在野外与

全站仪相连,把全站仪测定的碎部点实时地传输到电脑并展绘在计算机屏幕上,用软件的绘图功能,现场边测边绘。电子平板法数字测图的特点是直观性强,在野外作业现场“所测即所得”;若出现错误时,可以及时发现,立即修改。

电子平板法野外数据采集主要是连线绘制平面图,其他工作一般由内业完成。电子平板法野外数据采集主要作业流程包括输入控制点坐标、设置通信参数、测站设置、碎部测图。不同的测图系统,有不同的操作方法。南方公司的 CASS 测图系统、威远图的 SV 300 测图系统、广州开思的 SCS 测图系统和清华山维的 EPSW 测图系统是目前使用广泛、知名度很高的数字测图软件。前三者都是在 Auto CAD 平台上开发的,其大部分功能类似,既能用测记法采集数据,又能用电子平板法采集数据。EPSW 测图系统是清华大学利用 C 语言自主开发的电子平板测图系统,自成体系。

五、数字测图的内业工作

数字测图的内业要借助数字测图软件来完成。目前,我国市场上比较有影响的数字测图软件主要有武汉瑞得公司的 RDMS、南方测绘仪器公司的 CASS、北京威远图公司的 CITO MAP 等,它们各有其特点,能测绘地形图、地籍图,并有多种数据采集接口,其成果格式都能为地理信息系统(GIS)所接受,具有丰富的图形编辑功能和一定的图形管理能力,操作界面友好。

外业数据采集的方法不同,其内业成图过程也有所不同。对于数字测绘模式,由于绘图工作与数据采集在野外同步进行,因此仅做一些图形编辑与整理工作。对于数字测记模式,内业成图包括数据传输、数据转换、数据处理、图形编辑与整饰、图形输出等。外业数据采集流程如图 8-5 所示。

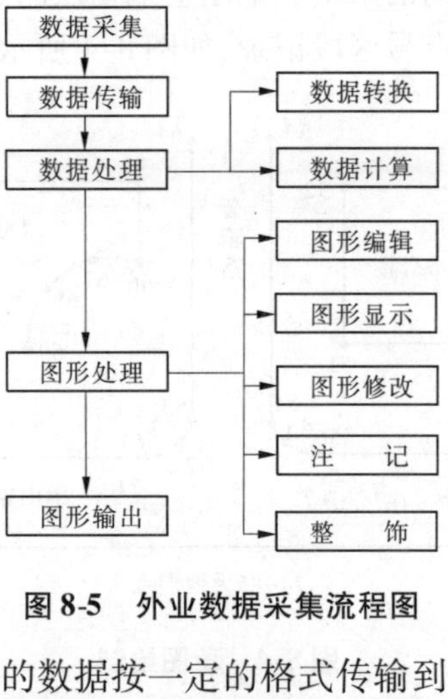

图 8-5　外业数据采集流程图

数据传输主要是指将采集的数据按一定的格式传输到计算机中,供内业成图处理使用;数据处理包括数据转换和数据计算。数据转换是将野外采集到的数据文件转换为系统识别的带绘图编码的数据文件;数据计算包括根据地形特征点,建立数字高程模型并绘制等高线;此外,还包括测量误差调整等。

图形处理就是利用数字测图系统的图形编辑功能菜单,对经过数据处理后所生成的图形文件进行编辑、整理、文字和数字注记、图幅图廓的整饰、填充各种面状地物符号。编辑好的图形可以存盘或用绘图仪输出。

经过图形处理以后,即可得到数字地形图。通过对数字地形图的图层进行分层管理,可以输出各种专题图,以满足不同用户的需求。

第四节　全站仪在隧道贯通测量中的应用

某地铁二号线(上、下行线),第一段单线长 961 m,其中有 $R=500$ m、$L=175.5$ m 的曲线段;第二段单线长1 100 m,其中有 $R=1\ 500$ m、$L=98.6$ m 的曲线段。地铁施工竖井深度 20 m。在盾构推进中,测量工作是该工程的重要组成部分,它指导着盾构的推进方向,在盾构推进中担负着极为重要的责任,不允许有任何差错,否则将会造成严重的经济损失。

在地铁二号线的施工建设中,使用全站仪进行隧道贯通测量,具体工作如下所述。

一、平面控制测量

平面控制测量采用三等导线测量,测点布置如图 8-6 所示。$T2$、$T3$、$T4$、$T5$ 为地铁公司提供的第一段区间两侧的地铁三等平面控制点,A、B 为竖井洞口附近的坐标传递点,E、F 为地下第一和最后一个固定观测站。

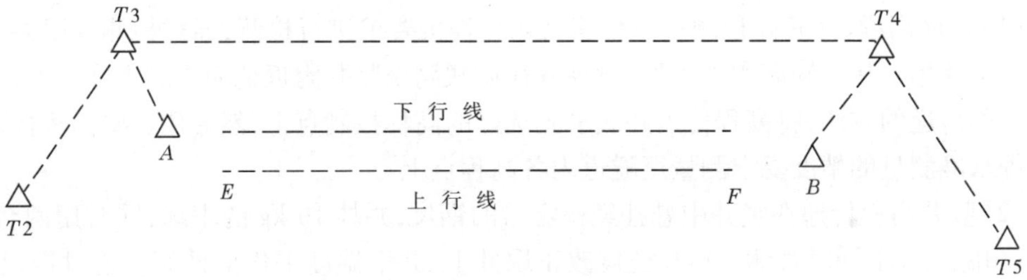

图 8-6　平面控制测量

地面控制测量以 $T3$ 设站联测 $T2$、$T4$;$T4$ 设站联测 $T3$、$T5$;并实测边长检测,当其固定角偏差 ±3″时,建议地铁公司对地铁三等平面控制点进行复测后使用。

(1)按四等导线测量的要求,以 $T2$、$T4$ 点为导线的首级控制点,分别引至上、下行线竖井附近的 A、B 点,水平角连测时,观测 9 个测回;

(2)通过竖井联系测量将地面坐标、高程、方位传递到井下隧道内;

(3)地下导线的角度测量采用左、右角观测取平均值,(左角)+(右角)$-360°=\varepsilon$ 进行检核,所计算的 ε 值不超过 ±3″。其水平角观测的各项限差见表 8-4。

表 8-4　水平角观测的各项限差

两次读数较差	半测回归零差	一测回 2c 互差	同一方向各测回互差
±1″	±6″	±9″	±6″

(4)全站仪测距标称精度为 $\pm(2\ \text{mm}+2\times10^{-6}D)$，往返观测两测回，每一测回读数 4 次，一测回读数较差为 ±3 mm，往返较差为 $\pm2(2\ \text{mm}+2\times10^{-6}D)$。

边长计算公式：

$$D = (S + \Delta D + K)\cos\alpha \tag{8-3}$$

式中 D——水平距离；

S——斜距；

ΔD——测距气象改正数；

K——测距加常数；

α——垂直角度。

二、高程控制测量

地铁车站区间的隧道口附近，布设有地铁三等水准点，作为本工程高程控制起始点，采用威尔特 N3 型精密水准仪按三等、四等水准测量的精度要求施测。

三等往返限差：

$$\Delta H \leqslant \pm 4\sqrt{R}\,(\text{mm}) \tag{8-4}$$

四等往返限差：

$$\Delta H \leqslant \pm 12\sqrt{R}\,(\text{mm}) \tag{8-5}$$

式中 R——往返距离，km。

(1)地面高程、井底高程测量对相邻已知高程按要求进行检测，通过检测在限差范围内时方可使用。从已知高程点出发，将高程往返联测至竖井附近地面临时水准点上，再用竖井高程传递的方法，将高程传入井底事先选好的高程控制点上，然后用这些高程控制点按三等水准测量的精度要求测量至隧道内各高程点上。

(2)竖井高程传递在竖井中悬挂经检定后的钢尺，并挂 10 kg 的垂球，同时用两台 N3 水准仪井上、井下同时观测。钢尺温度改正取井上、井下温度平均值计算。通过钢尺(加入尺长、温度改正)把高程传递到井底两固定点上。两次高程传递的较差 ±3 mm，取平均为最后结果。

(3)上、下行隧道高程传递分别在盾构机掘进前、盾构机掘进隧道长度一半后及贯通前各进行一次，以保证高程贯通精度的要求。

三、贯通测量的精度

地铁隧道贯通测量误差主要来自于以下五个测量工序：

(1)地面控制测量误差 m_1；

(2)盾构推进处竖井联系测量误差 m_2；

(3)盾构接受井洞口中心坐标测量误差 m_3；

(4)地下导线测量误差 m_4；

(5)盾构推进姿态的定位测量误差 m_5。

以上五个工序中：m_1、m_4、m_5 为主要误差来源。

根据经验，我们取用各项中误差为：$m_1 = 1m$；$m_2 = 2m$；$m_3 = 1m$；$m_4 = 3m$；$m_5 = 2m$。则区间隧道横向贯通的误差为：

$$M = \sqrt{m_1^2 + m_2^2 + m_3^2 + m_4^2 + m_5^2} = \sqrt{19}m = 4.4m \tag{8-6}$$

式中　m——横向贯通误差测量中的误差。

根据要求，地铁隧道允许横向和高程贯通的极限误差为 ±50 mm，取极限误差为中误差的 2 倍，相应的贯通测量中误差为 ±25 mm，则 $m = 25/4.4$ mm，从而可以求得每道工序的允许误差（取 2 倍中误差），即地面控制测量允许极限误差为 $M_1 \leqslant 11.4$ mm，盾构推进处竖井联系测量允许的极限误差为 $M_2 \leqslant 22.8$ mm，盾构接受井洞口中心坐标测量允许的极限误差为 $M_3 \leqslant 11.4$ mm，地下导线测量允许的极限误差为 $M_4 \leqslant 34.2$ mm，盾构姿态定位测量允许的极限误差为 $M_5 \leqslant 22.8$ mm。因此，只要以上各项工序将误差控制好，最终隧道贯通一定能控制在精度范围 ±50 mm 以内。

四、地下测量的特点

地下隧道内的控制导线与通常地面测量的导线相比较，具有如下一些特点：

（1）地下控制导线只能按隧道的形状进行布设，没有其他的选择余地。此外，这种导线在施工期间，只能布设为支导线的形式，因为地下导线随着盾构的不断推进逐渐向前伸展，当隧道还没有贯通时，不可能将两端布设的导线联系起来。

（2）地下导线可先布设边长较短的施工导线，当隧道推进到一定距离后，一般在50～100 m 再布设隧道内的主要控制导线。

（3）在布设隧道内控制导线时，考虑贯通处的横向贯通误差不能超过允许的限值，应布设成长边的形式，这样可使整条导线点数和转折角个数明显减少，对提高支导线端点的点位精度有利。考虑到能满足盾构推进时的放样精度和测设的方便，施工时最好采用激光指向仪，按照仪器标定的设计方位给定中、腰线。

（4）施工导线是隧道施工中为了方便地进行放样和指导盾构推进而布设的一种导线，它的边长一般仅 30～50 m。为准确地指导盾构推进的方向，因此它的一部分点将作为以后布设的控制导线点。而控制导线是为准确指导盾构推进、保证地铁隧道正确贯通而布设的边长为 100～200 m 且精度要求较高的导线。由于地下导线在施工期间只能布设为支导线的形式，为加强检核、保证隧道的贯通精度，导线测量中应采用往返观测。

（5）盾构推进是逐步向前掘进的，隧道内控制导线所测设的每一个新吊篮都离盾构机很近，而盾构推进时会在环片上有较大的反作用力，从而会使吊篮向后产生位移。为检验已测设吊篮控制点的稳定情况，在测定新点时，必须将作为隧道内控制导线的前几点进行检核测量。在实际测量中，直线型的隧道位移对方位角的影响较小，而对曲线型的隧道来说，这种位移对方位角的影响就较大，一般会有 10″～30″的影响。因此，如果各点没有明显的位移，可取平均作为最终的成果。如果表明有变动，则应根据最后一次的实测成果为依据，进行测量的计算和放样工作。

五、全站仪在隧道测量中采取的措施

井上导线点与井下导线点的高差为 8～15 m，而其水平距离一般只有 10～20 m，即在该边上的倾角为30°~40°。在大倾角情况下进行水平角观测,仪器的垂直轴倾斜误差不能通过盘左盘右或多个测回数来消除,只有通过仪器的自动补偿解决。

(1)在竖井联系测量倾角很大的情况下,采用了全站仪直接传递坐标和方位。在井中适当位置砌造固定观测墩,如不能一次传入隧道内,则再经站厅砌造固定观测墩传至隧道内。这种方法必须解决仪器垂直轴倾斜误差影响和短边上的对中误差影响。经过实践,全站仪的这种补偿功能的作用是有效的。

(2)在短边上对中误差一般要求不大于0.1 mm(当边长10~20 m时,则对水平角影响为$\Delta\beta=2''\sim1''$)。对中误差的产生往往是由于在仪器转站时或在同一测站上,觇牌中心与仪器旋转中心、觇牌中心与自身旋转轴不一致,以及基座连接装置的偏心等都会对方位角的传递产生较大的误差。这些误差大多是由于觇牌变形所致,因此对觇牌必须事先进行检验。在测量实践中,采用SET2100全站仪,井上、井下各6测回,在测量过程中,注意了仪器气泡居中和觇牌的偏心问题,试验证明这个方法传递方位角的精度可达到±3″。

(3)管片中心三维坐标测量:横、竖径测量用一根特制直尺,分别放置于环片上、下和左、右的中央(最大读数处)位置上,用全站仪的水平丝读取上、下读数,将读数相加便得到竖径;同理,用全站仪的垂直丝读取左、右的读数,相加后得到横径。

(4)管片中心点的确定:将一根特制直尺横在隧道环片两臂,用全站仪调整使其水平,再量取直尺的中心,在中心处用垂球将该点吊到环片底部,再实测底部点的坐标和高程,进而求取管片中心的三维坐标。

六、实际贯通精度

二号地铁线的实际贯通测量,一号段上行线于1997年9月中旬贯通,下行线于1998年3月底贯通;二号段上行线于1997年10月底贯通,下行线于1998年4月底贯通。经验收,其横向贯通误差和高程贯通误差均在30 mm以内,完全满足50 mm的规定要求。其中,全站仪为工程的顺利完成提供了十分重要的保证。

第五节　全站仪在矿山测量中的应用

在矿山测量中,井下测量与地面测量相比,无论从测量条件、劳动强度还是安全因素等都比地面测量困难得多。由于井下受阴暗、潮湿、温差、炮烟、照明等影响,照准目标受到很大的影响;巷道狭小、滴水、噪声、机车的往来、井下爆破等都是影响测量精度的因素。在井下测量中,以往使用传统的经纬仪、水准仪、挂罗盘进行测量,不但外业测量工作量大、作业时间长,而且内业整理、检查、计算、绘图等工作量也大,导致测量成果精度较低。

将全站仪应用到地下矿山测量,不但可以减轻测量人员的劳动强度,提高工作效率,而且减少了中间环节的许多因素影响,可提高测量精度。但在矿山测量中(特别是煤矿测量中),主要是解决仪器的防爆问题,目前已有多种型号的全站仪解决了这一问题。

一、矿山测量对仪器精度的要求

1989 年原能源部制定的《煤矿测量规程》是以矿山测量的精度应满足采矿生产的要求为依据而制定的，其具体规定为矿井测量的生产限差为 ±3.0 m，平面基本控制测量的点位中误差为 ±0.25 m，并按照当时我国常用的测量仪器，通过理论推导和实践经验相结合制定了井下控制测量的具体施测方法。

（一）光电测距对井下平面控制的影响

《煤矿测量规程》中将基本控制导线分为 7″和 15″两种，各矿可根据井田一翼长度确定，即长度≥5 km 选用 7″导线、长度 <5 km 选用 15″导线，其理论依据是按钢尺量边，平均边长为 80 m 推算的，很显然，光电测距将提高测距精度，同时可增加平均边长，从而减小测角误差对导线终点误差的影响。

（二）电子测角对井下平面控制的影响

水平角测量误差主要包括仪器误差、测角方法误差和对中误差。其中，仪器误差大部分可通过适当的观测方法和改正公式予以消除或削弱；对中误差则与边长成反比，边长越长，其影响越小。因此，影响导线测角误差的主要是测角方法误差。

测角方法误差是由照准误差和读数误差引起的，照准误差主要与望远镜的放大倍数有关，而目前大多数电子经纬仪和全站仪的放大倍数为 30 倍，与 J2 级光学经纬仪放大倍数一样，因此电子测角与光学测角在照准误差上应一致；而读数误差则主要取决于读数设备的结构和读数方式，主要取决于光栅度盘和电子测角电路的精度。井下测量由于条件恶劣，而电子测角读数不需照明，电子显示显然会减小读数误差。

此外，仪器的轴系误差可以通过仪器的三轴补偿自动改正，从而可以简化观测步骤，提高测角精度。

（三）全站仪的测角精度

用 2″级全站仪施测井下 7″首级基本控制导线测量完全可以满足其精度要求，但为了使防爆全站仪具有较好的性能价格比，一般采用低精度、低价格的工程全站仪，测角精度为 ±5″，测距精度 $\pm(3\ \mathrm{mm}+2\times10^{-6}D)$ 进行首级基本控制导线测量，经理论分析其精度能够达到《煤矿测量规程》规定的 7″导线测量精度。

因为目前国外仪器厂家提供的均为测角标准差，与方向中误差相差 $\sqrt{2}$ 倍，即 ±5″的全站仪一测回方向中误差为 ±3.5″，介于 J_2 级和 J_6 级光学经纬仪之间，测角中误差应介于 ±7″～±15″之间。采用 ±5″级全站仪施测 7″级导线，由于受测距误差影响的纵向误差大大减小，经计算在 7 km 时，取测角中误差为 ±11″或 ±15″，平均边长 100 m，导线终点误差与使用 J_2 级经纬仪测角、钢尺丈量边长的精度相当，满足规程的要求。此外，取测角中误差为 ±11″，平均边长 80 m，预计精度仍高于传统测量的精度。由于光电测距大大减小了导线终点的纵向误差，同时可增大导线的平均边长，电子测角减小了读数误差。采用测角精度不低于 ±5″的全站仪施测 7″基本控制导线，即可满足煤矿测量生产限差的要求。

二、测量的准备工作

(一)仪器的选型及参数的设置

地下矿山测量使用的全站仪,在仪器的选型上首先必须考虑井下的特点,选择防水等级为 IXP4 级以上的全站仪,即任意方向的水溅到仪器上而不受影响;仪器具有较好的密封性能,有较好的防水和防尘效果。

全站仪内部的参数可根据井下温度、气压等按实测数据进行设置;棱镜常数及仪器常数则应根据使用的棱镜设置或测定。

仪器在首次使用和使用一段时间后,必须对其各项指标进行检校。由于仪器精密性较高,一般须送往专业测绘部门进行检验。

(二)仪器的对中

目前,全站仪都设置有点上光学对点器,而未设置点下光学对点器。因此,在井下测量时须借助垂球进行对中。为了提高对中的精度,一般使用 350 g 的活动垂球;为减小井下风流使垂球摆动而产生对中误差,必须用挡风布遮挡风流的影响,或暂时关掉风机。

一般全站仪在望远镜筒上设置了一小点作为点下对中标志,而有些全站仪(如托普康全站仪)设置在手柄上。因怕手柄的紧固螺丝有松动现象,对中标志与测点不在同一竖直轴上而产生误差,在进行较高级测量时,必须用望远镜筒上的对中标志。即先打开电源把垂直角设置水平 90°后,关闭电源取下手柄再进行对中,精确对中后再小心安上手柄重新开机进行测量工作。

(三)棱镜对中

全站仪棱镜在井下使用时必须先做一些改进工作,否则棱镜无法进行对中。一般的全站仪棱镜上没有点下对中装置。根据实际情况,需制作一个“棱镜对点器”供点下对中使用,其俯视图为“⊙”,直径按棱镜轴套内径,高度以方便取出为好,一般不小于 3 cm。做好后把它放在棱镜套孔中,仔细对中后轻轻取下,再把棱镜小心放上对准全站仪即可进行测量工作。

(四)注意的问题

测量的准备工作应注意的问题:

(1)对中误差是引起测量误差的一个重要因素,测量人员在设置测站时应仔细对中。按照理论计算,当仪器离测点高度为 1.5 m、对中误差为 0.5 mm 时,引起仪器中心与测点之间倾斜为 1′09″,对 10 m 以外的目标将产生约 10″的水平角误差,可见对中误差对测量产生的影响较大。

(2)到井下工作地点后,由于温差原因,应先在干燥、安全、无滴水处把仪器打开,以便让仪器内外温度基本达到一致,而不致产生水汽、水珠影响测量。

(3)测量前输入测站点坐标、测站点高程、仪器高、镜站高、后视点方位等,必须核对无误后,才能进行下一步测量工作。否则,所测结果无法使用。

(4)特别要注意在输入完坐标数据后要及时瞄准后视点,再输入后视点的方位;或输入测站点、后视点坐标数据后及时瞄准后视点,按确认键提取后视方位角。否则,所测量的结果将产生旋转或平移。

三、测量工作

（一）一般测量

利用全站仪在井下进行一般测量时，为了加快测量速度，可直接设置后视方位、测站坐标及高程，并设置好仪器高、棱镜高，直接读取、记录所测点的坐标及高程，从而及时了解施工进度，指导井下工程施工按设计进行，保证安全生产。为便于检查，须同时记录所测点的方位（*HR*）、平距（*HD*）、高差（*VD*）、垂直角（δ）、斜距（*S*）。标定井下定中线、腰线时，由于全站仪可直接调出方位和距离，省去了很多辅助工作，能及时、方便、准确地在现场完成标定工作。

全站仪的程序测量功能，由于受井下巷道狭小的影响，一般照准方向不多，很多都用不上，如对边测量、后方交会法、面积测量等。

（二）角度测量

角度测量是井下测量中的重要工作，角度测量精度的高低直接影响到计算方位角的大小，从而影响到最弱点和最弱边的误差。利用全站仪内置的重复角度测量模式，可以提高测角精度。

（三）距离测量

传统的井下导线测量，距离是两人用 15 kg 的拉力用钢尺丈量，两人读数，往往因两人拉力不均难以读数，易造成听错、读错，导致反复多次测量才符合要求。特别在斜井（20°～30°）测量距离，难度系数更大。由于受钢尺长度的影响，限定了导线边长不能超过 50 m，还必须考虑钢尺的高差改正、垂曲改正，这样给测量工作带来很多困难。全站仪的电子测距克服了钢尺测量的诸多缺点，边长远远超过 50 m，不但减少了测站，而且提高了测量精度。值得注意的是，棱镜整平对中后必须通过小观察孔对准全站仪测站方向。由于井下受潮湿、温度、能见度、照明度等影响，在直线巷道中边长设置以不大于300 m为宜。

（四）坐标测量

坐标测量是直接对准棱镜，仪器自动计算出并显示未知点的坐标，在设置好测站点的坐标、后视方位（或后视点坐标）后，即可进行测量。关机后可恢复测点坐标的模式，给测量工作带来了检查方便。在进行测量放样中，通过坐标测量可对放样点立即进行检查，发现问题可立即纠正。

（五）定向测量

在井下指导工程掘进的方向，定向测量显得尤为重要，尤其是巷道的相向贯通测量，巷道中心线、腰线的标定工作对贯通起到关键性的作用。全站仪屏幕上直接显示的角度，减少了传统经纬仪读数的出错概率，为标定方向减少了许多中间环节，提高了定向测量的准确性。

（六）放样测量

井下工程测量管理过程中，放样测量工作相对较少，但在一些重点开拓工程的设备基础安装时，各种轴线的放样标定工作，同样对测量提出了较高要求。通过全站仪的各种放样程序功能，先设置好各种参数，一般很容易达到要求。

（七）高程测量

井下高程测量一般与导线测量同时进行，全站仪通过输入测站高程、仪器高、棱镜高，直接显示测量点的高程，虽然是三角高程测量，但对指导一般的工程施工，同样可及时、准确地提供测量数据，精度完全可以满足施工测量的要求，并可以与水准高程互相检核。

四、井下测量的精度评定

（一）测角精度的评定

根据 24 个角度、4 个闭合环的导线实际观测数据，按角度闭合差 f_β 计算测角中误差：

$$m_\beta = \pm\sqrt{\frac{[f_\beta f_\beta]}{N}} = \pm 4.48'' \tag{8-7}$$

按测回间较差计算测角中误差：

$$m_\beta = \pm\sqrt{\frac{[dd]}{2n}} = \pm 4.09'' \tag{8-8}$$

式中　n、N——闭合环中的测角个数、导线闭合环数；

$[dd]$——测回间较差的平方和。

（二）测距精度的评定

根据 28 条边的实测数据，平均边长 71 m，单向一次测距中误差：

$$m_0 = \pm\sqrt{\frac{[dd]}{2n}} = \pm 2.455 \text{ mm} \tag{8-9}$$

往返测距的平均中误差：

$$m_D = \frac{m_0}{\sqrt{2}} = \pm 1.736 \text{ mm} \tag{8-10}$$

测距相对中误差：

$$\frac{m_D}{D} = 1/28\ 651 \tag{8-11}$$

（三）三角高程精度的评定

根据 4 个闭合环的导线测量的实际观测数据，按高程闭合差 f_h 计算每千米三角高程测量的中误差：

$$m_h = \pm\sqrt{\frac{[f_h f_h/L]}{N}} = \pm 30.8(\text{mm/km})$$

根据 22 条不同边长实测高差，按每边往返测高差之差 d 计算每千米三角高程中误差：

$$m_h = \pm\sqrt{\frac{[dd/l]}{n}} = \pm 12.77(\text{mm/km})$$

按闭合导线三角高程闭合差和往返测高差计算的每千米三角高程中误差相差较大，主要原因为闭合导线中仪器高和棱镜高的丈量误差较大。

第六节　全站仪在路线测量中的应用

传统的路线测量,非常不便。使用全站仪的坐标放样功能进行路线中线点放样时,可视现场情况任意设站,十分方便和安全。按下面的数学模型编制放样程序,可实现中线点放样的现代化。如使用具有路线测量功能的全站仪会更加方便。

一、放样中线点的数学模型

(一)单圆曲线的数学模型

图 8-7 为单圆曲线。以 ZY 点为坐标原点,切线方向为 X 轴,过 ZY 点垂直切线方向为 Y 轴,建立假定坐标系;设 i 点为圆曲线上任意点,ϕ_i 为 ZY 点至 i 点的圆弧所对的圆心

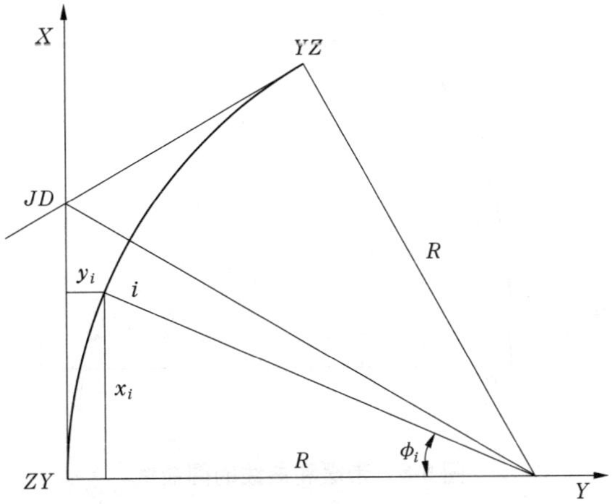

图 8-7　单圆曲线

角,则 i 点的坐标为:

$$\left.\begin{aligned} x_i &= R\sin\phi_i \\ y_i &= R(1-\cos\phi_i) \end{aligned}\right\} \tag{8-12}$$

式中　$\phi_i = \dfrac{l_i}{R}\rho, \rho = 206\ 265''$;

l_i——i 点至 ZY 点之间的弧长;

R——圆曲线半径。

(二)带有缓和曲线的圆曲线数学模型

带有缓和曲线的圆曲线数学模型分为以下两部分。

1. 缓和曲线上点的数学模型

若中线点在缓和曲线段内(如图 8-8 中 ZH 点至 HY 点之间)其数学模型为:

$$\left.\begin{aligned} x_i &= l_i - \frac{l_i^5}{40R^2 l_0^2} \\ y_i &= \frac{l_i^3}{6Rl_0} \end{aligned}\right\} \tag{8-13}$$

式中　l_i——ZH 点至 i 点之间的弧长；

l_0——缓和曲线长；

R——圆曲线半径。

2. 圆曲线上点的数学模型

如图 8-8 所示，曲线独立坐标系仍为"X—ZH—Y"坐标系。为了推导数学模型方便，我们选择了"X′—HY—Y′"坐标系，该坐标系以 HY 点为原点，其切线方向为 X′轴，过 HY 点垂直切线方向为 Y′轴（相当于单圆曲线独立坐标，见图 8-7）。点 i 为圆曲线段上任意

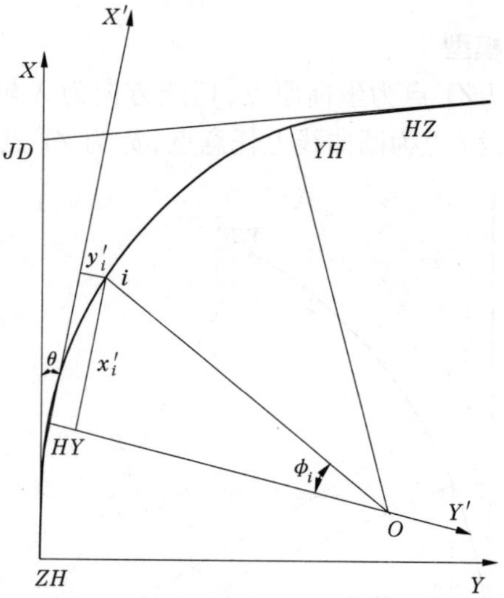

图 8-8　带缓和曲线的圆曲线

一点，仿照式(8-12)，点 i 的坐标为：

$$\left.\begin{aligned} x'_i &= R\sin\phi_i \\ y'_i &= R(1-\cos\phi_i) \end{aligned}\right\} \tag{8-14}$$

设两坐标系的纵轴间夹角为 θ，实际上 θ 为 HY 点的切线角，故：

$$\theta = \frac{l_0}{2R}\rho \quad (\rho = 206\ 265'')$$

由坐标转换公式，可得 i 点在"X—ZH—Y"坐标系中的坐标为：

$$\left.\begin{aligned} x_i &= x_s + x'_i\cos\theta - y'_i\sin\theta \\ y_i &= y_s + x'_i\sin\theta + y'_i\cos\theta \end{aligned}\right\} \tag{8-15}$$

式(8-15)中 x_s、y_s 为 HY 点在独立坐标系中的坐标，可由式(8-13)算出：

$$\left.\begin{aligned} x_s &= l_0 - \frac{l_0^3}{40R^2} \\ y_s &= \frac{l_0^2}{6R} - \frac{l_0^4}{336R^3} \end{aligned}\right\} \tag{8-16}$$

（三）测站点的数学模型

1. 测站点的设置

测站点是指安置全站仪或测距仪的点，可以设置在 *ZH* 点（若单圆曲线则设置在 *ZY* 点）；当放样的方向受阻时，也可以设置在以 *ZH* 点（或 *ZY* 点）为起点，以切线（*ZH*—*JD*）方向为后视方位的导线点上（见图 8-9），以便根据现场情况任意设置测站点。

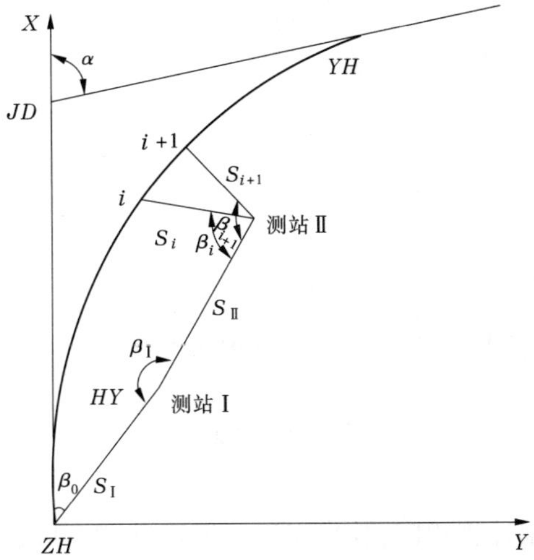

图 8-9　导线极坐标法测设中线点

2. 任意设置测站点的数学模型

所谓测站点的数学模型，是计算出和中线点（测点）同一坐标系统的测站点坐标，其模型为：

$$\left.\begin{aligned} x_j &= \sum_1^j s_j\cos\alpha_j + x_{ZH} \\ y_j &= \sum_1^j s_j\sin\alpha_j + y_{ZH} \end{aligned}\right\} \tag{8-17}$$

式中　x_j、y_j——第 j 个测站点的坐标；

s_j——第 j 个测站边的边长；

α_j——第 j 个测站边的坐标方位角；

x_{ZH}、y_{ZH}——*ZH* 点的坐标。

用全站仪的三维坐标测量功能，上述数学模型已固化在全站仪的程序测量功能内，它会自动测出测站点坐标。

（四）坐标换算

应用式(8-15)计算中线点坐标时，当中线点超过 *YH* 点时，按 *HZ* 点为原点的坐标系统（简称 *HZ* 坐标系统）计算坐标，如图 8-10 所示。为了使中线点和测站点的坐标在同一坐标系统中，还要换算成 *ZH* 坐标系统；反之亦然。

坐标换算公式为：

$$\left.\begin{aligned} x_i &= (T - x'_i)\cos\alpha - y'_i\sin\alpha + T \\ y_i &= (T - x'_i)\sin\alpha + y'_i\cos\alpha \end{aligned}\right\} \tag{8-18}$$

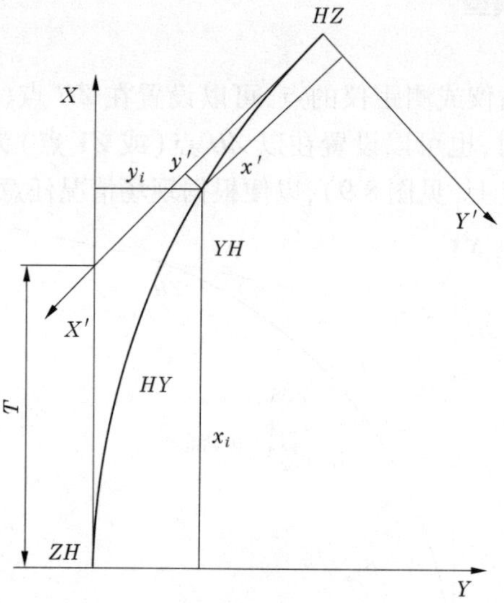

图 8-10 坐标变换

(五)程序使用方法

使用 PC－E500 编制计算程序,其程序设计框图见图 8-11,使用方法如下所述。

(1)计算机置 RUN 模式。按 RUN 键启动程序开始人机对话。屏幕上相继显示:

A＝? 曲线转向角 α;R＝? 圆曲线半径;l＝? 缓和曲线长;若为单圆曲线则输入 l0＝0; ZH－K＝? 直缓点里程;A＝RIGHT? LEFT?——转向角是右角还是左角;ORIGIN－ZH? HZ?问坐标原点是 *ZH* 还是 *HZ*。输入上述数据后,相继在屏幕上重复显示,检查校对无误后,接着显示切线长 *T*。

(2)每按一次 ENTER 键,屏幕显示曲线元素及各主点里程。接着显示 B＝? 测站导线水平角;S＝? 导线边长(见图 8-9 β_0、β_{I}…及 S_{I}、S_{II}…)。

(3)显示 K＝? 时,则要求输入中线点的里程,输入后则显示放样要素:极角Ⅱ值(图 8-9中 β_i 值)。按 ENTER 键显示极距 DI 值(图 8-9 中的 S_i 值),此时便可在测站点用极坐标法放样中线点 *i*。

(4)再按 ENTER 键,重复第(3)步骤,以计算并显示出下一中线点的放样要素,如此重复。当需要向前设置测站,如图 8-9 中的测站Ⅱ,则将导线向前延伸,并测出水平角 β_j 和边长 S_j,在上述计算基础上进行下列操作:

①按“B”键,屏幕显示 B＝? 新的水平角;S＝? 新的边长,按照显示内容输入其值。

②当再一次显示 K＝? 时,继续输入中线点里程,又重复第(3)步骤。如此,直至中线点放样完。

二、工程实例

(一)例 8-1

某国道,曲线转向角 $\alpha_{右}=58°21'08''$,圆曲线半径 $R=500$ m,缓和曲线长 $l=100$ m, *ZH* 点里程 $ZH=K1+191.574$。

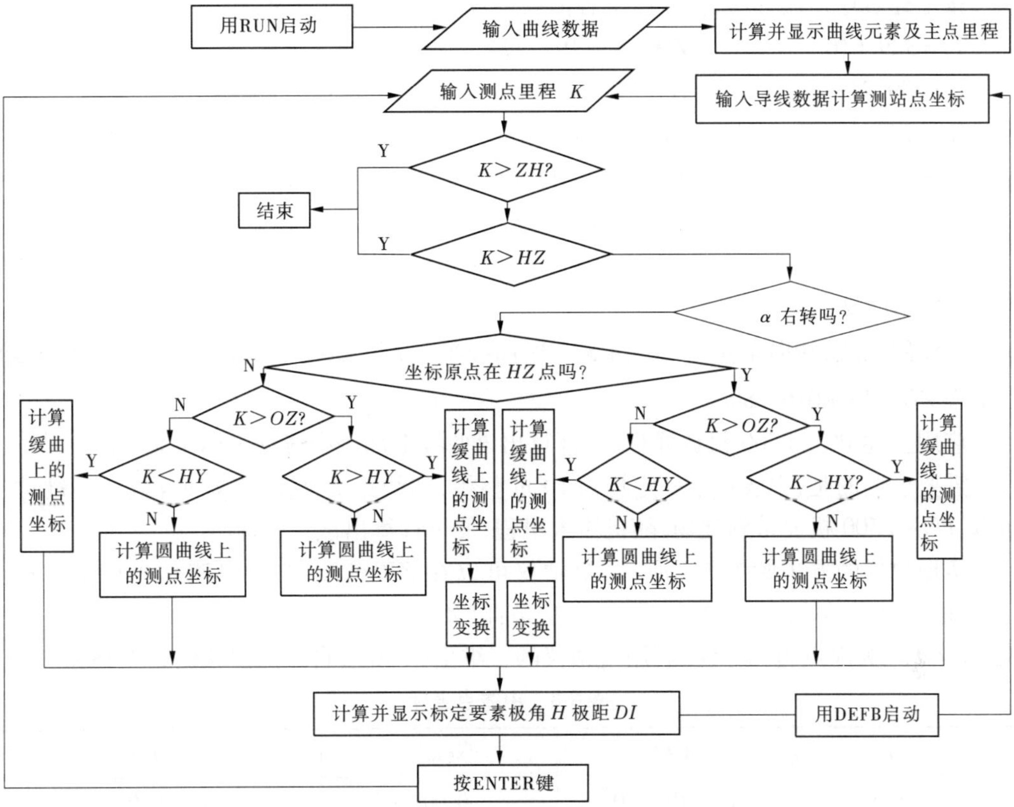

图 8-11　程序设计框图

选择　测站Ⅰ:$\beta_0 = 145°00'00''$,$S_{\text{I}} = 100$ m;

　　　测站Ⅱ:$\beta_{\text{I}} = 190°30'00''$,$S_{\text{II}} = 50$ m

放样中线点里程见表 8-5、表 8-6,测站的放样要素见表 8-7。

表 8-5　当用测站Ⅰ时各中线点里程

中线点	里　　程
1	K1 + 201.574
2	K1 + 211.574
3	K1 + 221.574

表 8-6　当用测站Ⅱ时各中线点里程

中线点	里　　程
1	K1 + 496.183
2	K1 + 506.183
3	K1 + 516.183

表 8-7　测站的放样要素

站Ⅰ			站Ⅱ		
中线点	极角 H	极距 DI	中线点	极角 H	极距 DI
1	3°34′25″	91.985	1	150°44′57″	166.896
2	7°47′58″	84.382	2	152°35′32″	175.208
3	12°48′24″	77.297	3	154°19′44″	183.601

按上述程序使用方法，输入以上各值后运算结果（屏幕上显示）如下：

$T_z = 329.616$　　ZH - K + 191.574

$L = 609.219$　　HY - K + 291.574

$E_o = 73.610$　　QZ - K + 496.183

$q_s = 50.013$　　YH - K + 700.793

HZ - K + 800.793

ZH + 2 * T - q - HZ = 0

（二）例 8-2

某铁路曲线，转向角 $\alpha_{右} = 20°14'53''$，圆曲线半径 $R = 350$ m，缓和曲线长 $l_0 = 60$ m，ZH 点里程 $ZH = 15 + 016.480$。

应用上述 PC - E500 机放样程序，计算出该曲线上部分中线点坐标见表 8-8。

需要说明的是，中线点不一定均为 10 m 整桩，如线路交叉点，特殊地物点等需加桩，所以，PC - E500 机要带到现场，随机输入里程，便可计算出该点坐标。

实地放样的方法如图 8-9 所示，全站仪可以在 ZH 点设站，此时测站坐标输 $x = 0$，$y = 0$；也可以现场地形情况随机设站，方法是：以 $ZH—JD$（即方位角为 $0°00'00''$）为后视方位，以 ZH 点为起点施测导线，利用全站仪的三维坐标功能，自然测出各测站点坐标。

表 8-8　中线点坐标

点号	里程	x(m)	y(m)
$ZH-K(1)$	15 + 016.480	0.000	0.000
2	15 + 036.480	20.000	0.063
3	15 + 056.480	39.994	0.508
$HY-K(4)$	15 + 076.480	59.956	1.714
5	15 + 096.480	79.823	3.994
$QZ-K(6)$	15 + 108.324	91.515	5.878
⋮	⋮	⋮	⋮

由于表 8-8 中各中线点坐标和测站点坐标为同坐标系统，应用全站仪的放样功能进行中线点放样。

（三）特点

（1）效率高。在某铁路改扩建工程中，与传统方法比较提高工效 5 ~ 10 倍。

（2）精度高。放样中线点的最大误差，相当于以 ZH 点为起点的支导线终点位置误差。由计算可知，若曲线长 600 m，测站个数取 3，中线点的最大位置误差只有 ±0.02 m，其相对误差为1/27 000，远远高于公路勘测规范文献的要求。

（3）施工方便。由于测站点不在中线上，施测时非常安全，尤其在既有铁（公）路的修建时不影响施工。全站仪在测站上随时监测（放样）中线点位量，用于恢复路线的中线点也十分方便。

（四）注意事项

（1）用全站仪测设高等级公路平曲线的方法主要是任意设站极坐标法，这种方法的特点是点位误差不累积，受地形条件的影响小，可根据现场情况选择测站点，但没有可靠的校核条件检核测站点是否超限。这就需要保证水平角的观测精度，特别是引测站时需要测回法观测水平角，充分利用已知点和已知条件进行校核。

（2）全站仪的测距精度较高，一般可达 $\pm(5\ \text{mm}+5\times10^{-6})$，只要测量不大于 1 000 m，其最大误差也能满足公路曲线测设的精度要求。

（3）平曲线上各中线桩有其主点的坐标值，无论是设计还是现场计算的坐标，在曲线上点的位置测设之前，都要进行验算，以防出错。

（4）全站仪要经过有关仪器检定部门检定，在符合使用条件的前提下进行曲线测设。

（5）全站仪观测者要和棱镜站人员密切配合，持棱镜者要提高目估准确度，在测站点的指挥下，迅速定出桩点位置。

三、用全站仪测量断面的方法

在实际测量中，利用全站仪的三维坐标测量程序功能，将断面方向线的方位角设置为0°，断面基点设置为坐标原点，断面方向线设置为 *X* 轴，断面方向线的垂直方向设置为 *Y* 轴；建立独立的断面坐标系，如图 8-12 所示。可以方便地测量断面点到断面基点的水平距离（*X*）和高程（*Z*），绘制断面图。*Y* 值为点位偏离断面方向线的距离，右侧为正，左侧为负。

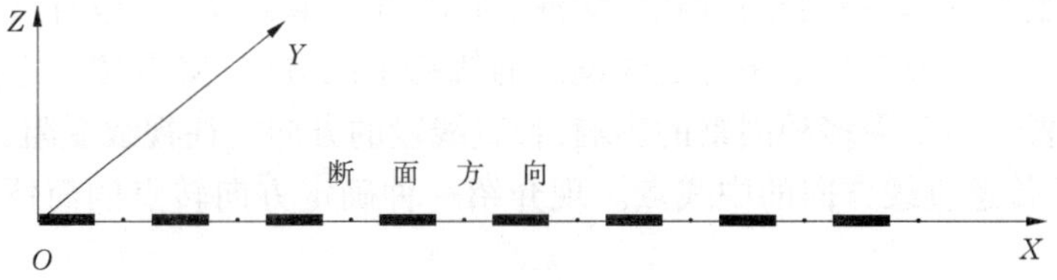

图 8-12　断面坐标系

（一）断面线上无障碍物的测量方法

（1）在断面基点上设站，对中、安平仪器，选择三维坐标测量程序功能。

（2）设置断面左方向方位角为 0°，测站点坐标 *N*、*E* 值为 0，*Z* 值为断面基点的高程，输入仪器高和棱镜高。

（3）开始测量后，直接按坐标测量键，即可显示断面点的距离和高程，以及偏离断面的距离。显示屏上显示的 *N* 值的绝对值即为断面点至断面基点的距离，*E* 值为偏离方向线的值，*Z* 值为断面点的高程值。

（4）当需要转点时，记录下转点的 *N*、*E*、*Z* 值；在转点上安置仪器，输入测站点坐标为转点的 *N*、*E*、*Z* 值；设置后视方位为 0°或 180°（由视转点在基点的右方还是左方来定），校核后视点无误，即可以继续测量断面点。由于在统一的独立坐标系中，屏幕上显示 *N* 值仍为断面点至断面基点的距离，*Z* 值为断面点的高程值。

（二）避开微地形测量横断面

在实际测量过程中，由于断面基点的选择不一定合适，经常在断面线上遇到微地形

(即不能代表整体地形的局部地形),为避开微地形,在偏离方向线几米位置能够代表地形处安置棱镜,测量显示的 N、Z 即代表整体地形的断面点距离和高程,这样就可以正确地计算工程土方量。

(三)当断面基点无法安置仪器时的测量方法

在线路的断面测量中,如新建堤防、新开挖河道、新建公路等,经常遇到在断面基点无法架设仪器的情况(如水稻田埂、悬崖峭壁边、淤泥滩地等),可以采用移动测站点的方法:

(1)在断面方向线上延长或截取一点作为测站点,安置仪器。

(2)以断面基点为后视点,测量出两点的水平距离 D 和高差 h,由断面基点高程、仪器高、棱镜高,反算出测站点高程 Hz。

(3)若在延长线上时,测站点坐标 $N=-D, E=0, Z=Hz$,后视方位为 0°;若在断面方向线上截取一点时,测站点坐标 $N=D, E=0, Z=Hz$,后视方位为 180°。这样就建立了以断面基点为坐标原点,以断面方向线为 X 轴的独立断面坐标系。断面点的测量方法同前。

(四)断面图的绘制

分别以 X 和 Z 为断面图的纵、横坐标轴,首先选定纵坐标的比例(如 1∶1 000),横坐标的比例扩大 10~20 倍(如 1∶ 100),然后以 X 值和 Z 值绘制断面图。

四、线路测量中确定方向转点的简便方法

在线路测量中,如铁路、公路、输电、输油、供水、供气管道等,一般直线段较多、较长。而线路测量的基本任务就是把图上定线设计的线路中线方向、交点按一定的间距中线点放样到实地位置。由于受多种因素的影响,长直线段的方向往往视线受阻,因此必须设立方向转点,用于传递直线方向的中线点。现介绍一种确定方向转点的简便方法——中线支距法。

(一)中线支距法的原理

如图 8-13 所示,M、N 为线路中线点,K_1、K_2、K_3 为线路控制测量时的导线点,d_1、d_2、d_3

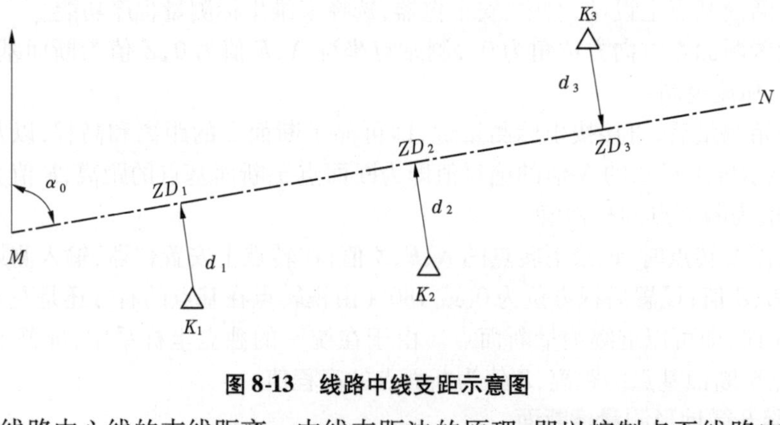

图 8-13 线路中线支距示意图

为导线点至线路中心线的支线距离。中线支距法的原理,即以控制点至线路中心线的垂

直距离及方位，标定线路中心线方向转点的方法。

首先根据线路的设计起点平面坐标及线路中心方向，列出线路中心线的直线方程：

$$Ax + By + C = 0 \tag{8-19}$$

然后按点到直线的距离公式计算导线控制点 K_i 到直线的距离：

$$d_i = \frac{Ax + By + C}{\sqrt{A^2 + B^2}} \tag{8-20}$$

式中 A、B、C——常数。

（二）中线支距法的参数计算

线路中心线的起点设计坐标（x_M, y_M）；线路中心线的设计方位 α；导线控制点的点位坐标（x_{Ki}, y_{Ki}）为已知参数。中线支距的方位 α_z、中线支距的距离 d_{K_i} 为标定线路中心线方向转点时所需中线支距参数。各参数的计算如下。

（1）根据线路的设计起点平面坐标（x_M, y_M）及线路中心方向 α_0，列出线路中线的直线方程：

点斜式
$$y - y_M = \tan\alpha_0 (x - x_M) \tag{8-21}$$

一般式
$$\tan\alpha_0 x - y + y_M - x_M \tan\alpha_0 = 0 \tag{8-22}$$

（2）按点到直线的距离公式计算导线控制点 K_i 到直线的距离：

$$d_{K_i} = \frac{(y_M - y_{K_i}) - (x_M - x_{K_i})\tan\alpha_0}{\sqrt{1 + \tan^2\alpha_0}} \tag{8-23}$$

当 d_{K_i} 为负值时，表示控制点在线路中线的右侧；当 d_{K_i} 为正值时，表示控制点在线路中线的左侧。

（3）根据中线支距与线路中线垂直的关系计算中线支距方位：

$$\alpha_z = \alpha_0 \pm 90° \tag{8-24}$$

当 d_{K_i} 为负值时，α_z 减 90°；当 d_{K_i} 为正值时，α_z 加 90°。

（三）计算实例

如某线路起点坐标（1 000.000，1 000.000），中线方位 36°。控制点的坐标值、中线支距的参数计算结果列于表 8-9。

表 8-9　中线支距法参数计算

已知参数	中线起点（或交点）x_0 = 1 000.000，y_0 = 1 000.000； 中线方位　α_0 = 36°00′00″				
控制点号	K_1	K_2	K_3	K_4	K_5
x_{K_i}	1 076.604	1 397.689	1 889.539	2 261.931	2 446.663
y_{K_i}	1 064.279	1 302.825	1 446.382	1 709.697	2 126.602
控制点方位	36°36′36″	16°26′26″	35°16′16″	66°06′06″	
中线支距	−6.976	−11.235	+161.726	+167.596	−61.113
支距方位	306°00′00″	306°00′00″	126°00′00″	126°00′00″	306°00′00″

（四）中线支距的标定方法

当线路中心的直线段较长、分段标定中心线受阻时，选择附近的控制点，可利用中线支距法标定中线方向的转点，进行中线放样。其标定方法为：

（1）选择控制点，安置仪器（对中、整平）。

（2）后视已知点，设置后视方位（水平度盘读数为后视方位角值）。

（3）顺时针转动仪器，使水平度盘读数为 α_z 值，水平制动仪器。

（4）在 α_z 方向上测量支距 d_{K_i}，定出方向转点 ZD_i。

（5）安置仪器在转点上，后视控制点，转动仪器 90°或 270°为线路中线方向。

第七节　全站仪在变形监测中的应用

一、变形监测的基本概念

工程建筑物在施工和运营期间，由于受到多种主观和客观因素的影响，会产生变形，变形如果超出了规定的限度，就会影响建筑物的正常使用，严重时会危及建筑物的安全。

变形监测就是利用测量仪器及其他专用仪器和方法对设置在变形体上的观测点进行周期性地重复观测，求得观测点各周期相对于首期的点位或高程的变化量，并最终确定各种荷载和外力的作用下，变形体的形状、大小及位置变化的空间状态和时间特征。

二、变形监测网的组成

采用大地测量方法进行变形监测的平面控制网，大都是小型的、专用的、高精度的变形监测控制网。变形网常由三种点、两种等级的网组成，如图 8-14 所示。

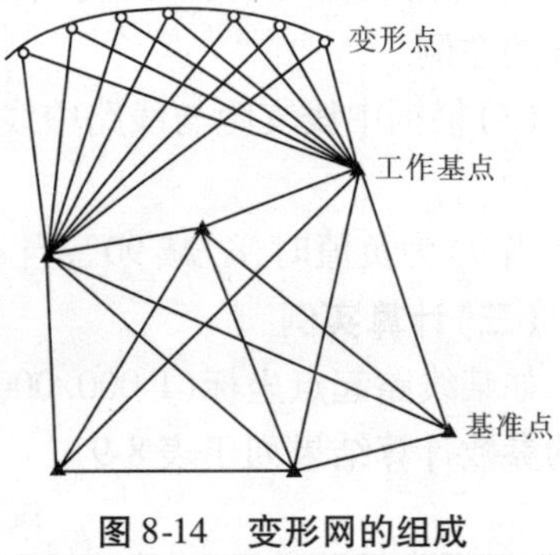

图 8-14　变形网的组成

（一）基准点

基准点通常埋设在比较稳固的基岩上或在变形影响范围之外，尽可能长期保存，稳定不动。

（二）工作基点

工作基点是基准点和变形监测点之间的联系点。工作点与基准点构成变形监测的首级网，用来测量工作点相对于基准点的变形量，由于这种变形量较小，所以要求监测精度高，复测间隔时间长。

（三）变形监测点

变形监测点埋在变形体（如建筑物、边坡等）上和变形体构成整体，与变形体一起移动。变形监测点与工作基点组成次级网，次级网用来测量监测点相对于工作点的变形量。由于这种变形量相对前种变形量较大，所以次级网复测间隔时间宜短。经常用监测点的坐标变化来反映变形体空间位置的变化和稳定性情况。

三、全站仪变形监测的方法

（一）静态变形监测方法

静态变形是时间的函数，观测结果只表示在某一期间内的变形。静态变形监测就是通过对设在变形体上的变形点进行周期性测量，以得到各周期相对于建筑物竣工状态的变化情况。

由于全站仪既能测角又能测距，所以广泛应用于边坡、桥梁、基坑、地下工程等变形体的变形监测。采用的方法通常有前方交会法、后方交会法、自由设站法等。由于全站仪测角测距有多余观测，可以采用严密平差的方法计算待定点的坐标。

（二）动态变形监测方法

动态变形指在外力（如风、阳光）作用下产生的变形，它是以外力为函数表示的，动态变形监测是对布置在变形体上的变形点持续监测，是在建筑物正常运营的状态下进行的实时监控。动态监测是全天候的，体现了变形体在各种荷载（特别是动荷载）情况下的瞬时状态。

动态变形监测需要用带有马达驱动的智能型全站仪，又称为测量机器人，测量机器人是一种能代替人进行自动搜索、跟踪、辨识和精确照准目标并获取角度、距离、三维坐标记忆影像等信息的智能型全站仪。它是在传统全站仪的基础上集成步进马达、CCD影像传感器构成的视频成像系统并配置智能化的控制及应用软件发展而成的。测量机器人通过CCD影像传感器和其他传感器对现实测量世界中的“目标”进行识别，迅速做出分析、判断与推理，实现自我控制，并自动完成照准、读数等操作。如果测量机器人与能够制定测量计划、控制测量过程、进行测量数据处理与分析的软件系统结合，就可以代替人完成许多测量任务。

在工程建筑物的变形自动化监测方面，测量机器人正逐渐成为首选的自动化测量技术设备。如利用测量机器人进行桥梁、地铁等工程的自动化变形监测。动态监测系统如图8-15所示。图中基站为极坐标系统的原点，用来架设测量机器人，要求有良好的通视条件和牢固稳定。参考点是三维坐标已知的检核点，应位于变形区域之外的稳固不动处，且要求覆盖整个变形区域。目标点要均匀布设于变形体上能体现区域变形的部位。而数据处理中心是由计算机和监测软件等构成，并通过通信电缆控制测量机器人作全自动变形监测。

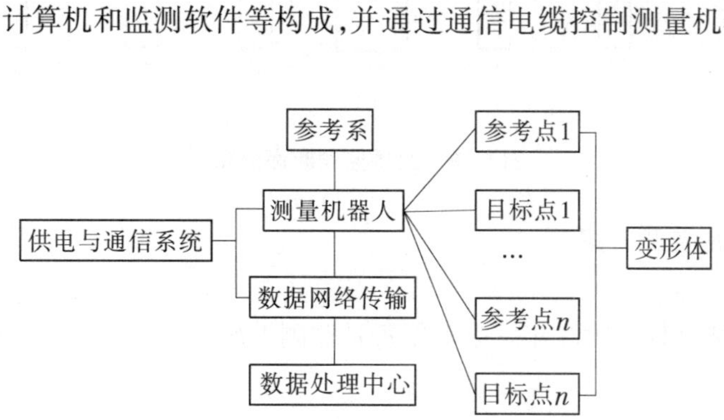

图8-15　测量机器人变形监测系统组成

基于测量机器人的自动变形监测系统，已在不同类型的变形监测中进行了试验或实际应用。成果表明，基于测量机器人的变形监测具有高效、全自动、准确、实时性强、结构简单、操作简便等特点，特别适用于小区域（约 1 km^2）全自动无人值守的变形监测。

四、全站仪自动变形监测系统在大桥变形监测中的应用

招宝山大桥位于甬江入海口，主桥为独塔斜拉桥与连续桥梁结合组成的协作体系。大桥于 1995 年动工兴建，1998 年 3 月主塔封顶，1998 年 8 月中旬大桥主梁合龙，同年 9 月底建成通车。受大桥管理部门的委托，要求通过对大桥关键部位的空间位置及其变化作长时间定期监测，分析长期积累的数据，以确定现有结构的承载能力、使用耐久性等，确保桥跨结构处于良好的工作状态。为此开展了对大桥位移、沉降等内容的变形监测。

（一）大桥主梁监测点分布介绍

招宝山大桥西接招宝山、东接金鸡山，桥梁主轴方位约 110°。桥面宽约 24 m，双向 6 车道。大桥的主要特点是大跨度斜拉索结构。结合主梁应力（应变）测试，大桥主梁沉降监测断面如图 8-16 中的“三角符号”所示。其中 $A \sim B$ 为主梁应力监测断面对应的沉降监测断面；1# ~9#监测断面分别为各桥墩顶，第 2 跨的四等分点，第 3、4 跨的二等分点，全桥共有沉降监测断面 15 个，分上、下游两条线路布置，共计 30 个监测点。另外，在大桥上、下游的两个主塔顶各设 1 个位移沉降监测点。

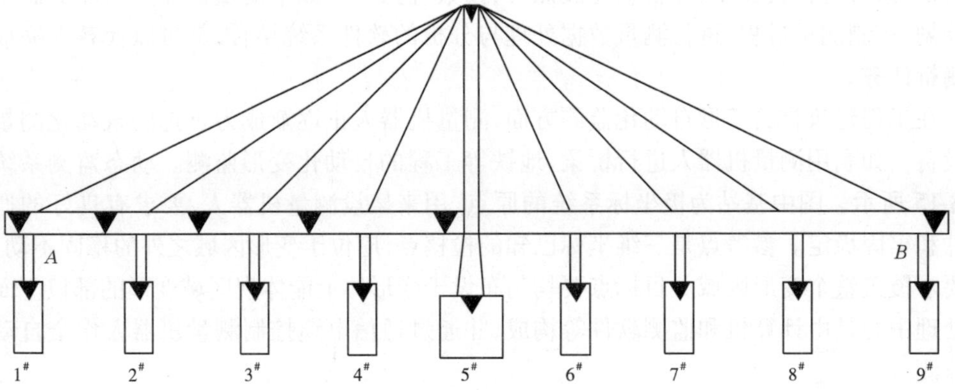

图 8-16 大桥监测断面分布

（二）大桥变形监测方案

1. 监测频率

大桥变形监测计划历时 3 年。第 1 年每月监测 1 次；第 2 年每季度监测 1 次；第 3 年每半年监测 1 次。

2. 监测速度和精度

为了尽量减小对社会交通的影响，大桥管理部门同意观测时，封闭桥梁时间为

30 min。因此,大桥主梁和主塔上 32 个监测点的现场测量工作要在 30 min 内完成,位移沉降监测精度要求为 ±1 mm。

3. 监测方案

采用常规水准测量等方案,虽能保证必要的监测精度,但要在 30 min 内完成大桥主梁和桥塔上 32 个点的位移沉降监测困难较大。特别是大桥主塔塔顶距桥面高约 100 m,常规方法难以解决其位移沉降的同步监测问题。参考国内外类似项目的监测方案,确定采用差分方式的全站仪自动化变形监测方案。

(三)监测基准网

为了给全站仪自动化变形监测提供差分基准,首先建立如图 8-17 所示的监测基准网。其中 QC_1、QC_3、QC_4 点为建在基岩上的永久性标石,QC_5 为江边泵房顶的过渡点。利用徕卡 TCA1800 型自动化全站仪,按工程一等边角网的精度要求进行观测。

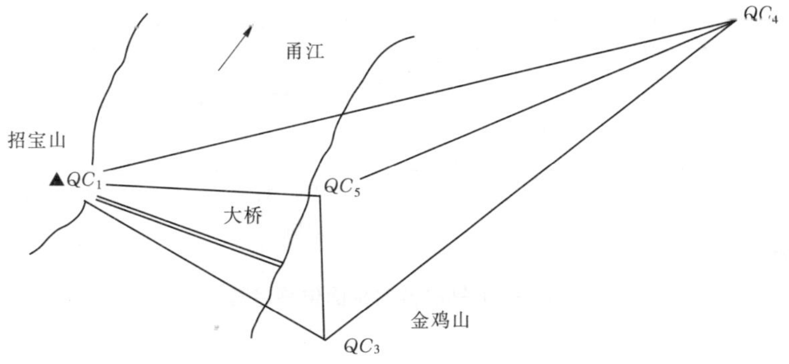

图 8-17　监测基准网示意图

(四)变形点的差分自动化监测

使用 TCA1800 自动化全站仪与信息工程大学测绘学院研制开发的"自动变形监测软件 ADMS"组合,构成招宝山大桥自动变形监测系统。在大桥主梁和主塔的 32 个变形监测点各安装一个圆形单棱镜,在 QC_1 基准点上安置全站仪。由于 QC_1 基准点几乎在桥轴线的延长线上,故大桥主梁 30 个监测点分布在左右宽约 24 m、前后纵深约 600 m 的狭窄视场内。即使打开全站仪自动目标识别的小视场(8′×8′),也不能避免视场内有多个棱镜的干扰。因此,还需对图 8-16 所示的监测点位进行合理分组,在最大减少人工干预的前提下,尽快完成大桥主梁和主塔的 32 个点的变形监测。在实际监测过程中,考虑现场大气等环境因素,选用 QC_3 为自动变形监测的差分基准点。

(五)大桥首次变形监测结果初步分析

2001 年 8 月 18 日,招宝山大桥首次进行变形监测。在监测中,大桥连续封闭 30 h。为了初步分析监测效果,以上游主桥塔位移沉降监测为例,三维分量变形趋势监测结果如图 8-18 ~ 图 8-20 所示。其中各监测周期与时间对应关系如表 8-10 所示。图 8-18 为 X 轴的方向平面位移趋势。

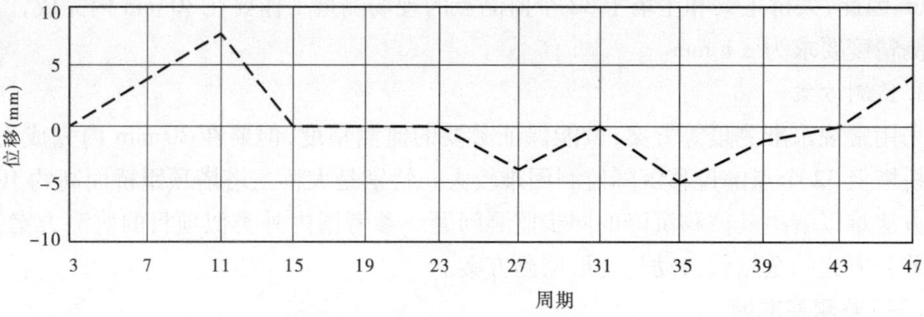

图 8-18　X 轴的方向平面位移趋势

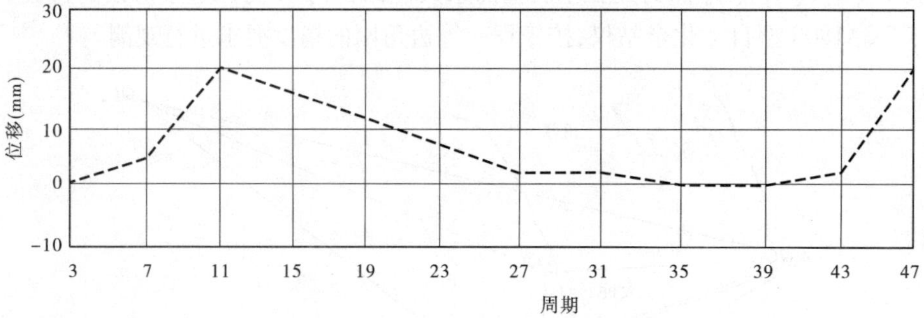

图 8-19　Y 轴的方向平面位移趋势

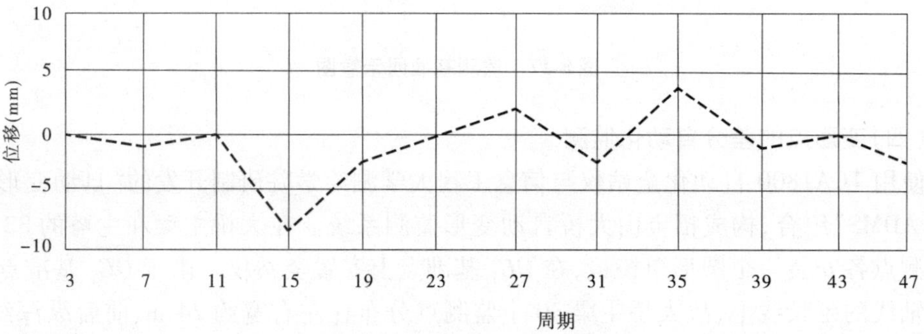

图 8-20　Z 轴的垂直位移趋势

表 8-10　观测周期与时间

周期	时间（日 T 时:分）	周期	时间（日 T 时:分）	周期	时间（日 T 时:分）	周期	时间（日 T 时:分）
3	18T05:00	15	18T12:57	27	18T19:20	39	19T01:25
7	18T07:20	19	18T15:20	31	18T21:05	43	19T04:50
11	18T11:00	23	18T16:50	35	18T23:53	47	19T10:50

结合表 8-10，分析图 8-18 ~ 图 8-20 三维分量的变形趋势图，有以下结果：

(1)大桥上游主桥塔顶监测棱镜点距 QC_1 监测站的平面距离约 390 m、高差 95 m。

(2)招宝山大桥地处甬江入海口，为海洋性气候。2001 年 8 月 18 ~ 19 日，晴天，日平均气温约 20 ℃。

(3)大桥上游主桥塔的平面位移和竖向沉降具有明显的周日变化规律：上午时段(7,11,47 周期)，平面(X,Y)位移量逐渐增大，竖向有下沉趋势。11 时(11,47 周期)，平面(X,Y)位移达到最大值；竖向(Z)下沉，在下午 1 时(15 周期)达到最大值。下午时段(19,23 周期)，三维分量(X,Y,Z)的变形量趋向减小。夜间时段(3,7,15,39 周期)，三维分量(X,Y,Z)变形趋于稳定，变形量较小。以 18 日清晨 5 时的第 3 周期为参考周期，19 日清晨 5 时同一时刻的第 43 周期三维分量(X,Y,Z)变形监测结果都趋近为零。

(4)对于大桥下游主桥塔变形监测结果的分析，有与上述相类似的结论。由此可见，全站仪自动监测系统对招宝山大桥的变形监测结果是有效的，能反映出桥塔良好的柔性变形规律。

(5)招宝山大桥变形监测具有点位多、精度要求高、可利用监测时间短等特点。利用具有自动目标识别的全站仪，使用差分方式高精度、自动化监测大桥的位移与沉降的变形情况，最大的优势是可以实现三维监测同步，这一点对于高约 100 m 的主桥塔变形监测来讲，尤为重要。在具体监测过程中，如何合理建立差分基准网、选择差分基准点、在狭长视场范围内对多个变形监测点高效地分组监测等是招宝山大桥变形监测的关键技术，在这些方面取得的经验对于国内外都具有一定的参考价值。

五、全站仪在大型网架变形观测中的应用

随着钢结构建筑的发展，采用大跨度大型网架结构随之增多，如大型体育馆、娱乐馆、展馆大厅、超级市场等；对于大型钢结构网架安装后的质量检测以及加载前后网架形变数据的观测分析，对设计、质检、安全运行是必不可少的。大部分网架都在高空，那么直接进行观测很困难，而利用全站仪的悬高测量功能进行观测就很方便。

(一)观测方法及要求

(1)根据需要选择网架上具有代表性的断面如图 8-21 所示。

(2)确定观测点 a、b、c、d、e，然后将点垂直投影到地面为 a_1、b_1、c_1、d_1、e_1。

(3)安置仪器在断面垂直方向上，棱镜置于测点的地面投影点(见图 8-22)，若场地许可，尽量使距离 D 远些，以减少垂直角 α 对观测精度的影响。

(4)每个断面尽可能采用两个测站点进行观测，以提高观测质量并作数据检核。

(5)每站可观测各断面所有点(图 8-21 中仅一个断面)。所有断面投影到地面点位的高程均采用四等水准测量确定。

(二)观测点的高程计算

观测点高程采用下列公式计算：

$$H_c = H_{c1} + h_c \tag{8-25}$$

$$h_c = v + D\tan\alpha_c + D\tan\alpha_{c1} \tag{8-26}$$

式中 H_{c1}——观测点 c 的地面高程；

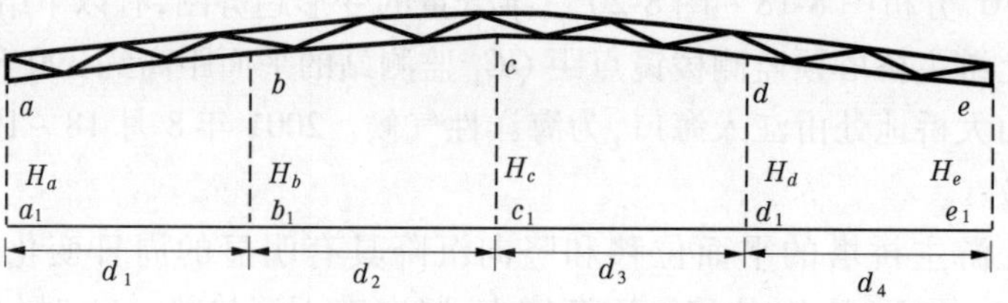

图 8-21　测点布置

h_c——观测点 c 到 c_1 的悬高；

v——棱镜高。

当每个断面的 H 值确定后，网架形状即可依据 H 和相对应的 D 绘出，如图 8-21 所示。

（三）观测精度

因实际条件 α_{c1} 角很小，不影响精度探讨，为简便计算，采用 $h = D\tan\alpha_c$。观测点高程 $H = H_i + h + v$。

（1）v 为棱镜高，精确量值中误差可达到 ±1 mm，最大误差 ±2 mm。

（2）H_i 为地面点高程，按四等水准精度 $f_{h容} = \pm 20\sqrt{L}$ mm，一般结构横断面在 80 m 左右，则 $f_{h容} \leqslant \pm 5.6$ mm，其中误差 $m_{Hi} = \pm 3.9$ mm。

（3）$h = D\tan\alpha$，则 $m_h^2 = (\tan\alpha)^2 m_D^2 + (D/\cos\alpha)^2 \times (m_\alpha/\rho)^2$；设 D 最大值为 60 m，$\alpha = 22°30'$，测距误差 ±3 mm，则其平均中误差 $m_D = \pm 2.1$ mm。测角精度 ±2″，考虑到照准误差设 $m_\alpha = \pm 10''$，则 $m_h = \pm 3.27$ mm。

（4）一般在点上观测两次取平均值，故 $m_h = \pm 3.27/\sqrt{2} = \pm 2.31$(mm)；若采用双仪位观测，点位的精度还可提高 2 倍，$m_h = \pm 2.31/\sqrt{2} = \pm 1.63$(mm)。

（5）综上所述，点位中误差 $m_H^2 = m_{Hi}^2 + m_h^2 + m_v^2 = 3.9^2 + 1.63^2 + 1^2$，则 $m_H = \pm 4.23$ mm。若允许误差为 $2m_H$，则观测点位精度可达 $f_H = \pm 8.46$ mm，也就是点位观测精度可达到 ±1 cm 之内，这对于观测大型钢网架的安装精度及加载后形变情况可以满足。

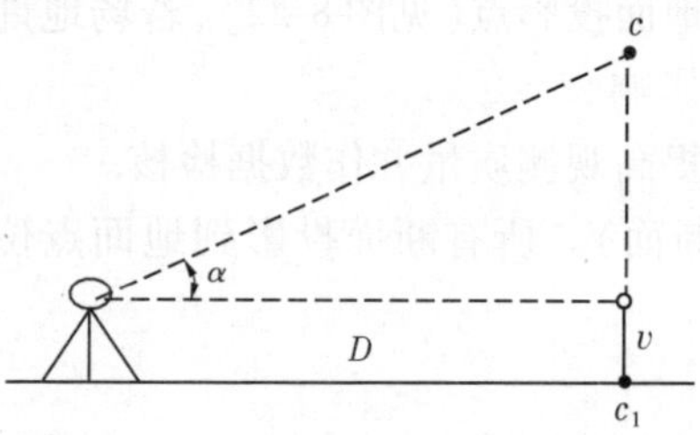

图 8-22　悬高测量

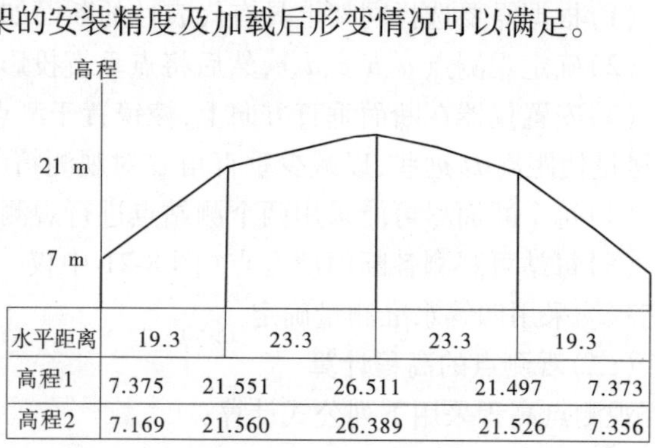

图 8-23　网架观测数据

第八节　全站仪在高程测量中的应用

随着全站仪在工程测量中的广泛使用,全站仪三角高程测量也得到广泛的应用。新颁布的《工程测量规范》(GB 50026—2007)对其主要技术要求作了具体规定,见表 8-11。

表 8-11　全站仪三角高程测量的技术指标

等级	仪器	测回数		指标差较差(″)	垂直角较差(″)	对向观测高差较差(mm)	附合或环形闭合差(mm)
		三丝法	中丝法				
四等	DJ_2		3	≤7	≤7	$40\sqrt{D}$	$20\sqrt{\sum D}$
五等	DJ_2	1	2	≤10	≤10	$60\sqrt{D}$	$30\sqrt{\sum D}$

注:1. D 为测距边长度,以千米(km)为单位;

2. 边长大于 400 m 时,应考虑球气差的影响。

传统的几何水准测量在坡度较大的地区难以实施,由于测站太多,精度很难保证。利用三角高程测量时,由于大气折光误差、垂直角观测误差以及丈量仪器高和目标高的误差影响,精度很难有显著的提高。理论和实践表明,当距离小于 400 m 时,大气折光的影响不是主要的,因此只要采取一定的观测措施,达到毫米级的精度是可能的。

通常的措施有:选择最佳时间进行测距、在最佳时间观测垂直角、采用合适的照准标志、精确地丈量仪器高和棱镜高。

如将全站仪当水准仪来使用,不必丈量仪器高和棱镜高,这样既能在地形起伏较大的地区快速进行高程传递,又能保证足够的精度。

一、基本原理

如图 8-24 所示,图中 A 是高程已知的水准点,E 是待测点,B、C、D 是高程路线的转点,1、2、3、4 为全站仪的设站位置。

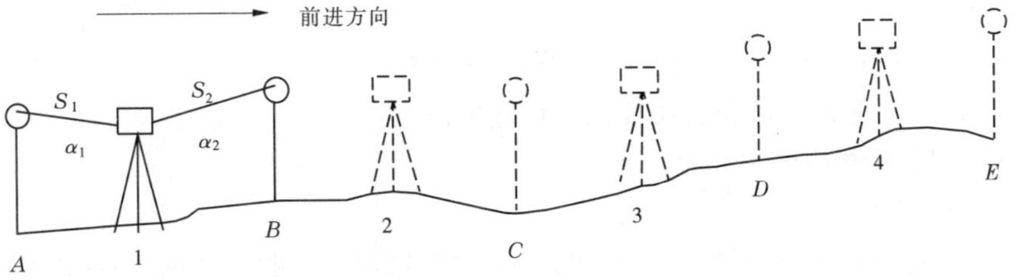

图 8-24　全站仪水准测量

因为用全站仪可以直接读取全站仪中心到棱镜中心的高差 Δh,因此有:

$$\begin{aligned} h_{AB} &= h_{A1} + h_{1B} \\ &= -(\Delta h_{1A} + i_1 - v_A) + (\Delta h_{1B} + i_1 - v_B) \\ &= -\Delta h_{1A} + \Delta h_{1B} + v_A - v_B \\ &= \Delta h_1 + v_A - v_B \end{aligned} \tag{8-27}$$

同理可得：

$$h_{AE} = \sum_{i=1}^{n} \Delta h_i + v_A - v_E \tag{8-28}$$

式中 h——全站仪中心和棱镜照准标志之间的高差；

Δh_{1A}——1 点至 A 点的高差；

Δh_{1B}——1 点至 B 点的高差；

i——仪器高；

v_A、v_B——A、B 点的棱镜高。

显然，两点的高差中已经把仪器高抵消掉了。所有中间转点的棱镜高也被抵消掉了，公式中除了观测高差外，只有起点 A 的棱镜高和终点 E 的棱镜高。如果在观测过程中，使起点和终点的棱镜高度保持不变，那么式(8-28)变为：

$$h_{AE} = \sum_{i=1}^{n} \Delta h_i \tag{8-29}$$

综上所述，用全站仪代替水准仪进行高程测量应满足以下条件：

(1)全站仪的设站次数为偶数，否则不能把转点棱镜高抵消掉；

(2)起始点和终点的棱镜高应保持相等；

(3)转点上的棱镜高在仪器搬动过程中保持不变；

(4)仪器在一个测站的观测过程中高度保持不变。

二、精度分析

(一)垂直角和水平距离观测误差对观测高差的影响

由高差公式：

$$\Delta h = \Delta h_2 - \Delta h_1 = S_2 \sin\alpha_2 - S_1 \sin\alpha_1$$

按误差传播定律可得：

$$m_{\Delta h}^2 = (m_{S_2}\sin\alpha_2)^2 + \left(S_2\cos\alpha_2 \frac{m_{\alpha_2}}{\rho}\right)^2 + (m_{S_1}\sin\alpha_1)^2 + \left(S_1\cos\alpha_1 \frac{m_{\alpha_1}}{\rho}\right)^2 \tag{8-30}$$

式中 S_2、S_1——前视棱镜和后视棱镜至测站的斜距；

α_2、α_1——前视棱镜和后视棱镜的垂直角；

m——下标相应的中误差；

$\rho = 206\ 265''$。

为了在高差测量中抵消地球曲率和大气折射的影响，一般要使前、后距离相等，因而 $m_{S_1} = m_{S_2}$；又因为垂直角的观测误差相同，即 $m_{\alpha_1} = m_{\alpha_2}$，则有：

$$m_{\Delta h}^2 = (\sin^2\alpha_2 + \sin^2\alpha_1) m_S^2 + (\cos^2\alpha_1 + \cos^2\alpha_2)\left(\frac{m_\alpha}{\rho} S\right)^2 \tag{8-31}$$

为便于精度分析，取 $\alpha_1 = \alpha_2$，统一为 α，则式(8-31)变为：

$$m_{\Delta h} = \sqrt{2}\left(\sin\alpha m_S + S\cos\alpha \frac{m_\alpha}{\rho}\right)^2 \tag{8-32}$$

为了进行检核，在测站上变换仪器高两次观测取平均，此时 S 和 α 都不会有太大的变化，因此：

$$m_{\Delta h} = \sin\alpha m_S + S\cos\alpha\left(\frac{m_\alpha}{\rho}\right) \tag{8-33}$$

取 $m_\alpha = \pm 2''$，$m_S = \pm(3\ \text{mm} + 2\times 10^{-6}S)$。

对不同的边长 S 和不同的垂直角 α，按式(8-33)计算高差中误差，计算结果列成表 8-12。

按表 8-12 的数据，可以计算出每公里的测站数 n 以及每公里观测高差的中误差，如表 8-13。

表 8-12　一个测站观测高差的中误差　（单位：mm）

S(m)	α			
	0°	2°	8°	14°
40	0.39	0.49	0.81	1.12
50	0.48	0.59	0.91	1.22
100	0.97	1.08	1.40	1.71
150	1.45	1.57	1.90	2.21
200	1.94	2.06	2.39	2.70
300	2.91	3.03	3.38	3.69
400	3.88	4.01	4.37	4.68
500	4.85	4.98	5.36	5.67

图 8-13　每公里观测高差的中误差　（单位：mm）

S(m)	n	0°	2°	8°	14°
40	12.5	1.38	1.73	2.86	3.96
50	10	1.52	1.86	2.88	3.86
100	4	1.94	2.16	2.80	3.42
150	3.3	2.63	2.85	3.45	4.01
200	2.5	3.06	3.25	3.78	4.27
300	1.67	3.76	3.92	4.37	4.77
400	1.25	4.34	4.48	4.88	5.23
500	1	4.85	4.98	5.36	5.67

按照水准测量规范的规定，四等、三等、二等、一等水准测量往返测高差中数的偶然中误差分别为 ±5.0 mm、±3.0 mm、±1.0 mm 和 ±0.5 mm，那么单程观测高差的偶然中误差分别为 ±7.1 mm、±4.2 mm、±1.4 mm 和 ±0.7 mm。

比较表 8-13 的数据可知：

(1)用此精度的全站仪采用上述测量方法不能达到一等、二等水准测量的精度。

(2)当视距小于 200 m 时，可以达到三等水准测量的精度。

(3)当视距为 500 m 时，能够达到四等水准测量的精度。

(4)距离的观测误差在观测高差的误差中所占的比重，随垂直角的增大而增大。

(5)垂直角的观测误差在观测高差的误差中所占的比重，随垂直角的增大而减少。

(6)在坡度小于 20°时，垂直角的误差是主要的。因此，要想提高观测精度，必须设法提高垂直角的精度。

(二)地球曲率和大气折光的影响

水准测量要求前后视距相等主要是为了抵消 i 角误差，同时也为了削弱地球曲率及大气折光的影响，用全站仪代替水准仪测量时，可以设置大气折光系数 k(一般取 0.12)，由仪器自动对地球曲率及大气折光的影响进行改正。如果把视距控制在 200 m 左右，前后视距差在 3 m 之内，影响可以忽略不计。

(三)棱镜沉降、仪器沉降、棱镜倾斜的误差

与水准仪测量类似，用全站仪代替水准仪进行高程测量时同样存在棱镜沉降、仪器沉降的影响，观测时必须采取一定的措施来减弱或消除。

棱镜沉降主要发生在仪器的转站过程中，提高观测速度、采用往返观测的方法也可以抵消部分影响。

仪器沉降主要发生在一个测回的观测过程中，在一个测站上要变换仪器高观测两个测回，第二测回和第一测回采用相反的观测次序，即“后—前—前—后”或“前—后—后—前”，可以有效地减弱仪器沉降的影响。

觇标倾斜的影响与水准测量时水准尺的倾斜相似，只要仔细检验对中杆上的圆水准气泡，在立杆时保证气泡居中就可以消除此影响。

(四)垂直度盘指标差的影响

水准测量时主要存在 i 角误差的影响，为了消除 i 角误差对水准测量的影响，一般要求前后视距相等。用全站仪观测时，类似的误差是垂直度盘指标差，如果只用正镜或倒镜观测，该项误差的影响不容忽视。但是只要采用正倒镜观测，就可以抵消指标差的影响。

(五)垂直轴倾斜误差的影响

全站仪能够进行垂直轴倾斜的自动补偿，并且补偿后的精度能达到 0.1″，影响甚微。因此，垂直轴倾斜误差的影响可以忽略不计。

(六)垂线偏差的影响

在山区和丘陵地区用全站仪代替水准仪进行高程测量有显著的优点，但由于垂线偏差的变化较大，使得测点之间所观测的高差不等于这两点之间的正常高差，因此必须加一个垂线偏差改正。

在平原地区，前视和后视的平均垂线偏差基本相等，故垂线偏差的影响等于零。在丘陵地区，垂线偏差的最大值为 2″，在几百米的范围内它的变化不大，取 0.2″(最大值的 1/10)，$S=300$ m，对高差的影响为 0.29 mm；在山区，垂线偏差的最大值为 10″，在几百米的范围内它的变化量也取最大值的 1/10(1″)，$S=300$ m，则对高差的影响为 1.45 mm；在大山区，垂线偏差的最大值为20″，在几百米的范围内它的变化量也取最大值的1/10(2″)，$S=300$ m，则对高差的影响为2.91 mm。

综上所述，垂线偏差对高程的影响在山区和大山区是很大的，因此在这些地区测量时，应该适当减小视线的长度。

三、工程实例

(一)测区概况

测区位于丘陵地区，面积约为80 km^2，测区内高程最低为32 m，最高为361 m，平均高程为67 m。

(二)高程控制网

高程控制网如图8-25所示，双线表示水准测量路线，单线表示全站仪观测路线，单线坡度起伏很大，很难用水准仪进行测量。

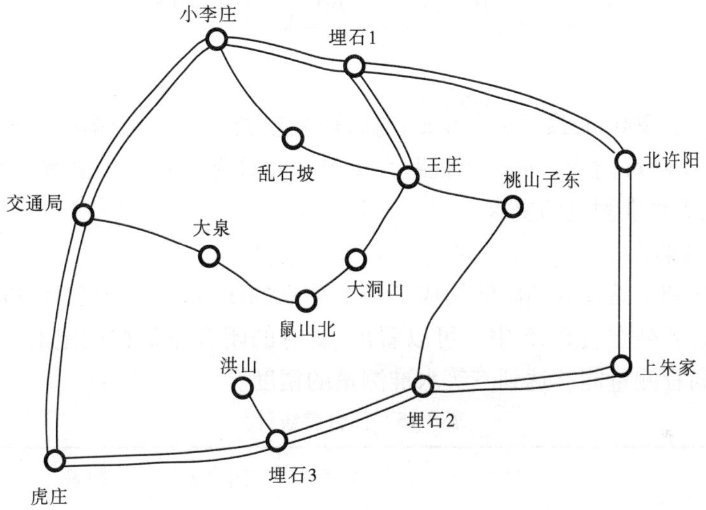

图8-25 高程路线

水准测量采用S1水准仪，按三等水准的方案观测，从交通局出发构成一个大闭合环，各测段之间进行单程观测，只有埋石点1到王庄采用往返观测。

(三)全站仪观测方案

1. 仪器的使用

垂直角观测精度为±2″，距离精度为$\pm(3\text{ mm}+2\times10^{-6}D)$。该仪器可以进行自动气象改正，自动进行垂直轴倾斜补偿和指标差补偿。前、后采用配套的单棱镜、棱镜杆、尺垫，高度相等且测量过程中保持不变。

2. 观测步骤

观测过程为“后—前—前—后”，在两个测点中间适当位置，整平安置全站仪；盘左位置瞄准后视的标志中心，开始测量，读取水平距离和高差；然后，盘右位置瞄准后视的标志中心，开始测量，读取高差；取两次高差的平均值即为后视的高差。用同样的方法测得前视方向的水平距离和高差。以上为一个测回。

变换仪器高，进行第二测回，先观测前视高差，后观测后视高差。野外记录和计算表格见表 8-14。

表 8-14 记录格式

第一测回	后视	盘左	−0.823	平距	183.182	前视高差－后视高差	高差之差
		盘右	−0.835	均值	−0.829 0		
	前视	盘左	−19.424	平距	183.056	−18.597 5	−0.004 0
		盘右	−19.429	均值	−19.426 5		
第二测回	后视	盘左	−0.696	平距	183.188	前视高差－后视高差	高差均值
		盘右	−0.702	均值	−0.699 0		
	前视	盘左	−19.295	平距	183.053	−18.601 5	−18.599 5
		盘右	−19.306	均值	−19.300 5		

3. 观测限差

视距一般小于 200 m，最长为 240 m，前后视距差最大为 3 m，两次仪器高所测高差之差，当视距小于 160 m 时为 3 mm，当视距大于 160 m 时为 5 mm。往返测差值和环线的闭合差，应满足三等水准测量的要求。

（四）观测结果

由水准路线和全站仪观测路线构成了 4 个独立的闭合环，各闭合环的闭合差以及往返测路线的闭合差列在表 8-15 中。可以看出，所有的闭合差都在规定的限差之内，说明用全站仪三角高程测量能够达到三等水准测量的精度。

表 8-15 闭合差统计

路线	长度（km）	闭合差（mm）	限差（mm）	备注
交通局—埋石 3—埋石 2—桃山子东—王庄—大洞山—鼠山北—大泉—交通局	32.2	+51.95	68.09	闭合环
埋石 2—上朱家—北许阳—埋石 1—王庄—桃山子东—埋石 2	22.7	+34.46	57.18	闭合环
小李庄—乱石坡—王庄—埋石 1—小李庄	10.6	−23.60	38.07	闭合环
小李庄—乱石坡—王庄—大洞山—鼠山北—大泉—交通局—小李庄	21.2	15.71	55.26	闭合环
埋石 3—洪山—埋石 3	1.2	1.50	13.14	往返测

（五）全站仪观测的效率

用全站仪进行三角高程测量，其效率在平地上与水准仪测量相近，但是在丘陵和山区，其效率比水准测量要高许多。图 8-26 中的曲线表示沿大泉—鼠山北—大洞山—王庄观测路线上的断面图,每段曲线上面的数字表示用全站仪观测的测站数,下面的数字表示用水准仪观测时最少的测站数(按一站观测 2.5 m 的高差计算)。可以看出,全站仪观测效率非常高。

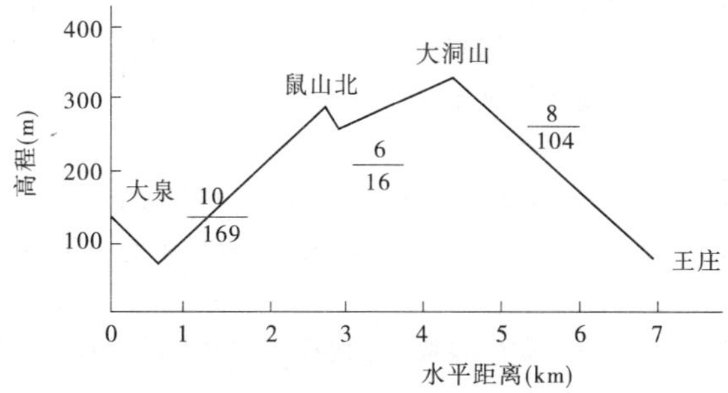

图 8-26　全站仪和水准仪的测站数

(六)结论

通过上面的讨论分析,可以得出下面的结论:

(1)全站仪三角高程测量按水准测量使用,不量仪器高和棱镜高,可以大大提高三角高程测量的精度,在一般条件下可以代替等级水准测量。

(2)用测角精度为 ±2″,测距精度为 $\pm(3\ \text{mm}+2\times10^{-6}D)$ 的全站仪,当视线长度在 200 m 左右时,可以代替水准仪进行相当于三等水准的高程测量。

(3)起点和终点的棱镜高,保持相等不变,测站数为偶数,可以抵消棱镜高。

(4)垂直角的观测误差是主要的误差来源,在山区和大山区,垂线偏差的影响也不能忽视。因此,在这类地区测量时,应当尽量减小视线的长度。

(5)在山区和丘陵地区,视距控制在 300～500 m,可以代替三等、四等水准测量,大大提高了作业效率,保证测量精度。

参考文献

[1] 须鼎兴,倪涵,虞润身.电子测量仪器原理及应用技术[M].上海:同济大学出版社,2002.

[2] 蓝锦添.全站仪的 $X-Y$ 倾斜传感器的设计方法初探[S].测绘学报,1998(1).

[3] 赵世平,陈奋,肖方.全站仪补偿器的原理与应用[S].海南大学学报(自然科学版),2004,22(2).

[4] 谢榕.全站仪软件包的未来发展趋势[S].矿山测量,1998(2).

[5] 黄振杰,张远智.全站仪发展的现状及前景[S].北京测绘,1997(2).

[6] 王金山,李正中,王新东.全站仪及测距仪在路线中线点放样中的应用[S].辽宁工程技术大学学报,2003(3).

[7] 肖根旺,郭红星,徐忠阳.全站仪自动变形监测系统在招宝山大桥变形监测中的应用[S].测绘信息与工程,2002(4).

[8] 王爱生,高有裕.全站仪代替水准仪的新尝试[S].测绘通报,2003(12).

[9] 何保喜,梁玉保.全站仪使用中应注意的问题[S].西部科技,2005(4).

[10] 何保喜,王晓静.全站仪测量技术的教学方法[S].山西建筑,2005(4).

[11] 何保喜,郑崇启.线路测量确定方向转点的简便方法[S].矿山测量,2004(4).

[12] 覃辉.土木工程测量[M].上海:同济大学出版社,2004.

[13] 杨晓明.数字测图[M].北京:测绘出版社,2009.

[14] 梁建昌.利用超级终端传输全站仪数据的方法[S].矿山测量,2004(9).

[15] 王清华,王浩.全站仪数据传输及其数据格式的转换[S].黄河水利职业技术学院学报,2008(2).